ABITUR-WISSEN
Religion

Die Frage nach dem Menschen

Claudia Leuser

STARK

Umschlagbild: © akg-images

www.stark-verlag.de
1. Auflage 2000

„Den Menschen erkennt nur,
wer von Gott weiß.“
(Romano Guardini)

Inhalt

Vorwort

Liebe Schülerinnen und Schüler,

Wilhelm Keller zufolge gehört die Frage nach dem Menschen so sehr zu seinem Wesen, dass sie bereits einen ersten Beitrag zu ihrer eigenen Beantwortung hergibt: „ganz offenbar nämlich ist der Mensch das Wesen, das nach sich selber fragen kann; er ist das sich selber fragliche und damit fragwürdige Wesen".

Es ist die entscheidende Zielsetzung des vorliegenden Buches, den vielfältigen Facetten der Frage des Menschen nach sich selbst nachzuspüren und dabei sichtbar zu machen, auf wie unterschiedliche Weise diese Frage in Geschichte und Gegenwart beantwortet wurde.

Zunächst wird mithilfe einiger ausgewählter Beispiele aus **Kunst, Literatur und Philosophie** aufgezeigt, welche konkreten Anfragen im Menschenbild der Gegenwart eine zentrale Rolle spielen. Im Vordergrund steht dabei sicherlich die Frage nach der eigenen Identität, aber auch die Frage nach den Bedingungen für ein friedliches Zusammenleben der Menschen vor dem Hintergrund des technischen Fortschritts und der zunehmenden Globalisierung.

Bereits in den ersten Vorüberlegungen wird deutlich, dass das Wesen des Menschen nur dann angemessen verstanden werden kann, wenn die **Vielschichtigkeit der menschlichen Existenz** mit den drei Dimensionen der Personalität, der Sozialität und der Transzendentalität ernst genommen und nicht vorschnell zugunsten eines reduktionistischen Modells aufgegeben wird.

In der anschließenden Übersicht über die wichtigsten **Antwortversuche** auf die Frage nach dem Menschen sowohl in den großen Weltreligionen als auch in der Geschichte der abendländischen Philosophie zeigt sich, dass hier immer aufs Neue um diese Grundbefindlichkeiten der menschlichen Existenz gerungen wird; es sind vor allem erkenntnistheoretische und moraltheologische, also das Ethos des Menschen betreffende Fragestellungen, die dabei den einzelnen Menschenbildern klare Konturen verleihen und im Einzelnen ganz unterschiedliche, oft auch widersprüchliche Ansätze erkennen lassen.

Diesen Denkanstößen und Herausforderungen muss sich auch **das jüdisch-christliche Menschenbild** stellen, das die **Mehrdimensionalität** der menschlichen Existenz biblisch untermauert und sowohl in schöpfungstheologischer als auch in christologischer Perspektive Wege aufzeigt, wie menschliches Leben unter den Augen Gottes gelingen kann. Die Schöpfungstheologie stellt die Gottebenbildlichkeit des Menschen in den Vordergrund, die ihn zum verantwortlichen Schöpfungspartner Gottes macht. In der Reich-Gottes-Botschaft Jesu Christi, die zugleich in seinem Wirken konkrete Gestalt gewinnt, erfährt sich der Mensch als das von Gott geliebte und angenommene Wesen, dem auf diese Weise der Weg zum Heil erschlossen wird. Am Ende dieses Weges nach dem Vorbild Jesu Christi steht die vollendete Gemeinschaft mit Gott.

Im letzten Kapitel dieses Bandes wird deutlich, dass die Wesensbestimmungen des Menschen – wie immer sie im Einzelnen lauten mögen – kein bloßes theoretisches Konstrukt sind, sondern dass daraus wichtige **Konsequenzen für das sittliche Handeln** resultieren. Am Beispiel der Lebensgestaltung aus dem Glauben, die in erster Linie durch die Faktoren Freiheit – Verantwortung – Gewissen, Schuld und Vergebung sowie Glück und Sinn charakterisiert ist, werden diese Konsequenzen abschließend noch einmal reflektiert und konkretisiert.

Einleitend wurde festgestellt, dass die Frage des Menschen nach sich selbst bereits einen wichtigen Aspekt ihrer Beantwortung darstellt. Es wäre schön, wenn der vorliegende Band über die bloße Abiturvorbereitung hinaus als Denkanstoß und Hilfe bei der eigenen Standortbestimmung dienen könnte, die zum menschlichen Leben ganz wesentlich dazugehört.

Was ist der Mensch? Anfragen aus Kunst, Literatur und Philosophie

Zwei kurze Texte veranschaulichen, wie vielfältig der Blick auf den Menschen heute sein kann:

Beispiel 1

Wussten Sie das?
Der Mensch besteht aus folgenden Bestandteilen:
Phosphor für 6000 Streichhölzer,
Fett für 50 kleine Kerzen oder 15 Stück Seife,
Kalk in einer Menge, mit der man einen Hühnerstall weißen könnte,
Eisen für zehn 3 cm lange Nägel,
20 gehäufte Esslöffel Kochsalz,
Glyzerin, das zur Herstellung von 15 kg Sprengstoff reicht,
¼ Pfund Zucker,
1 Prise Kupfer,
14 kg Knochen,
1,1 kg Haut,
etwa 50 l Wasser
und aus ein paar weiteren Kleinigkeiten.

Aus der Kundenzeitschrift einer Supermarkt-Kette.

Beispiel 2: Psalm 8

2 Herr, unser Herrscher, wie gewaltig ist dein Name auf der ganzen Erde; über den Himmel breitest du deine Hoheit aus.
3 Aus dem Mund der Kinder und Säuglinge schaffst du dir Lob, deinen Gegnern zum Trotz; deine Feinde und Widersacher müssen verstummen.
4 Seh ich den Himmel, das Werk deiner Finger, Mond und Sterne, die du befestigt:
5 Was ist der Mensch, dass du an ihn denkst, des Menschen Kind, dass du dich seiner annimmst?
6 Du hast ihn nur wenig geringer gemacht als Gott, hast ihn mit Herrlichkeit und Ehre gekrönt.
7 Du hast ihn als Herrscher eingesetzt über das Werk deiner Hände, hast ihm alles zu Füßen gelegt:
8 All die Schafe, Ziegen und Rinder und auch die wilden Tiere,
9 die Vögel des Himmels und die Fische im Meer, alles, was auf den Pfaden der Meere dahinzieht.
10 Herr, unser Herrscher, wie gewaltig ist dein Name auf der ganzen Erde!

Zwischen diesen beiden Texten bewegt sich die ganze Bandbreite möglicher Antworten auf die Frage nach dem Menschen. Beschränkt sich das erste Beispiel auf den **materiellen Wert** eines Menschen, der sich quantitativ exakt bestimmen lässt, so stellt der biblische Psalm die **einmalige Größe** des Menschen heraus, der nur „wenig geringer" ist als Gott. Dieses religiöse Verständnis vom Wesen des Menschen ist jedoch spätestens seit der Aufklärungsbewegung des 18. Jahrhunderts zunehmend im Rückzug begriffen, sodass die materialistische Sichtweise, nicht zuletzt unter dem Einfluss der wissenschaftlichen, technischen und sozialen Veränderungen der Neuzeit, das öffentliche Bewusstsein heute bereits weitgehend beherrscht. Vor dem Hintergrund dieser Entwicklung ergeben sich in Bezug auf das Wesen des Menschen eine ganze Reihe von Fragen, die im Laufe des 20. Jahrhunderts in Kunst, Literatur und Philosophie auf vielfältige Weise Ausdruck gefunden haben. Mithilfe von drei Beispielen sollen diese Anfragen in der Einführung zunächst schlaglichtartig beleuchtet werden.

1 Der Mensch – das unbekannte Wesen?

Das Nachdenken über sich selbst in Geschichte und Gegenwart gehört in der Philosophiegeschichte wie in den Weltreligionen zu den Wesensmerkmalen menschlicher Existenz. Auch wenn es dabei durchaus unterschiedliche Ansatzpunkte und Wertkategorien gab, so konnte man in der Regel doch davon ausgehen, dass jede dieser Denkrichtungen über ein bestimmtes, mehr oder weniger klar umrissenes **Menschenbild** verfügte, das in der Auseinandersetzung über die Frage nach dem Menschen als Maßstab diente. Diese Sicherheit ging zu Beginn des 20. Jahrhunderts endgültig verloren. In der durch SIGMUND FREUD (1856–1939) begründeten Psychoanalyse wurde der Mensch als ein Wesen beschrieben, dessen Ich-Bewusstsein in hohem Maße von den Kräften des Unbewussten gesteuert und zugleich durch die im Über-Ich verinnerlichten Einflüsse der Gesellschaft bedroht wird. Er war nicht länger, wie Freud es einmal formulierte, „Herr im eigenen Haus".

Die durch die Psychoanalyse angestoßene **Ich-Auflösung** bzw. Ich-Dissoziation wurde durch die Philosophie verstärkt, die sich im 20. Jahrhundert in erster Linie erkenntnistheoretischen und sprachkritischen Untersuchungen zuwandte und dabei gleich zwei Grundpfeiler menschlichen Selbstbewusstseins infrage stellte. Dies führte zu einer schweren **Identitätskrise,** die auch in der Literatur dieses Jahrhunderts – z. B. in den Werken von Max Frisch – Spuren hinterließ. Die Frage nach der eigenen Identität kann damit als eine Schlüsselfrage in Bezug auf das heutige Selbstverständnis des Menschen angesehen werden.

Diese Identitätskrise spiegelt sich auch im Werk des ebenso engagierten wie umstrittenen Künstlers JOSEPH BEUYS wider. Beuys wurde 1921 in Krefeld geboren und studierte von 1947 bis 1952 an der Düsseldorfer Kunstakademie, wo er später auch vorübergehend den Lehrstuhl für monumentale Bildhauerei innehatte. Seit den 60er-Jahren beteiligte Beuys sich an experimentellen künstlerischen Aktivitäten. Seit den 70er-Jahren engagierte er sich auch zunehmend politisch, wobei er gerade in seinen zum Teil spektakulären Installationen und seiner Objektkunst eine Möglichkeit sah, sowohl das Bewusstsein der Menschen als auch deren soziales Selbstverständnis zu verändern. Mit seinen alternativen Kunstformen suchte er die Trennung von Kunst und Leben zu überwinden und die Kreativität der Menschen zu wecken, wobei er immer wieder die Frage nach dem Wesen der Dinge aufwarf. Beuys starb 1986 in Düsseldorf.

Auch das Kunstwerk mit dem Titel „Installation Mensch“ (siehe S. 4) wirft einige grundsätzliche Fragen auf, die die genannten Aspekte noch einmal beleuchten sollen.

- Auf den ersten Blick erscheint der Mensch hier als ein fast unbeschriebenes Blatt. Seine Identität wird nicht unmittelbar greifbar, lässt sich damit aber auch nicht festlegen. Andererseits wirkt die dunkle Farbe der Tafel, auf die das Wort „Mensch“ geschrieben ist, bedrohlich. Vielleicht eine Anspielung auf die vielen Schrecken und Grausamkeiten des Jahrhunderts, mit denen Joseph Beuys sich wiederholt auseinandergesetzt hat?
- Das Telefon verweist auf die technischen Kommunikationsmöglichkeiten der Gegenwart, die in den Jahren seit dem Tod des Künstlers noch weitere, immer rasantere Fortschritte gemacht haben. Aber sind sich die Menschen dadurch wirklich näher gekommen, haben sie gelernt, einander zuzuhören, sich besser zu verstehen? Oder sind diese technischen Kommunikationsmittel nicht eher ein Symbol für die Vereinsamung des modernen Menschen und für seine „Schwerhörigkeit“ in Bezug auf die Nöte des Mitmenschen?
- Zur Offenheit und Deutungsvielfalt dieser Installation trägt auch der fehlende Rahmen bei. Es wird kein übergreifender Zusammenhang erkennbar, dessen Sinnbezüge bei der Klärung der menschlichen Identität Hilfestellung leisten könnten. Ein Indiz für den um sich greifenden Nihilismus der Neuzeit oder vielleicht doch ein Appell, das unmittelbar Wahrnehmbare zu überschreiten und auch jenseits der Empirie nach Antworten zu suchen?

Dies sind nur einige Fragen, die uns zum weiteren Nachdenken anregen können. All diese Fragen berühren jedoch die grundlegenden Dimensionen der menschlichen Existenz, die im Folgenden noch genauer abgehandelt werden.

Joseph Beuys, Installation Mensch

Indem Beuys diese Fragen aufwirft, bewahrt er uns vor möglichen vorschnellen Festlegungen und wird so zum prophetischen Mahner gegenüber allen reduktionistischen Vereinfachungen.

2 Vom Affen zum „Superman" – eine Erfolgsgeschichte?

Nicht nur die Identität des Menschen wird im Laufe des 20. Jahrhunderts fraglich. Auch seine **Sozialität,** das Zusammenleben mit anderen, wird inzwischen als äußerst problematisch empfunden. Obwohl die Menschen – nicht zuletzt mithilfe der bereits angesprochenen Kommunikationstechniken bis hin zum Internet – zunehmend global vernetzt werden und auf diese Weise immer mehr zusammenrücken, ist die Kommunikation selbst vielfach durch mangelndes Einfühlungsvermögen, durch Missverständnisse und eine kaum mehr verhüllte Aggressivität gekennzeichnet. Mangelnde Kommunikation – das Aneinandervorbeireden wurde in der Dramenliteratur der Gegenwart zum häufig angewandten Stilmittel – führt jedoch oft zu schweren Störungen im Zusammenleben, was für die unmittelbare Nachbarschaft ebenso gilt wie im Miteinander der Völker. Im politischen Bereich entluden sich diese **Konflikte** im Laufe des 20. Jahrhunderts in einer ganzen Reihe gewalttätiger Auseinandersetzungen bis hin zu den beiden Weltkriegen, die allein schon Millionen von Menschen das Leben gekostet haben. Von diesen **einschneidenden Erfahrungen** war auch der Fortschrittsglaube betroffen, der nicht zuletzt mit seiner Idee eines allgemeinen Weltfriedens als Erbe der Aufklärung noch weit ins 19. Jahrhundert hinein wirksam war. Die Menschen mussten im Übergang zum 21. Jahrhundert erkennen, dass ihre Psyche und ihr Selbstverständnis, aber auch ihr gesellschaftliches und politisches Ethos mit dem technischen Fortschritt häufig nicht Schritt halten können. Gleichzeitig sehen sie sich jedoch gerade aufgrund der heutigen Möglichkeiten – etwa im Bereich der Wehrtechnik – gezwungen, ihre **soziale Rolle** künftig so zu definieren, dass das Überleben der Menschheit auch in Zukunft gewährleistet ist.

Mit den hier aufgeworfenen Fragen hat sich auch der Schriftsteller ERICH KÄSTNER auseinander gesetzt, der vor allem in seiner frühen satirischen Gebrauchslyrik sehr wach und kritisch auf die Tendenzen des Zeitalters reagierte. Kästner wurde 1899 in Dresden geboren und besuchte zunächst ein Lehrerseminar. 1917 wurde er eingezogen und kehrte mit einem schweren Herzleiden aus dem Krieg zurück. Nachdem er vorübergehend als Bankangestellter und als Redakteur tätig war, studierte er u. a. in Berlin und Leipzig Germanistik und promovierte zum Doktor der Philosophie. Von 1927 an lebte er in Berlin als freier Schriftsteller. In der Auseinandersetzung mit dem Nationalsozialismus konnte er sich zunächst als ein streitbarer Moralist profilieren, wurde jedoch nach 1933 mit einem Publikationsverbot belegt. Von 1945 bis 1948 war er Feuilletonredakteur der „Neuen Zeitung" in München und gründete auch eine eigene Jugendzeitung. Populär wurde er vor allem durch seine Romane und Kinderbücher. Kästner starb 1974 in München.

Das Gedicht „Die Entwicklung der Menschheit" ist auf den ersten Blick eine Art Kulturgeschichte der Menschheit in Strophenform. Dabei werden die technischen und wissenschaftlichen Errungenschaften – Straßen und Hochhäuser, Zentralheizung und Telefon, Weltraumfahrt und Hygiene, Chemie und Biologie – jedoch immer wieder mit menschlichen Verhaltensweisen konfrontiert, die eher dem frühesten Stadium der menschlichen Geschichte entsprechen und vor dem Hintergrund des rasanten Fortschritts in Technik und Lebensstandard um so archaischer wirken. Dieser Widerspruch mündet schließlich in die Schlusspointe ein, die noch einmal ausdrücklich feststellt, dass die Menschen im Grunde „noch immer die alten Affen" geblieben sind. In dem Bereich, auf den es vor allem ankommt, hat es also in Wirklichkeit überhaupt keine „Entwicklung der Menschheit" gegeben.

Erich Kästner: Die Entwicklung der Menschheit

Einst haben die Kerls auf den Bäumen gehockt
behaart und mit böser Visage.
Dann hat man sie aus dem Urwald gelockt
und die Welt asphaltiert und aufgestockt,
bis zur dreißigsten Etage.

Da saßen sie nun, den Flöhen entflohn,
in zentralgeheizten Räumen.
Da sitzen sie nun am Telefon.
Und es herrscht noch genau derselbe Ton
wie seinerzeit auf den Bäumen.

Sie hören weit. Sie sehen fern.
Sie sind mit dem Weltall in Fühlung.
Sie putzen die Zähne. Sie atmen modern.
Die Erde ist ein gebildeter Stern
mit sehr viel Wasserspülung.

Sie schießen die Briefschaften durch ein Rohr.
Sie jagen und züchten Mikroben.
Sie versehn die Natur mit allem Komfort.
Sie fliegen steil in den Himmel empor
und bleiben zwei Wochen oben.

Was ihre Verdauung übrig läßt,
das verarbeiten sie zu Watte.
Sie spalten Atome. Sie heilen Inzest.
Und sie stellen durch Stiluntersuchungen fest,
daß Cäsar Plattfüße hatte.

So haben sie mit dem Kopf und dem Mund
den Fortschritt der Menschheit geschaffen.
Doch davon mal abgesehen und
bei Lichte betrachtet, sind sie im Grund
noch immer die alten Affen.

Erich Kästner: Gesang zwischen den Stühlen, Zürich 1985 [aus rechtlichen Gründen in alter Rechtschreibung].

Auch Kästner wirft eine ganze Reihe von Fragen auf, denen sich die Menschen heute nicht mehr entziehen können:

- Worin besteht der wahre Fortschritt der Menschheit? Wo liegen seine Grenzen?
- Wird es uns gelingen, ein neues Ethos zu entwickeln, das es uns ermöglicht, mit den technischen Errungenschaften verantwortungsvoll umzugehen?
- Was muss geschehen, damit in das Zusammenleben der Menschen doch noch ein „neuer Ton" kommt, damit die Menschen lernen, miteinander und nicht länger gegeneinander an der Bewältigung der dringlichsten Zukunftsaufgaben zu arbeiten?

Auf vielfältige Weise haben sich die Schriftsteller des 20. Jahrhunderts immer wieder gerade mit sozialen und politischen Problemen auseinander gesetzt: mit dem Untertanengeist des Wilhelminischen Zeitalters, mit den Konsequenzen der Industrialisierung, mit den Gefahren des Nationalsozialismus und den Schrecken der beiden Weltkriege, mit dem Kalten Krieg und seinen Folgen, mit der Bedrohung der Zukunft der Menschheit durch die Umweltverschmutzung, mit der Ambivalenz des technischen Fortschritts. Auch sie nehmen mit ihrem **Aufruf zur Umkehr** eine geradezu prophetische Funktion wahr, die zu Beginn des 21. Jahrhunderts nichts von ihrer Aktualität eingebüßt hat.

3 Haben oder Sein – eine echte Alternative?

Wie sich am Beispiel von Joseph Beuys und Erich Kästner gezeigt hat, müssen sich die Menschen der Gegenwart sowohl mit einer schweren Identitätskrise als auch mit einer großen Verunsicherung in Bezug auf die Geltung und Anwendung sozialer Spielregeln auseinandersetzen. In beiden Fällen steht jedoch letztlich das **menschliche Selbstverständnis** auf dem Spiel. Hier werden also *grundsätzliche Probleme* berührt, wie sie für das philosophische Denken im Allgemeinen charakteristisch sind und in ihren anthropologischen Implikationen – also soweit sie die Frage nach dem Wesen des Menschen betreffen – im Folgenden noch ausführlich vorgestellt werden. Die Philosophie der so genannten **Postmoderne** kann und will auf diese Fragen jedoch keine eindeutigen Antworten mehr geben, da sie sich gerade die Offenheit und Beliebigkeit, das Nebeneinander ganz unterschiedlicher Stilrichtungen, Wertvorstellungen und Denkmodelle auf ihre Fahnen geschrieben hat. Die Postmoderne tritt damit das Erbe der Neuzeit an, das vor allem durch eine ausgeprägte Säkularisierung und durch einen wachsenden Pluralismus gekennzeichnet ist. Hat die **Säkularisierung** zu einem weitgehenden Verlust religiöser Bindungen geführt, so ist der **Pluralismus,** der sich ebenso auf Fragen des Lebensstils erstreckt wie auf Fragen der Weltanschauung, das Ergebnis einer radikalen Infragestellung aller metaphysischen Systeme. Vor diesem Hintergrund soll nun als Beispiel für eine engagierte Auseinandersetzung mit diesen existenziellen Fragen die Gesellschaftsdiagnose von ERICH FROMM vorgestellt werden, der sich auch im Zeitalter der Postmoderne nicht gescheut hat, die Menschen zu einer nachhaltigen Überprüfung bzw. Korrektur ihrer bisherigen Einstellungen und Lebensweisen aufzurufen. Seine beispielhaften Analysen sind bis heute von größtem Einfluss.

Erich Fromm wurde 1900 in Frankfurt als einziges Kind strenggläubiger jüdischer Eltern geboren. Er studierte zunächst Jura in Frankfurt, dann ab 1919 Soziologie, Psychologie und Philosophie in Heidelberg. Nach der Heirat mit einer Psychoanalytikerin wandte er sich der Psychologie und der Psychiatrie zu und eröffnete 1929 eine eigene Praxis in Berlin. 1933 emigrierte er nach New York und lehrte danach an mehreren amerikanischen Universitäten; zuletzt wirkte er in Mexiko. 1957 zählte er zu den Gründungsmitgliedern der amerikanischen Friedensbewegung, ein Beispiel für sein zunehmendes politisches Engagement. In zahlreichen Veröffentlichungen hielt er der zeitgenössischen Gesellschaft den Spiegel vor und entwickelte zugleich sein Verständnis wahrer **Humanität.** Erich Fromm starb 1980 in Locarno.

Mit seinen sozial- bzw. kulturpsychologisch ausgerichteten Werken bewegte Erich Fromm sich stets im Grenzbereich zwischen Psychologie und Anthropologie. Dabei stand jedoch immer die Frage nach dem Menschen im Vordergrund, genauer die Frage nach seinem Wesen und seinen Entwicklungsmöglichkeiten, die Frage danach, was der Mensch tun muss, um sein Menschsein wahrhaft zu verwirklichen. Auch die 1976 erstmals veröffentlichte Untersuchung „Haben oder Sein" folgt dieser Zielsetzung. Sie unterscheidet dabei zwischen zwei grundlegend unterschiedlichen Existenzweisen des Menschen: dem **Modus des Habens** und dem **Modus des Seins.**

Das Wesen des Habens

Die Existenzweise des Habens leitet sich vom Privateigentum ab. In dieser Existenzweise zählt einzig und allein die Aneignung und das uneingeschränkte Recht, das Erworbene zu behalten. Die Habenorientierung schließt andere aus und verlangt mir keine weiteren Anstrengungen ab, um meinen Besitz zu behalten bzw. produktiven Gebrauch davon zu machen. Es ist die Haltung, die im Buddhismus als Gier, in der jüdischen und der christlichen Religion als Habsucht bezeichnet wird. Sie verwandelt alle und alles in tote, meiner Macht unterworfene Objekte.

Der Satz „ich habe etwas" drückt die Beziehung zwischen dem Subjekt, *ich* (oder er, du, wir, sie) und dem Objekt, *O,* aus. Er impliziert, dass sowohl Subjekt als auch Objekt dauerhaft sind. Aber sind sie es wirklich? Ich werde sterben; ich kann meine gesellschaftliche Stellung verlieren, die garantiert, dass ich etwas habe. Auch das Objekt ist nicht von Dauer: Es kann zerstört werden oder verloren gehen oder seinen Wert verlieren. Die Aussage, etwas auf Dauer zu besitzen, beruht auf der Illusion einer unvergänglichen, unzerstörbaren Substanz. Wenn ich alles zu haben scheine, habe ich in Wirklichkeit – nichts, denn mein Haben, Besitzen, Beherrschen eines Objektes ist nur ein vorübergehender Moment im Lebensprozess. [...]

In der Existenzweise des Habens gibt es keine lebendige Beziehung zwischen mir und dem, was ich habe. Es und ich sind Dinge geworden, und ich habe *es,* weil ich die Möglichkeit habe, es mir anzueignen. Aber es besteht auch die umgekehrte Beziehung: *Es hat mich,* da mein Identitätsgefühl bzw. meine psychische Gesundheit davon abhängt, es und so viele Dinge wie möglich zu haben. Die Existenzweise des Habens wird nicht durch einen lebendigen, produktiven Prozess zwischen Subjekt und Objekt hergestellt. Sie macht Subjekt und Objekt zu Dingen. Die Beziehung ist tot, nicht lebendig.

Die Existenzweise des Seins

Die Voraussetzungen für die Existenzweise des Seins sind Unabhängigkeit, Freiheit und das Vorhandensein kritischer Vernunft. Ihr wesentlichstes Merkmal ist die Aktivität, nicht im Sinne von Geschäftigkeit, sondern im Sinne eines inneren Tätigseins, dem produktiven Gebrauch der menschlichen Kräfte. Tätigsein heißt, seinen Anlagen, seinen Talenten, dem Reichtum menschlicher Gaben Ausdruck zu verleihen, mit denen jeder – wenn auch in verschiedenem Maß – ausgestattet ist. Es bedeutet, sich selbst zu erneuern, zu wachsen, sich zu verströmen, zu lieben, das Gefängnis des eigenen isolierten Ichs zu transzendieren, sich zu interessieren, zu lauschen, zu geben. Keine dieser Erfahrungen ist jedoch vollständig in Worten wiederzugeben. Worte sind Gefäße, die wir mit Erlebnissen füllen, doch diese quellen über das Gefäß hinaus. [...] In der Existenzweise des Habens herrscht das tote Wort, in der des Seins die lebendige Erfahrung, für die es keinen Ausdruck gibt.

Erich Fromm: Haben oder Sein. Die seelischen Grundlagen einer neuen Gesellschaft, Erich Fromm-Gesamtausgabe in 12 Bänden, Bd. II, Stuttgart 1999, S. 325 f. und S. 333.

Erich Fromm stellt uns also in Bezug auf unsere Wertvorstellungen, unsere Grundhaltung und unsere Lebensführung zwei grundlegende Alternativen vor Augen und ruft uns zur Entscheidung auf, welchem dieser beiden Wege wir in Zukunft folgen wollen:

- Werden die Menschen weiterhin der *Existenzweise des Habens* folgen, sich also ausschließlich durch ihren Besitz definieren – durch Geld, Reichtümer, Ansehen, persönlichen Einfluss –, und auf diese Weise eine Scheinidentität aufbauen, die in Wirklichkeit durch Selbstsucht und Konsumzwang geprägt ist und auf Dauer sowohl das Zusammenleben der Menschen als auch das Überleben der Menschheit gefährdet?
- Oder werden sie angesichts der bedrohlichen Folgen dieser verfehlten Grundhaltung schließlich doch noch bereit sein, sich in Zukunft auf die *Existenzweise des Seins* einzulassen, also selbst aktiv zu werden, sich gemeinsam weiter zu entwickeln, ihre inneren Werte zu entfalten?

Erich Fromm ruft die Menschen dazu auf, das „Gefängnis" ihres „eigenen isolierten Ichs zu transzendieren" und sich der Welt zu öffnen, um so ihrer wahren Identität gerecht zu werden. Mit seinem Ringen um das Wesen des Menschen gehört auch er zu den großen Mahnern, deren primäre Aufgabe es ist, vor dem Hintergrund der viel zitierten „postmodernen Beliebigkeit" in den Menschen das Bewusstsein ihrer besonderen Würde und Auszeichnung wach zu halten und auf diese Weise an der Verwirklichung der Humanität in der Geschichte der Menschheit aktiv teilzunehmen.

Zusammenfassung:
Was ist der Mensch? Anfragen aus Kunst, Literatur und Philosophie

Die Frage nach dem Wesen des Menschen hat die Kunst, Literatur und Philosophie schon immer lebhaft beschäftigt. Dies gilt umso mehr für die Gegenwart, in der sich der Mensch vor dem Hintergrund der Entwicklungstendenzen der Neuzeit einer ernsthaften **Krise seines Selbstverständnisses** ausgesetzt sieht.

Zu den wichtigsten **Krisensymptomen** gehören die Identitätskrise, die zunehmende Vereinsamung des Einzelnen, die schweren Störungen im Zusammenleben der Menschen und die nachhaltigen Folgen dieser Krisensymptome in gesellschaftspolitischer und in weltpolitischer Hinsicht. Auf ganz unterschiedliche Weise spiegeln Kunst, Literatur und Philosophie des 20. Jahrhunderts die **Ängste und Unsicherheiten** wider, die diese Tendenzen mit sich bringen. Als Propheten der Neuzeit mahnen sie zur **Umkehr** und zeigen im Einzelfall auch Möglichkeiten auf, durch eine radikale Änderung in Einstellung und Verhalten an der Bewältigung der anstehenden Zukunftsaufgaben aktiv mitzuwirken.

Dimensionen menschlicher Existenz

1 Grundbefindlichkeiten des Menschen

Immer wieder steht der Mensch im Laufe seiner Geschichte staunend vor der Erkenntnis, dass er das einzige uns bekannte Lebewesen ist, dessen Fähigkeit zur Selbstreflexion zu den Wesensmerkmalen seiner Existenz gehört. Dieses Faktum steht auch im Mittelpunkt der so genannten philosophischen Anthropologie des 20. Jahrhunderts.

Die Geschichte der philosophischen Anthropologie des 20. Jahrhunderts setzt ein mit Max Scheler (1874–1928) und dessen grundlegendem Werk „Die Stellung des Menschen im Kosmos“, das 1928 erstmals veröffentlicht wurde. In einer detaillierten Untersuchung der besonderen Eigenart des Menschen im Vergleich mit den Tieren gelangt Scheler zu der Überzeugung, dass der Mensch sich als **„Träger des Geistes“** von allen übrigen Lebewesen unterscheidet. Darin ist demnach auch seine **einmalige Sonderstellung im Kosmos** begründet. In seiner Argumentation kann Scheler auf die Erkenntnisse der modernen Biologie zurückgreifen, die den Materialismus des 19. Jahrhunderts mit seinem einseitig positivistischen Menschenbild zunehmend in Frage stellte. An erster Stelle ist hier auf Jacob Johann von Uexküll (1864–1944) zu verweisen. In seinem 1909 erschienenen Werk „Umwelt und Innenwelt der Tiere“ weist dieser nach, dass die Lebewesen aus der Fülle der in ihrer Umgebung vorhandenen Reize nur das wahrnehmen, was für ihr Überleben von unmittelbarer Bedeutung ist. Die „Umwelt“ eines Lebewesens ist also je nach Organisationshöhe mehr oder weniger komplex. Diesen Ansatz greift Scheler auf und stellt in Bezug auf den Menschen fest, dass dieser im Gegensatz zu den übrigen Lebewesen in der Lage sei, seine Umwelt beständig zu erweitern, ohne dass ihm dabei eine Grenze gesetzt sei. Das primäre Wesensmerkmal des Menschen ist demnach seine **Weltoffenheit,** die wiederum in seinen geistigen Fähigkeiten begründet ist. Scheler selbst fasst sein Menschenbild folgendermaßen zusammen:

Ich behaupte: Das Wesen des Menschen und das, was man seine *„Sonderstellung“* nennen kann, steht *hoch* über dem, was man Intelligenz und Wahlfähigkeit nennt, und würde auch nicht erreicht, wenn man sich diese Intelligenz und Wahlfähigkeit quantitativ beliebig, ja bis ins Unendliche gesteigert vorstellte. [...] Das neue Prinzip steht *außerhalb* alles dessen, was wir „Leben“ im weitesten Sinne nennen können, Das, was den Menschen allein zum „Menschen“ macht, ist nicht eine neue Stufe des Lebens [...], sondern es ist ein allem und *jedem Leben überhaupt, auch dem Leben im Menschen entgegengesetztes Prinzip:* eine echte neue Wesenstatsache, die als solche überhaupt nicht auf die „natürliche Lebensevolution" zurückgeführt werden kann, sondern, wenn auf etwas, nur auf den obersten einen Grund der Dinge selbst zurückfällt: auf denselben Grund, dessen *eine* große Manifestation das „Leben" ist.

Schon die Griechen behaupteten ein solches Prinzip und nannten es „Vernunft". Wir wollen lieber ein umfassenderes Wort für jenes X gebrauchen [...]: das Wort *„Geist"*. Das Aktzentrum aber, in dem Geist innerhalb endlicher Seinssphären erscheint, bezeichnen wir als *„Person"*, in scharfem Unterschied zu allen funktionellen Lebenszentren [...].

Geist „hat" nur ein zu vollendeter Sachlichkeit fähiges Lebewesen. Schärfer gesagt: Nur ein solches Wesen ist „Träger" des Geistes, dessen prinzipieller Verkehr mit der Wirklichkeit außerhalb seiner wie mit sich selber sich im Verhältnis zum Tiere mit Einschluss seiner Intelligenz dynamisch geradezu *umgekehrt* hat. [...] *Der Mensch ist das X, das sich in unbegrenztem Maße „weltoffen" verhalten kann.* Menschwerdung ist die Erhebung zur Weltoffenheit kraft des Geistes.

Das Tier hat keine „Gegenstände": es lebt in seine Umwelt ekstatisch hinein, die es gleichsam wie eine Schnecke ihr Haus als Struktur überall hinträgt, wohin es geht – es vermag diese Umwelt nicht zum Gegenstand zu machen. Die eigenartige *Fern*stellung, diese Distanzierung der „Umwelt" zur „Welt" (bzw. zu einem Symbol der Welt), deren der Mensch fähig ist, vermag das Tier nicht zu vollziehen. [...] Sammlung, Selbstbewusstsein und Gegenstandsfähigkeit des ursprünglichen Triebwiderstandes bilden *eine einzige unzerreißbare Struktur,* die als solche erst dem Menschen eigen ist.

Max Scheler: Die Stellung des Menschen im Kosmos, Bern/München 1978, S. 37–41.

Scheler hebt also zu Beginn des 20. Jahrhunderts noch einmal die Sonderstellung des Menschen heraus, die bereits in der philosophischen und theologischen Tradition eine große Rolle spielte[1]. Dies gelingt ihm jedoch nur, indem er seiner Anthropologie mit der **strikten Gegenüberstellung von Geist und Leben** eine dualistische Struktur zugrunde legt. Die geistigen Fähigkeiten des Menschen, die ihn überhaupt erst zur **Person** machen, stellen demnach in der Geschichte der Evolution eine ganz neue Entwicklungsstufe dar. Sie ermöglichen es dem Menschen, allem Seienden – und damit auch sich selbst – distanziert gegenüberzustehen und damit einen **exzentrischen Standpunkt** (wörtlich einen Standpunkt *außerhalb des Mittelpunktes*) einzunehmen. Er kann also die Welt gewissermaßen von Außen betrachten und mit dieser weltüberlegenen Haltung sowohl über die Wirklichkeit reflektieren als auch diese ganz bewusst gestalten.

1 Einzelheiten dazu finden sich in den folgenden Kapiteln.

Leben	⟷	**Geist**
Reaktion auf die „Umwelt" in Form von vorgegebenen (angeborenen) Verhaltensmustern		distanzierte Betrachtung der „Welt" als Voraussetzung bewussten Handelns
Triebstruktur	versus	**Weltoffenheit**
		↓
		Mensch als Person

Gerade der Dualismus des anthropologischen Modells von Max Scheler wird nun jedoch von der Humanbiologie des 20. Jahrhunderts zunehmend infrage gestellt. Dies zeigt sich vor allem in den Schriften von ADOLF PORTMANN (1897–1982). Auch Portmann geht in seiner Sichtweise des Menschen von dessen Weltoffenheit aus, begründet diese jedoch, indem er auf den spezifischen, auch die leibliche Dimension einbeziehenden Reifungsprozess eines jeden menschlichen Individuums zurückgreift. Seinen Überlegungen liegt die Erkenntnis zugrunde, dass der Mensch, was den Entwicklungsstand zum Zeitpunkt seiner Geburt anbelangt, im Vergleich mit den Säugetieren eigentlich ein Jahr zu früh das Licht der Welt erblickt. Man spricht hier vom so genannten *„extrauterinen Frühjahr"* (also von dem *Jahr,* das der Mensch gewissermaßen als physiologische *Früh*geburt *außerhalb der Gebärmutter* verbringt). Gerade diese im biologischen Sinne vorzeitige Geburt stellt jedoch die Voraussetzung dafür dar, dass der Säugling bereits in dieser frühen Entwicklungsphase in engem Kontakt mit seinen Bezugspersonen steht und innerhalb dieses *„sozialen Uterus"*, also dieser *sozialen Gebärmutter,* zum Kleinkind heranwächst. Wie auch durch die einschlägigen Erkenntnisse der modernen Psychologie bestätigt wurde, werden gerade in diesem ersten Lebensjahr die entscheidenden Grundlagen für die Herausbildung der spezifisch menschlichen **Trias von aufrechter Haltung, Sprache und Denken** gelegt. Damit zeichnet sich beim Menschen eine im Vergleich mit den Tieren völlig **neue Lebensform** ab, bei der körperliche und geistige Entwicklungsprozesse so aufeinander abgestimmt sind, dass sie sich überhaupt nur einer ganzheitlichen, mehrdimensionalen Betrachtung angemessen erschließen.

Zugleich wird hier deutlich, dass der Mensch nur als **Mitmensch,** also im unmittelbaren Kontakt mit anderen, zu seiner personalen Identität finden kann. Der soziale Uterus ist die entscheidende Voraussetzung dafür, dass das kleine Kind sprechen lernt und sich auf diese Weise Schritt für Schritt die Wirklichkeit aneignet, dass es sich seiner selbst als eines einmaligen, einzigartigen Lebewesens bewusst wird und dass es allmählich die Grundregeln für das menschliche Zusammenleben einübt – mit anderen Worten, dass es zu einer eigenständigen Persönlichkeit wird, die sich nach erfolgreicher **Sozialisation** innerhalb der Gesellschaft behaupten kann. Im Laufe eines beim Menschen deutlich verlängerten Reifungsprozesses, der sich bis in die Pubertät hinein fortsetzt, wird der Heranwachsende schließlich in die Lage versetzt, sein Leben selbst in die Hand zu nehmen.

Dieser ganzheitliche Ansatz der modernen Humanbiologie bleibt für die philosophische Anthropologie des 20. Jahrhunderts bestimmend. Er spiegelt sich auch deutlich in den Arbeiten von HELMUTH PLESSNER (1892–1985) wider. Plessner sieht im Leib des Menschen das Bindeglied zwischen Innenwelt und Außenwelt. Als **leibhaftes Wesen** nimmt der Mensch innerhalb seiner Umwelt eine ganz bestimmte Position ein, die es ihm ermöglicht, sowohl sich selbst als auch der Umwelt gegenüber Stellung zu beziehen. Er kann also aus sich heraustreten, sein Ich-Zentrum im Geiste verlassen. Plessner spricht deshalb ähnlich wie Scheler von der **Exzentrizität** als dem entscheidenden Wesensmerkmal des Menschen. Durch sie gewinnt er eine Position der Überlegenheit, die zugleich als bleibende Aufgabe verstanden werden kann. Während das weitgehend instinktgebundene Tier in sich selbst zu ruhen vermag, ist der Mensch herausgefordert, sein Leben selbst in die Hand zu nehmen, zum Subjekt seines Erlebens, seiner Wahrnehmungen und seines Handelns zu werden.

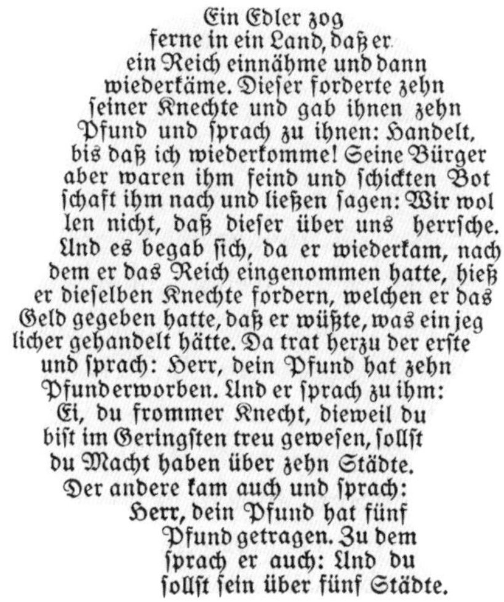

Auch nach Auffassung der modernen Humanbiologie steht der Mensch in der Verantwortung, was die Gestaltung seines Lebens anbelangt.

Wie wird der Mensch dieser seiner Lebenssituation gerecht? Wie führt er seine exzentrische Position durch? Welche Grundmerkmale muss seine Existenz annehmen, die er als Lebewesen besitzt? [...]

Als exzentrisch organisiertes Wesen muss er sich zu dem, was er *schon ist, erst machen.* Nur so erfüllt er die ihm mit seiner vitalen Daseinsform aufgezwungene Weise, im Zentrum seiner Positionalität – nicht einfach aufzugehen, wie das Tier, das aus seiner Mitte heraus lebt, auf seine Mitte alles bezieht, sondern zu stehen und so von seiner Gestelltheit zugleich zu wissen. [...] Der Mensch lebt nur, indem er ein Leben führt. [...] In sehr verschiedener Form und Wertbetonung ist dieses Grundgesetz der eigenen Existenz den Menschen zum Bewusstsein gekommen, immer aber mischt sich in das Wissen darum der Schmerz um die unerreichbare Natürlichkeit der anderen Lebewesen. Ihre Instinktsicherheit ist seiner Freiheit und Voraussicht verloren gegangen. Sie existieren direkt, ohne von sich und den Dingen zu wissen, sie sehen nicht ihre Nacktheit – und der himmlische Vater ernähret sie doch. Dem Menschen dagegen ist mit dem Wissen die Direktheit verloren gegangen, er sieht seine Nacktheit, schämt sich seiner Blöße und muss daher auf Umwegen über künstliche Dinge leben.

Helmuth Plessner: Die Stufen des Organischen und der Mensch, Berlin/New York 1975, S. 309 f.

In diesem Zitat aus „Die Stufen des Organischen und der Mensch" klingt bereits an, dass die **Fähigkeit** des Menschen **zur Selbstreflexion** auch als ein Mangel an Sicherheit und Geborgenheit empfunden werden kann. Der „erste Freigelassene der Schöpfung" (Johann Gottfried Herder) ist durch seine besondere Wesensart dazu verurteilt, sich selbst in seiner Lebenswirklichkeit zu orientieren und sein Leben auf diese Weise aktiv zu gestalten. Diesen Aspekt stellt ARNOLD GEHLEN (1904–1976) mit seinem Wort von dem Menschen als einem **Mängelwesen** in den Vordergrund seines anthropologischen Ansatzes. In seinem frühen Hauptwerk „Der Mensch. Seine Natur und seine Stellung in der Welt" fasst er die bereits skizzierten Erkenntnisse über die Natur und Wesensart des Menschen zusammen. Er stellt heraus, dass der Mensch in besonderem Maße **zur Freiheit berufen** ist, was gerade auch in seiner spezifischen leibseelischen Konstitution zum Ausdruck kommt; Gehlen verweist hier nochmals auf den aufrechten Gang mit der damit verbundenen Handlungsfreiheit, auf die Unspezialisiertheit seiner Organe und auf die weitgehende Reduktion seiner Instinkte. Die eigentliche Bestimmung des Menschen ist demnach das **selbstständige und verantwortliche Handeln.** Sind bei den Tieren viele Verhaltensmuster – gerade in Gefahrensituationen – durch angeborene Reaktionsmechanismen vorgegeben, muss der Mensch sich immer wieder neu und durchaus eigenständig um die jeweils passende Handlungsweise bemühen.

„Der Mensch" lebt nicht in einem Verhältnis organischer oder instinktiver Einpassung in irgendwelche bestimmte, angebbar Außenbedingungen, sondern seine Konstitution erzwingt, leistet aber auch eine intelligente, planende Tätigkeit, die ihm gestattet, aus *sehr beliebigen* Konstellationen von Naturumständen durch *Veränderung* derselben sich Techniken und Mittel seiner Existenz zurechtzumachen. Wir sehen ihn daher „überall" leben, sehr im Gegensatz zu den geografisch streng umschriebenen Heimatgebieten aller spezialisierten Tiere. [...] Der Mensch kann das alles, weil er durch planende und voraussehende Veränderung sich aus ganz beliebigen vorgefundenen Umständen seine Kultursphäre schafft, die bei ihm also an Stelle der Umwelt steht, und die nun allerdings zu den *natürlichen* Lebensbedingungen dieses unspezialisierten und organisch mittellosen Wesens gehört. „Kultur“ ist daher ein anthropo-biologischer Begriff, der Mensch von Natur ein Kulturwesen. Schon der Australier verfügt über etwa 200 Geräte und Techniken, mittels deren er sich in seiner trostlosen Umgebung behauptet. Kultur ist also in erster Annäherung der Inbegriff der Sachmittel und Vorstellungsmittel, der Sach- und Denktechniken, einschließlich der Institutionen, mittels deren eine bestimmte Gesellschaft „sich hält“, in zweiter Annäherung der Inbegriff aller darauf fundierten Folgeinstitutionen.

Arnold Gehlen: Der Mensch. Seine Natur und seine Stellung in der Welt, Wiesbaden [12]1978, S. 80 f.

Entlastet wird der Mensch demnach in seiner Handlungsfreiheit durch die kulturellen Überlieferungen, die ihm situationsbezogen ganz bestimmte Reaktionsweisen vorgeben. Die kulturelle Überformung seiner Umwelt kompensiert die oben angesprochenen „Mängel“ und sorgt dafür, dass niemand durch die Handlungsfreiheit überfordert wird. So kann Gehlen den Menschen als das Lebewesen definieren, das „von Natur aus“ ein **Kulturwesen** sei.

Oskar Schlemmer: Mensch im Netz

Nachdem die Erfahrungen mit dem Nationalsozialismus den Menschen die schrecklichen Folgen eines Missbrauchs der Handlungsfreiheit vor Augen geführt hatten, kam es bei Gehlen zu einer Akzentverschiebung. In seinem Spätwerk, das eher der Soziologie zugerechnet werden kann, wird die **Bedeutung der gesellschaftlichen Institutionen** noch deutlicher herausgestellt als im Frühwerk. Ihnen kommt eine gewichtige **Entlastungsfunktion** zu, da sie das menschliche Verhalten in geregelte Bahnen lenken und damit im Interesse des gesellschaftlichen Zusammenlebens eine gewisse Stabilität und Berechenbarkeit gewährleisten.

[...] wie bringt es denn der Mensch angesichts seiner Weltoffenheit und der Instinktreduktion, bei aller potenziell in ihm enthaltenen unwahrscheinlichen Plastizität und Unstabilität eigentlich zu einem voraussehbaren, regelmäßigen, bei gegebenen Bedingungen denn doch mit einiger Sicherheit provozierbaren Verhalten, also zu einem solchen, das man quasi-instinktiv oder quasi-automatisch nennen könnte, das bei ihm *an Stelle* des echt instinktiven steht und das offenbar den stabilen sozialen Zusammenhang erst definiert? So fragen, heißt das Problem der *Institutionen* stellen. Man kann geradezu sagen, wie die tierischen Gruppen und Symbiosen durch Auslöser und durch Instinktbewegungen zusammengehalten werden, so die menschlichen durch Institutionen und die darin erst „sich feststellenden" quasiautomatischen Gewohnheiten des Denkens, Fühlens, Wertens und Handelns, die allein als institutionell gefasste sich vereinseitigen, habitualisieren und damit stabilisieren.

Arnold Gehlen: Der Mensch. Seine Natur und seine Stellung in der Welt, Wiesbaden [12]1978, S. 79.

Tiere	← →	**Menschen**
Gleichmäßigkeit und Berechenbarkeit des Verhaltens aufgrund des hohen Grades an *Instinktgebundenheit*		Willkür und Unberechenbarkeit des Verhaltens aufgrund der weitgehenden *Instinktfreiheit*
Reiz-Reaktionsmechanismen	versus	**Handlungsfreiheit**
		↓
		Kompensation und Entlastung durch kulturelle Traditionen und gesellschaftliche Institutionen

Zusammenfassung: Grundbefindlichkeiten des Menschen

Die philosophische Anthropologie des 20. Jahrhunderts stellt in Bezug auf die Wesensmerkmale des Menschen insbesondere seine Fähigkeit heraus, aufgrund seiner spezifischen körperlichen und geistigen Konstitution in weit höherem Maße als das Tier über sich und die Welt zu reflektieren und sich dabei seiner besonderen Identität bewusst zu werden.
Aus diesem **Reflexionsvermögen** resultiert das Vermögen, sich sowohl sich selbst als auch der Welt gegenüber bewusst zu verhalten.
Die so gewonnene **Handlungsfreiheit** schließt eine **Verantwortlichkeit** für Fragen der Lebensgestaltung mit ein, die sich auch in den gesellschaftlichen Institutionen widerspiegelt. In diesen finden übergeordnete Wertorientierungen und Handlungsprinzipien konkrete Gestalt, die den Handlungsspielraum des Menschen wieder ein Stück weit kompensieren und auf diese Weise anstelle der Instinktgebundenheit der Tiere sekundäre, künstliche Strukturen und Ordnungsmuster schaffen.

Damit zeichnet sich mit den so beschriebenen Grundbefindlichkeiten des Menschen klar eine **Mehrdimensionalität** der menschlichen Existenz ab.

2 Die Dimensionen menschlicher Existenz

2.1 Die Personalität des Menschen

Zu den Grundbefindlichkeiten des Menschen gehört an erster Stelle, dass er sich selbst als eigenständige Persönlichkeit erlebt. In der wissenschaftlichen Terminologie spricht man in diesem Zusammenhang von der **Personalität** eines Menschen und meint damit *alle Wesensmerkmale oder Eigenschaften, die das Wesen einer Person ausmachen*. Deren möglichst vollständige Entfaltung, also die **volle Selbstverwirklichung,** ist damit grundlegende Lebensaufgabe eines jeden Menschen. Im Einzelnen spielen dabei die folgenden Eigenschaften eine Rolle.

Individualität

Der Mensch als Person wird in erster Linie durch seine Individualität greifbar. Jedem Menschen kommt schon allein durch seine genetische Veranlagung – man spricht heute bezeichnenderweise auch vom genetischen Fingerabdruck – eine **Einmaligkeit** und **Einzigartigkeit** zu, die ihn von allen anderen Menschen unterscheidet und die sich trotz aller körperlichen, seelischen und geistigen Veränderungen und Entwicklungsprozesse in seiner Lebensgeschichte durchhält, ja diese geschichtliche Identität überhaupt erst konstituiert.

Reflexionsvermögen

Neben der Individualität des Menschen wird seine Personalität dadurch geprägt, dass er sich seiner selbst als einer einzigartigen Persönlichkeit mit ihrer unverwechselbaren Identität bewusst ist, dass er sich selbst im Sinne der Exzentrizität gewissermaßen von Außen, aus der Distanz, betrachten und sein eigenes Verhalten kritisch bewerten und beurteilen kann. Alle Erlebnisse, Überlegungen und Handlungsweisen, die sein Leben bestimmen, werden als zu ihm gehörig erlebt und sind auf diese Weise Teil seiner geschichtlichen Identität. In seiner Fähigkeit, sich gewissermaßen in ein erkennendes Subjekt einerseits und ein zu erkennendes Objekt andererseits aufzuspalten, liegt die Möglichkeit zur menschlichen Selbsterkenntnis begründet. In der *Reflexion* (im ursprünglichen Wortsinne das „Zurückwerfen“, dann in übertragenem Sinn auch das Nachdenken bzw. die *eingehende Betrachtung* eines Sachverhaltes) kehrt das erkennende Subjekt in sich selbst zurück; der Erkenntnisprozess wird auf seinen Ausgangspunkt zurückgelenkt.

Diese Überzeugungen haben sich im Wesentlichen auch gegenüber allen Versuchen der Neuzeit behauptet, den Menschen im Kontext eines reduktionistischen Weltbildes auf seine körperliche Dimension zu beschränken oder ihn in vorgegebene, deterministische Strukturen einzubinden.

Verantwortlichkeit

Die Fähigkeit des Menschen, über sich selbst und seine Handlungsweise nachzudenken und diese unter Umständen auch kritisch zu beurteilen und zu bewerten, ist die Voraussetzung dafür, dass er sich frei für ein bestimmtes Verhalten entscheiden und dieses ganz bewusst in die Tat umsetzen kann. Deshalb kann er auch für alles, was er auf diese Weise frei und bewusst tut, verantwortlich gemacht werden. Wie sein Verhalten konkret beurteilt wird, ergibt sich aus dem jeweils gültigen Wertsystem, das in den verschiedenen Kulturen im Einzelnen stark differieren kann.

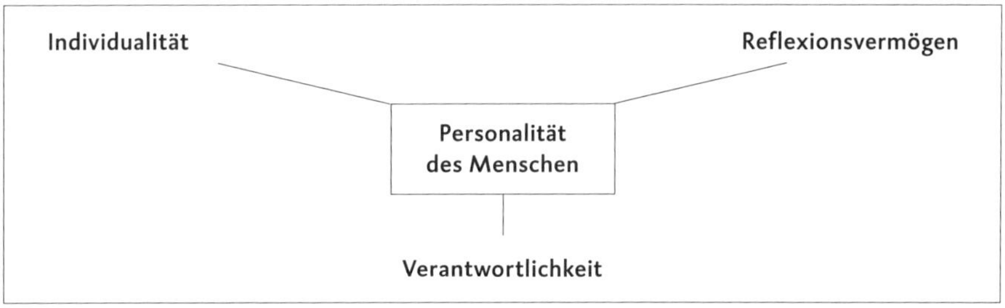

2.2 Die Sozialität des Menschen

Die Entfaltung der Einzelpersönlichkeit, von der bislang die Rede war, setzt zu ihrer Verwirklichung die Ich-Du-Relation zwingend voraus. Wie sich gerade beim Rückblick auf die Erkenntnisse der Humanbiologie des 20. Jahrhunderts gezeigt hat, stellen die Kommunikation mit anderen bzw. das Leben in Gemeinschaft wesentliche Elemente der Personwerdung des Menschen dar. „Der Mensch ist ein offenes Wesen, das in dem Maße Person wird, in dem es in eine vielfache Relation der Erkenntnis und der Liebe mit seinesgleichen einzutreten vermag.“[2] Auch diese Zusammenhänge sollen nun noch etwas genauer dargelegt werden.

2 Carlos Valverde: Der Mensch als Person, Bonifatius Verlag: Paderborn 1999, S. 131.

Ich-Du-Beziehung

Der Mensch entwickelt sich, wie die moderne Humanbiologie herausgefunden hat, in einem „sozialen Uterus“, der die entscheidende Voraussetzung zur Entfaltung seiner Persönlichkeit darstellt. Auf die herausragende Bedeutung der Ich-Du-Beziehung für das Dasein des Menschen hat im 20. Jahrhundert auch mit großem Nachdruck der jüdische Religionsphilosoph MARTIN BUBER (1878–1965) aufmerksam gemacht. Buber wurde in Wien geboren und lebte nach seiner Emigration von 1938 an in Palästina, wo er sich besonders für die jüdisch-arabische Verständigung einsetzte. 1953 erhielt er den Friedenspreis des Deutschen Buchhandels. Er starb 1965 in Jerusalem.

Martin Buber 1960

Grundlegend für die philosophische Anthropologie von Martin Buber ist die Unterscheidung zwischen der Beziehung zwischen Ich und Es einerseits und der Beziehung zwischen Ich und Du andererseits. Die Beziehung zwischen Ich und **Es-Welt,** die Erfahrung, ist durch wahrnehmende Distanz gekennzeichnet. Sie ermöglicht es, die zum Gegenstand gewordenen Erkenntnisobjekte wissenschaftlich zu analysieren, auf ihre Ursächlichkeit hin zu überprüfen und für die konkrete Anwendung nutzbar zu machen. Dagegen zeichnet sich die **Ich-Du-Beziehung** durch Gegenseitigkeit und Unmittelbarkeit aus. In der Beziehung zum Du ist der Mensch ganz gegenwärtig, handelt frei und nicht zweckgebunden. Gerade darin findet er letztlich zu sich selbst. In der Begegnung mit dem anderen klärt sich sein Ich-Bewusstsein, wird er sich seiner eigenen Identität bewusst: „Der Mensch wird am Du zum Ich.“[3]

Es gibt kein Ich an sich, sondern nur das Ich des Grundworts Ich-Du und das Ich des Grundworts Ich-Es. Wenn der Mensch Ich spricht, meint er eins von beiden. Das Ich, das er meint, dieses ist da, wenn er Ich spricht. Auch wenn er Du oder Es spricht, ist das Ich des einen oder das des andern Grundworts da. [...]

Die Welt als Erfahrung gehört dem Grundwort Ich-Es zu. Das Grundwort Ich-Du stiftet die Welt der Beziehung. [...]

Stehe ich einem Menschen als meinem Du gegenüber, spreche das Grundwort Ich-Du zu ihm, ist er kein Ding unter Dingen und nicht aus Dingen bestehend. Nicht Er oder Sie ist er, von andern Er und Sie begrenzt, im Weltnetz aus Raum und Zeit eingetragener Punkt; und nicht eine Beschaffenheit, erfahrbar,

3 Martin Buber: Ich und Du, Verlag Lambert Schneider: Heidelberg ^{10}1979, S. 37.

beschreibbar, lockeres Bündel benannter Eigenschaften. Sondern nachbarnlos und fugenlos ist er Du und füllt den Himmelskreis. Nicht als ob nichts andres wäre als er: aber alles andre lebt in *seinem* Licht. [...] Solang der Himmel des Du über mir ausgespannt ist, kauern die Winde der Ursächlichkeit an meinen Fersen, und der Wirbel des Verhängnisses gerinnt.

Den Menschen, zu dem ich Du sage, erfahre ich nicht. Aber ich stehe in der Beziehung zu ihm, im heiligen Grundwort. Erst wenn ich daraus trete, erfahre ich ihn wieder. Erfahrung ist Du-Ferne. [...]

Das Du begegnet mir. Aber ich trete in die unmittelbare Beziehung zu ihm. So ist die Beziehung Erwähltwerden und Erwählen, Passion und Aktion in einem. Wie denn eine Aktion des ganzen Wesens, als die Aufhebung aller Teilhandlungen und somit aller – nur in deren Grenzhaftigkeit gegründeter – Handlungsempfindungen, der Passion ähnlich werden muss.

Das Grundwort Ich-Du kann nur mit dem ganzen Wesen gesprochen werden. Die Einsammlung und Verschmelzung zum ganzen Wesen kann nie durch mich, kann nie ohne mich geschehen. Ich werde am Du; Ich werdend spreche ich Du.

Alles wirkliche Leben ist Begegnung.

Martin Buber: Ich und Du, Heidelberg [10]1979, S. 10–18.

Ich und Es	Ich und Du
• wahrnehmende Distanz • Gegenständlichkeit • auf Nutzanwendung ausgerichtet	• unmittelbare Nähe, Gegenwart • Gegenseitigkeit • ohne Zweckgebundenheit

Zugleich öffnet sich der Mensch Buber zufolge in der Begegnung mit dem Du auf das „ewige Du“ hin, das heißt auf Gott. Hier zeigt sich, dass die **Offenheit** des Menschen, die in seiner Sozialität zum Ausdruck kommt, ansatzweise bereits die Transzendentalität in sich einschließt.

Mensch und Gesellschaft

Die Ich-Du-Beziehung, die Begegnung zwischen Mensch und Mitmensch, ist stets auch in größere, übergeordnete Sozialstrukturen eingebunden, die das menschliche Zusammenleben in gesellschaftlicher, wirtschaftlicher und staatlicher Hinsicht bestimmen. Bereits bei Gehlen ist in diesem Zusammenhang die Entlastungsfunktion der gesellschaftlichen Institutionen hervorgehoben worden. Mit dem **Wertsystem,** das sie verkörpern, der diesem zugrunde liegenden **Weltsicht** und ihren spezifischen **kulturellen Traditionen** schaffen sie einen **Ordnungsrahmen.** Darin weiß sich der Einzelne inmitten seines persönlichen Beziehungsgefüges aufgehoben. Unter Umständen kann er jedoch auch zur Gefahr für die freie Entfaltung der Persönlichkeit werden, wo er sich zu totalitären Strukturen verfestigt.

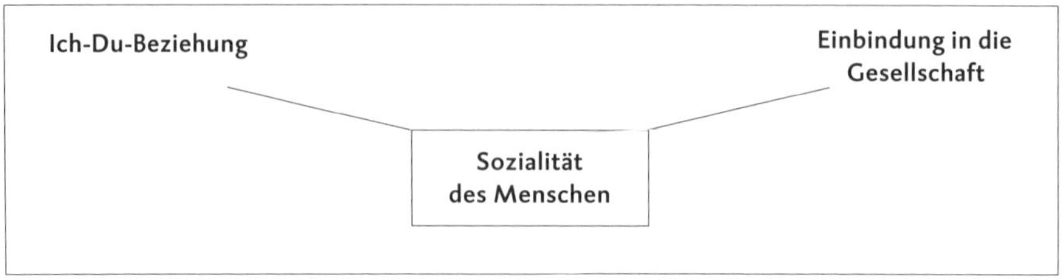

2.3 Die Transzendentalität des Menschen

Die Vor- und Frühgeschichte des Menschen zeigt uns anhand der Bestattungsriten, dass immer dort, wo Spuren frühen Menschseins gefunden werden, auch Spuren eines Glaubens an ein Weiterleben nach dem Tod festgestellt werden können. Offenbar gehört es zum Wesen der menschlichen Existenz, dass der Mensch im Nachdenken über sich selbst immer auch seine eigene Lebensspanne überschreitet, indem er zum Beispiel letzte Fragen nach dem Wozu seiner Existenz bzw. nach dem Sinn seines Lebens stellt. Genau diese Fähigkeit des Menschen wird mit dem Fachbegriff *Transzendentalität* umschrieben (abgeleitet von dem lateinischen Verb *transcendere,* was wörtlich „hinübersteigen" bedeutet und ganz allgemein das *Überschreiten* der Grenze zwischen zwei Bereichen meint). In der Anthropologie ist damit vor allem das Überschreiten der Grenzen der Erfahrung angesprochen, dann aber auch der Grenzen des Bewusstseins bzw. – in metaphysischer oder religiöser Hinsicht – des Diesseits überhaupt. Auch hier ergeben sich im Einzelnen mehrere Akzente, die in der Transzendentalität des Menschen zusammenfließen.

Erkenntnisfähigkeit

Wie in den Ausführungen über die Grundbefindlichkeiten des Menschen schon mehrfach angeklungen ist, zeichnet sich der Mensch vor allen anderen Lebewesen dadurch aus, dass er sich als Erkennender der gegenständlichen Es-Welt – um mit Buber zu sprechen – gegenüberstellen kann. Er allein ist in der Lage, den Bereich möglicher Erfahrung, den Bereich der Natur, zu überschreiten und selbst zum Erkennenden zu werden. Sobald er die Menschen und Dinge zum „Gegenstand" des Erkennens macht, kann er sie aus der Distanz deuten und beurteilen. In dieser Fähigkeit zur **Grenzüberschreitung** kommt bereits die Transzendentalität des Menschen zum Ausdruck.

Bewusstsein von der eigenen Sterblichkeit

Neben der Erkenntnisfähigkeit kommt in der Transzendentalität auch die Fähigkeit des Menschen zum Ausdruck, seine eigene Lebensgrenze zu überschreiten, da er sich seiner Sterblichkeit stets bewusst ist. Er weiß also, dass ihm nur eine **begrenzte Lebensspanne** zur Verfügung steht, er weiß aber auch, dass er es in der Hand hat, die ihm geschenkte Lebenszeit voll auszuschöpfen und persönlich zu gestalten. Es sind gerade die so genannten **Grenzsituationen,** also die Begegnung mit Tod, Krankheit oder auch schwerer Schuld, die den Menschen mit der Endlichkeit und damit auch Fraglichkeit seiner Existenz konfrontieren und ihm so die Geschichtlichkeit seines Daseins vor Augen führen. Nur wenn er diese Herausforderung annimmt, findet er nach dem Verständnis der Existenzphilosophie zu einer vollwertigen Existenz.

Sinnbild für die Fähigkeit des Menschen zur Grenzüberschreitung

Die Suche nach dem Sinn des Lebens

In engem Zusammenhang mit dem Bewusstsein der Sterblichkeit steht schließlich die Suche nach dem Lebenssinn. Indem dem Menschen aufgegeben ist, sein Leben bewusst zu gestalten, sieht er sich zugleich vor die Frage gestellt, welche Ziele er in seinem Leben erreichen möchte und welche Richtung er einschlagen muss, damit dies gelingen kann. Der Mensch ist also stets auf der Suche nach **Orientierung** und **Existenzerhellung,** womit letztlich auch schon die Sinnfrage gestellt ist.[4] Zur Erhellung seiner Existenz ist der Mensch jedoch auf die Transzendenz verwiesen, ohne diese aufgrund der Schranken seines an die Empirie gebundenen Erkenntnisvermögens wirklich erfassen zu können. So ist er das Wesen, das stets auf der Suche ist, das nie an dem Punkt stehen bleiben kann, an dem es gerade angelangt ist. Der Philosoph KARL JASPERS (1883–1969) deutet diese spezifisch menschliche Existenzweise in seinem Hauptwerk folgendermaßen:

> Sich absolut auf sich zu stellen ist der Existenz zwar die Wahrheit ihrer Unbedingtheit im Zeitdasein, wird ihr aber zur Verzweiflung. Sie ist sich bewusst, dass sie als schlechthin eigenständig ins Leere sinken müsste. Soll sie aus sich wirklich werden, so ist sie darauf angewiesen, dass ihr entgegenkommt, was sie erfüllt. Sie ist nicht sie selbst, wenn geschieht, dass sie sich ausbleibt; sie steht zu sich, als ob sie sich gegeben würde. Sie bewährt ihre Möglichkeit nur, wenn sie sich in der Transzendenz begründet weiß. Sie verliert ihre Offenheit für ihr eigenes Werden, wenn sie sich für das eigentliche Sein hält. [...]
>
> Angesichts der Transzendenz hat Existenz das eigentliche Bewusstsein der *Endlichkeit.* Die Endlichkeit des menschlichen *Erkennens* kann durch Konstruktionen anderer Möglichkeiten des Erkennens kontrastierend zur Einsicht gebracht werden; die Endlichkeit des *Daseins* ist darin, dass es stets ein Anderes außer sich hat, und in jeder Gestalt nur entsteht und vergeht. Die Endlichkeit des Erkennens und des Daseins ließe sich durch die Konstruktion einer Erweiterung ins Unendliche als überwunden denken. [...]
>
> Existenz kann von sich weder Endlichkeit noch Unendlichkeit oder beides aussagen. Sie ist das unüberwindbare, weil unendliche *Ungenügen,* das eines ist mit dem *Suchen* der Transzendenz. Existenz ist nur in Bezug auf Transzendenz oder gar nicht.

Karl Jaspers: Philosophie. Bd. III: Metaphysik, Berlin u. a. ^{4}1973, S. 4–6.

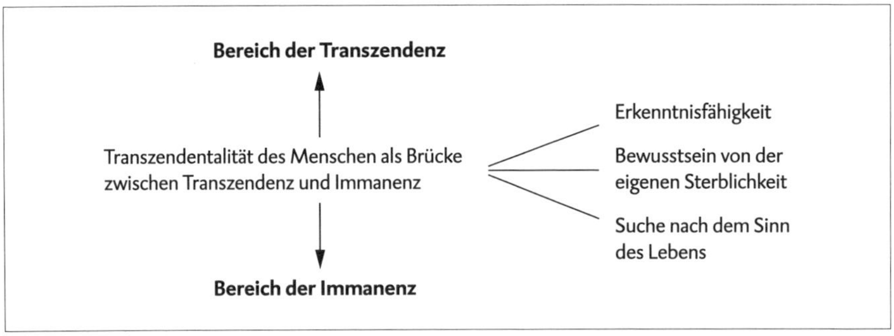

4 Die Sinnfrage wird im letzten Kapitel genauer behandelt.

Robert Gernhardt: Conditio Humana

Greift die Transzendentalität des Menschen im Kontext der Existenzphilosophie letztlich ins Leere – auch Karl Jaspers lehnt jede Form einer Objektivierung der Transzendenz etwa in Form einer Gottesidee strikt ab –, so sieht die christliche Lehre vom Menschen gerade in dieser Grundbefindlichkeit des Menschen den entscheidenden Anknüpfungspunkt für eine Selbstoffenbarung Gottes im Raum der Geschichte: Der Transzendentalität des Menschen auf der einen Seite entspricht auf der anderen Seite der Trennungslinie eine **Grenzüberschreitung Gottes,** die in seiner Menschwerdung in der Gestalt Jesu Christi ihren einmaligen Höhepunkt findet und die aus christlicher Sicht sehr wohl geeignet ist, das Dasein des Menschen zu erhellen.

Zusammenfassung: Die Dimensionen menschlicher Existenz

Aus der Sicht der modernen Humanbiologie ist der Mensch vor allem dadurch charakterisiert, dass er mit seinen spezifischen **körperlichen und geistigen Strukturmerkmalen** in hohem Maße dazu bestimmt ist, sein Leben frei und damit auch verantwortlich zu gestalten.

Aus dieser Vielschichtigkeit des Menschen als Person ergibt sich ein **mehrdimensionales Menschenbild,** das **Personalität, Sozialität und Transzendentalität** als die grundlegenden Dimensionen der menschlichen Existenz in sich begreift.

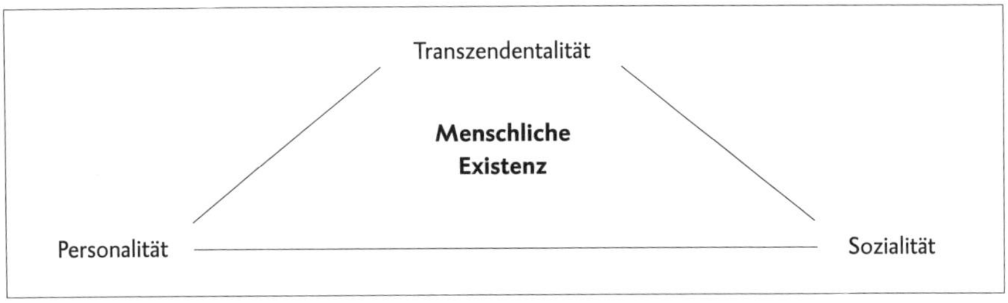

Antwortversuche auf die Frage nach dem Menschen

1 Antwortversuche aus den Weltreligionen

1.1 Das Menschenbild des Hinduismus

Der Hinduismus ist ein Komplex von ganz unterschiedlichen religiösen Strömungen. Sie alle verbindet jedoch die Überzeugung, dass alles, was geschieht, einer ewigen und unveränderlichen Weltordnung folgt, einem obersten Gesetz also, das sowohl den Bestand der Welt garantiert als auch für einen gerechten Ablauf der Dinge sorgt.

Grundzüge des Hinduismus

Die oberste Weltordnung des Hinduismus wird **Dharma** (wörtlich „das, was uns trägt") genannt und umfasst den gesamten rechtlichen Bereich, den alltäglichen Pflichtenkreis einschließlich des von Tradition und Sitte Gebotenen sowie alle religiösen Rituale. Aus dem Dharma ergeben sich demnach sämtliche Rechte und Pflichten sowohl des Einzelnen als auch der Gemeinschaft.

MAHATMA GANDHI (1869–1948), der herausragende Vertreter des Hinduismus im 20. Jahrhundert, hat versucht, die wichtigsten Kennzeichen dieser Weltreligion in sechs Punkten zusammenzufassen. Diese lauten in Kurzform:

- das Bekenntnis zu den heiligen Hindu-Schriften als Grundlage des Hinduismus;
- die Überzeugung, dass sich immer wieder Gottheiten auf der Erde in körperlicher Gestalt offenbart („inkarniert") haben;
- der Glaube an die Wiedergeburt der Menschen, die – wie alles Sein – einem ewigen Kreislauf von Werden und Vergehen (Samsara) unterworfen sind;
- das Festhalten am Kastenwesen als gesellschaftlicher Ordnung;
- die Verehrung der heiligen Kuh, die das Gute der Natur symbolisiert, sowie
- die Verehrung von heiligen Bildern.[5]

5 Zusammengefasst in Anlehnung an: Werner Trutwin: Die Weltreligionen. Hinduismus, Patmos Verlag: Düsseldorf 1998, S. 19.

Eine fest gefügte, dogmatisierte Glaubenslehre gibt es im Hinduismus nicht. Als der absolute Urgrund des Seins gilt jedoch **Brahman,** das Göttliche schlechthin. Dieses göttliche Prinzip durchdringt alle Bereiche der Wirklichkeit und ist letztlich mit **Atman,** der unsichtbaren Seele aller Lebewesen, identisch. Auf der anderen Seite steht der schon angesprochene ewige Kreislauf des Werdens und Vergehens, **Samsara** genannt, demzufolge der Tod als ein bloßer Übergang von einer Daseinsform zur anderen gedeutet wird. In ihrer irdischen Existenz sind Welt und Mensch ein bloßer Schein **(Maya).** Alles Irdische gilt demnach als vergänglich und damit als zweitrangig; seine wahre Identität gewinnt der Mensch, indem er sich seiner ursprünglichen Identität mit Brahman bewusst wird. Neben diesem Weg der Erkenntnis (Jnana-Marga) gibt es noch zwei weitere **Erlösungswege,** die sich in der Geschichte des Hinduismus herausgebildet haben: der Weg des Handelns (Karma-Marga), also der guten Werke wie zum Beispiel Gebet und Wallfahrten, und der Weg der völligen Hingabe an Gott (Bhakti-Marga). Sie alle verfolgen jedoch letztlich das eine Ziel der **Überwindung des Unterschiedes zwischen Brahman und Atman.** Nur wer auf diese Weise sein individuelles Selbst auflösen und mit Brahman verschmelzen kann, findet im Hinduismus Erlösung **(Moksha).** Der ewige Kreislauf des Lebens wird dadurch jedoch keineswegs enden, das Rad des Lebens dreht sich immer weiter.

Das Menschenbild

Wie sich in der knappen Darlegung der Grundlagen des Hinduismus bereits abgezeichnet hat, ist das Menschenbild dieser Weltreligion zutiefst vom **Dualismus zwischen dem eigentlichen Selbst** auf der einen Seite **und dem empirischen Selbst** auf der anderen Seite geprägt. Das eigentliche Selbst ist in der ursprünglichen Identität von Brahman und Atman begründet und schließt deshalb jede Form von Individualität von vornherein aus. Diese wird vielmehr dem empirischen Selbst zugeordnet, das zur sichtbaren Welt der Phänomene gehört und damit dem **Kreislauf der Wiedergeburten** (Samsara) unterworfen ist. Diesem verhängnisvollen Kreislauf kann der Mensch nur entrinnen, wenn er sich seiner Identität mit dem höchsten, absoluten Sein bewusst wird und auf diese Weise die Grenzen seiner Individualität überschreitet. So gelangt er zur **Erlösung** (Moksha), die **das eigentliche Ziel der menschlichen Existenz** darstellt.

Shiva vollführt als der „Herr des Tanzes" (Nataraja) seinen Tanz auf dem Körper des Zwergdämonen Apasmara, der für das Böse und die Unwissenheit steht. Mit seinem Tanz symbolisiert er die Neuschöpfung und Wiedererrichtung der göttlichen Ordnung in einem neuen Zeitalter. Zugleich wird durch die Flammenaureole, die ihn umgibt, der Zyklus von Schöpfung, Verfall und Wiedergeburt versinnbildlicht.

Eine Erzählung aus den „Upanishaden" beschreibt diesen Erkenntnisprozess auf anschauliche Weise:

Einst schickte Aruni seinen zwölfjährigen Sohn Shvetaketu in die Welt, wo er das Brahman studieren soll. Der Sohn blieb zwölf Jahre in der Fremde und kehrte dann hochfahrenden Sinnes zurück. Der Vater war enttäuscht und fragte seinen Sohn, ob er keine Meister gefunden habe, bei denen er lernen konnte, das Ungehörte zu hören, das Ungedachte zu denken und das Unerkannte zu erkennen. Der Sohn war verwundert und verneinte die Frage. Er bat den Vater, ihn in dieses Wissen einzuführen. Der ließ ihn eine Feige holen und forderte ihn auf, die Feige zu teilen und immer wieder zu teilen. Zuerst sah der Sohn einen Teil der Feige, dann die Körner, schließlich feinste kleine Einheiten und dann nichts mehr. Da belehrte ihn der Vater: „Aus diesem Feinsten, das du nicht mehr wahrnehmen kannst, ist der ganze Feigenbaum entstanden. Diese feinste Substanz ist das Selbst, der Ursprung der ganzen Welt. Das ist das Wirkliche, das ist Atman, das bist du (*'tat tvam asi'*)."

Danach ließ der Vater den Sohn Salz ins Wasser schütten und verlangte von ihm das Salz wieder zurückzubringen. Der Sohn fand das Wasser zwar salzig, aber er konnte das Salz nicht sehen und erst recht nicht vom Wasser trennen. Es war überall da und doch nicht wahrnehmbar. Da sprach der Vater: „Du sieht kein Seiendes hier und doch ist es darin. Was diese feinste Substanz ist, die ganze Welt enthält es als ihr Selbst. Das ist das Wirkliche, das ist Atman, das bist du (*'tat tvam asi'*)!"

Paul Thieme: Upanishaden, Stuttgart 1974, S. 52 f.

Neben dieser für den Hinduismus entscheidenden Form der Selbsterkenntnis sind alle anderen Zielsetzungen des menschlichen Lebens – wie zum Beispiel materieller Wohlstand (Artha), Sinnenlust (Kama), Gewaltfreiheit (Ahimsa) oder Wahrheit (Satya) – zweitrangig. All diese Dinge gelten nur als erstrebenswert, insofern sie zur Erfüllung der sehr strengen, in hohem Maße kasten- und standesspezifischen Verhaltensnormen und damit letztlich auch zur Erreichung von Moksha notwendig sind. Die Erfüllung der spezifischen Verhaltensnormen ist nämlich zugleich Maßstab für das **Karma,** das in einem unmittelbaren Zusammenhang von Ursache und Wirkung den Lohn für die Taten eines Menschen bemisst und auf dieser Grundlage über die konkrete Form der Wiedergeburt oder die endgültige Befreiung des Menschen aus dem Kreislauf der Wiedergeburten entscheidet. Adel Th. Khoury schreibt deshalb auch in Bezug auf das Ethos des Hinduismus: „Die Welt und das Leben in ihr gelten [...] als Brücke, die man überschreiten muss, um an sein Ziel zu gelangen; sich dort häuslich niederzulassen, wäre unklug. Die Aufgabe des Menschen gehört in dieser Welt ihrem Wesen nach einer niedrigeren Erfahrungsstufe an"[6].

Vor diesem Hintergrund wird deutlich, warum die Menschen im Hinduismus einer so strikten Gesellschaftsordnung unterworfen sind. Im Gegensatz zur Philosophie des Abendlandes wird der Mensch hier nicht *ontologisch* (lat. „die Lehre vom Seienden betreffend") definiert, zum Beispiel durch die Substanzen, aus denen er zusammengesetzt ist, sondern vielmehr durch sein Ethos, das sowohl durch die vier **Lebensstadien** (gemeint ist das Leben als Schüler, Hausvater, Eremit und Bettelmönch) mit ihrem jeweiligen Pflichtenkodex als auch durch das **Kastenwesen** bestimmt ist. Die Aufteilung in die vier Hauptkasten (Brahmanen, Kshatriyas, Vaishyas, Shudras) mit ihren zahlreichen Unterkasten (Jatis) führt zu einer großen sozialen Ungleichheit, bietet jedoch gleichzeitig durch den engen Zusammenhalt innerhalb der einzelnen Kasten Schutz und soziale Geborgenheit. Dabei werden weite Teile der Bevölkerung, die so genannten **Unberührbaren** oder **Parias,** aus diesem gesellschaftlichen Gefüge

6 Adel Th. Khoury (Hg.): Das Ethos der Weltreligionen, Herder Verlag: Freiburg u. a. 1993, S. 21.

von vornherein ausgegrenzt. Das Leben der Menschen im Hinduismus ist also durch eine strikte gesellschaftliche Trennung, durch eine starke berufliche Spezialisierung und durch das große Gewicht des mit der Zugehörigkeit zu einer bestimmten Kaste verbundenen sozialen Ranges charakterisiert. Bis ins letzte Detail wird der Alltag der Menschen durch die Religion bestimmt.

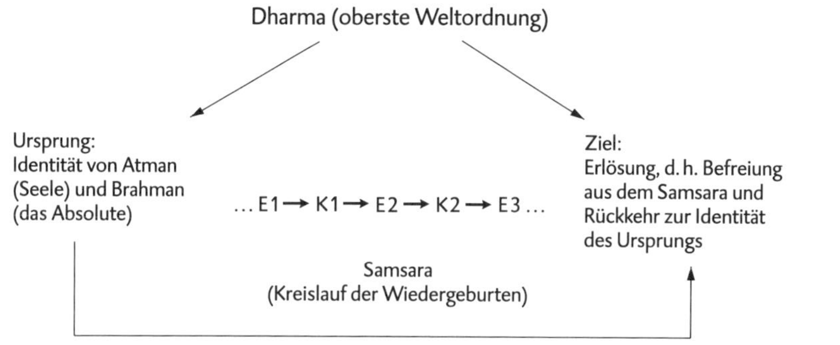

E = Existenzweise als individuelles, empirisches Selbst
K = Karma, d. h. die Summe der in einer solchen Existenz vollbrachten Taten und deren Vergeltung, aus der sich die Art und Weise der Wiedergeburt, also der neuen Existenzweise, ergibt

1.2 Das Menschenbild des Buddhismus

Grundzüge des Buddhismus

Auch der Buddhismus hat sich der Erlösung des Menschen aus dem verhängnisvollen Kreislauf der Wiedergeburten verschrieben, wie er uns bereits im Samsara des Hinduismus begegnet ist. Grundlage für die Erlösung ist hier jedoch das Fundament der ebenfalls als **Dharma** bezeichneten Lehre, wie sie erstmals von Buddha, dem Begründer dieser Weltreligion, verkündet wurde.

Buddha, „der Erwachte oder der Erleuchtete", hieß ursprünglich GAUTAMA SIDDHARTHA und soll nach heutiger Auffassung ca. 450 bis 370 v. Chr. gelebt haben. Er war von vornehmer Herkunft und genoss als Sohn eines adligen Großgrundbesitzers – seine Mutter Maya starb unmittelbar nach seiner Geburt – eine ausgezeichnete Ausbildung. Im Alter von 16 Jahren wurde er mit einer Prinzessin verheiratet. Einige Jahre später wurde sein Leben durch eine schwere Krise erschüttert, die in der Legende von den „vier Ausfahrten" nachgezeichnet wird. Demnach traf der junge Mann, der bis dahin wohl behütet ein Leben im Luxus führte, auf vier Ausfahrten nacheinander einen abgezehrten Greis, einen

Kranken, einen Toten und einen Mönch. Diese Begegnung mit Alter, Krankheit und Tod löste in ihm einen schweren Schock aus und veranlasste ihn, nach einem Weg zur Überwindung des menschlichen Leids zu suchen. So verließ er im Alter von 29 Jahren, kurz nach der Geburt eines Sohnes, seine Heimat und führte zunächst das sehr harte und entbehrungsreiche Leben eines Asketen. Nach sechs Jahren gab er diese strenge Lebensweise jedoch wieder auf, da sie ihm nicht die erhoffte Befreiung aus seinen Nöten verschaffte. Im Alter von 36 Jahren wurde ihm schließlich nach einer längeren Phase intensiver Meditation unter einem Pappelfeigenbaum die vollkommene Erleuchtung zuteil und so bekam er den Beinamen **Bodhi** bzw. **Buddha** (wörtlich „der Erleuchtete"). In vier Nachtwachen, die als vier Stufen der Versenkung gedeutet werden, erhielt er Antworten auf all seine Lebensfragen und fand so zur inneren Ruhe. Heute sieht man in dieser „Nacht der Erleuchtung" die Geburtsstunde des Buddhismus. Er gewann Erkenntnis vom Leben, vom Tod und von der Wiederkehr aller Wesen im Samsara; er erinnerte sich an seine eigenen früheren Seinsweisen und gewann die vollkommene Kenntnis des Leids, wie sie in den „Vier edlen Wahrheiten" und im „Edlen achtfachen Pfad" zum Ausdruck kommt. Und er erhielt schließlich in einer letzten Ekstase die endgültige Einsicht in die Herkunft und Überwindung des Leids, die entscheidende Grundlage für die Erlösungsvorstellung des Buddhismus. Mit dieser zentralen Erkenntnis kam das „Rad der Lehre" in Bewegung. Nachdem er allen Versuchungen durch **Mara** – ein Ausdruck, der bezeichnenderweise sowohl für das Böse als auch für den Lebenswillen steht – erfolgreich Widerstand geleistet hatte, beschloss er, noch nicht ins Nirwana einzugehen, sondern von nun an der Buddha für andere zu sein. So wirkte er noch 44 Jahre lang als der große, weise Lehrer, der durch zahlreiche Reden und Predigten seine Botschaft weiter entfaltete und auf diese Weise eine eigene religiöse Gemeinschaft begründete, die besonders durch den von ihm selbst gestifteten Mönchsorden (Sangha) bis heute Bestand hat. Der Überlieferung zufolge starb Buddha nach kurzer Krankheit im Alter von 80 Jahren.

Wie sich in diesem kurzen Überblick über die Lebensgeschichte Buddhas gzeigt hat, stehen die **„Vier edlen Wahrheiten vom Leiden"** im Zentrum seiner Lehre. Im Einzelnen lauten diese folgendermaßen:

- Alles **Dasein** ist **Leid** (Dukkha). Das Leiden muss deshalb als der Grundzustand unseres Lebens angesehen werden.
- **Ursprung** des Leidens ist der **Lebensdurst,** also die Gier nach Leben, die auch mit Habsucht und anderen Begierden verbunden ist. All diese Begier-

den bewirken ein böses Karma und treiben so den verhängnisvollen Kreislauf der Wiedergeburten immer weiter voran.

- Die **Aufhebung** des Leids kann nur durch **Vernichtung des Lebensdurstes** erfolgen, und dies setzt wiederum die Aufhebung der Unwissenheit in Bezug auf den Ursprung des Leids voraus. Die Erkenntnis des hier beschriebenen Zusammenhangs hat zur Folge, dass keine Wiedergeburt mehr erfolgt.
- Der **Weg** zur **Aufhebung des Leids** ist der so genannte **„Edle achtteilige Pfad“,** der als ein mittlerer Weg zwischen einer lustbetonten Lebensweise (Hedonismus) einerseits und übertriebener Askese andererseits angesehen werden kann und das besondere Ethos des Buddhismus begründet.

In der ersten großen Rede Buddhas unmittelbar nach seiner Erleuchtung wird dieses Fundament seiner Lehre einschließlich der Lehre vom „Edlen achtfachen Pfad“ folgendermaßen beschrieben:

Wahrlich, ihr Mönche, das ist die edle Wahrheit vom Leiden: Geburt ist leidvoll, Krankheit ist leidvoll, der Tod ist leidvoll, mit Unlieben vereint, von Lieben getrennt sein ist leidvoll, nicht erlangen, was man begehrt, ist leidvoll, kurz die fünf Gruppen von Daseinsfaktoren, die das Hängen an der Welt verursachen, sind leidvoll.

Dies, ihr Mönche, ist die edle Wahrheit vom Entstehen des Leidens: Es ist der Durst, welcher zur Wiedergeburt führt, der vereint mit Freude und Begehren sich hier und dort an diesem ergötzt, der Durst nach dem Werden, der Durst nach Vernichtung.

Dies, ihr Mönche, ist die edle Wahrheit von der Aufhebung des Leides: Jene Aufhebung durch das restlose Aufgeben der Leidenschaft; die Entsagung, das Verlassen, das Freiwerden, das sich Abwenden von dem Durst.

Dies, ihr Mönche, ist die edle Wahrheit vom Wege, der zur Vernichtung des Leides führt: Es ist der achtteilige Pfad, der da heißt: rechte Ansicht, rechtes Wollen, rechte Rede, rechtes Handeln, rechtes Leben, rechte Anstrengung, rechte Achtsamkeit, rechte Meditation.

Mahavagga I 6, 17 ff., aus: Ilse-Lore Guneser: Reden des Buddha, aus dem Pali-Kanon übersetzt, Stuttgart 1971, S. 36, 41 f.

Das menschliche Leiden, das aus buddhistischer Sicht untrennbar mit dem Leben verknüpft ist, ist damit sowohl der Ausgangspunkt als auch das Zentrum dieser Lehre. Dagegen fehlt in dieser Weltreligion eine eigene Gotteslehre, weshalb sich in der buddhistischen Tradition sowohl polytheistische als auch atheistische Strömungen herausgebildet haben. Am ehesten wird man hier wohl von einem **A-Theismus** sprechen können, da der Buddhismus die Vorstellung von einem personalen Gott, wie wir sie in Judentum, Christentum und Islam vorfinden, stets verworfen hat. Da jedoch ansonsten jede Spekulation über Gott abgelehnt wird, steht der Buddhismus grundsätzlich anderen Religionen und Weltanschauungen sehr tolerant gegenüber.

Das Menschenbild

Die Feststellung, dass beim Menschen Leben und Leiden untrennbar miteinander verknüpft sind, muss als das entscheidende Fundament des buddhistischen Menschenbildes angesehen werden. Aus dieser Überzeugung spricht ein abgrundtiefer **Pessimismus** in Bezug auf die menschliche Existenz, da das Leben hier vor allem unter dem Aspekt seiner **Vergänglichkeit** betrachtet wird. Dies wird besonders in der Lehre von den **fünf Daseinsfaktoren** (Skandhas) offenbar, die sich ständig verändern und immer wieder neu verbinden, sodass hier von einer personalen Identität bzw. einem individuellen Selbst des Menschen überhaupt nicht mehr gesprochen werden kann. Konkret wird der Mensch durch folgende Faktoren konstituiert:

- durch den **Körper**, der wiederum aus den vier Elementen Knochen, Muskeln, Haut und Fleisch zusammengesetzt ist;
- durch das **Gefühl** oder die **Empfindung,** die als erste, noch ganz spontane Reaktion auf jeden Kontakt des Menschen mit der Außenwelt gedeutet wird;
- durch die **Wahrnehmung,** die demgegenüber schon eine etwas differenziertere Reaktionsweise darstellt und bereits eine Unterscheidung des Wahrgenommenen ermöglicht;
- durch die **Willensregungen,** die das Wahrgenommene interpretieren und aktiv darauf reagieren; deshalb umfassen die Willensregungen auch die Vorstellungen, die zielgerichtet das Handeln des Menschen steuern und damit ein neues Karma, letztlich also die Entscheidung über die neue Existenzweise, bewirken;
- durch das **Bewusstsein** bzw. die **Erkenntnis** sowohl von der Außenwelt als auch vom eigenen Selbst als höchste Stufe. Das Bewusstsein stellt gewissermaßen eine Synthese der bisherigen Schritte dar, indem es die gesamte Wirklichkeit im Inneren des Menschen neu erschafft.

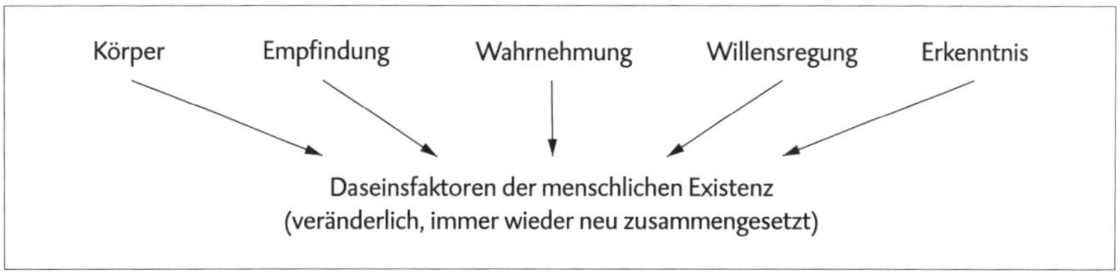

Dieses differenzierte Modell der menschlichen Daseinsfaktoren unterscheidet sich deutlich vom dualistischen Denken, das für die Anthropologie des Abendlandes so charakteristisch ist.[7] Im Menschenbild des Buddhismus stehen die körperliche *und* die geistige Dimension des Menschen im Prinzip auf der gleichen Ebene, da sie lediglich verschiedene Abstufungen der die Existenz des Menschen konstituierenden Elemente darstellen. Ihre **Prozesshaftigkeit,** die ständigen Veränderungen, denen sie unterliegen, lassen darüber hinaus kein substanzielles Ich zu, das diesem Entwicklungsprozess als bleibender Kern zugrunde liegen könnte. Es gibt hier also kein Subjekt, das sowohl agiert als auch reagiert und sich auf diese Weise die Wirklichkeit unterwirft. Es gibt in diesem Menschenbild auch keine unsterbliche Seele, sondern ein bloßes **Nicht-Selbst** (Anatman), das letztlich der Identität von Atman und Brahman im Hinduismus entspricht.

Ein Text aus dem ersten Jahrhundert unserer Zeitrechnung, ein Gespräch zwischen dem buddhistischen Mönch Nagasena und dem griechischen König Milinda, stellt diesen Gegensatz zwischen der abendländischen und der fernöstlichen Anthropologie mithilfe eines Wagen-Gleichnisses folgendermaßen dar:

Der Weise Nagasena sagte zum Griechenkönig Milinda, als dieser ihn fragte, wer er sei: „Ich bin als Nagasena bekannt. Das ist aber nur ein Name, eine Benennung, eine landläufige Bezeichnung, denn eine Person wird dadurch nicht erfasst."

Darauf sagte der König: „Wenn es keine Person gibt, wer ist dann dieser Nagasena? Sind es seine Haare, sein Fleisch, sein Herz, sein Eingeweide, sein Blut, seine Galle, sein Gehirn?" „Nein, o König!"

„Ist es seine Empfindung oder seine Wahrnehmung oder seine Willensregung oder sein Bewusstsein?" „Nein, o König!"

„Dann bilden wohl Körper, Empfindung, Wahrnehmung, Willensregung und Bewusstsein zusammen den Nagasena?" „Nein, o König!"

„Soll Nagasena etwa außerhalb dieser Faktoren existieren?" „Nein, o König!"

„Dann existiert Nagasena also gar nicht?"

7 Eine detaillierte Darstellung der Antwortversuche aus der abendländischen Philosophie findet sich im folgenden Kapitel.

Da fragte Nagasena den König: „Bist du zu Fuß oder mit dem Wagen gekommen?" „Mit dem Wagen."

„Dann erkläre mir, was ein Wagen ist. Seine Deichsel? Oder die Achse? Oder die Räder? Oder der Wagenkasten?"

Als der König alles verneint hatte, fragte Nagasena: „Soll etwa der Wagen außerhalb dieser Dinge existieren oder der Name ‚Wagen' der Wagen selbst sein?"

„Nicht doch, o Herr!"

„Nun, was ist denn dieser Wagen? Du sprichst die Unwahrheit. Der Wagen existiert ja gar nicht."

Da sprach der König zu Nagasena: „Ich lüge nicht. In Abhängigkeit von Deichsel, Achse, Rädern usw. entsteht der Name, die Bezeichnung, das Wort ‚Wagen'."

„Ganz richtig, o König. Gerade so entsteht in Abhängigkeit von Körper, Empfindung, Wahrnehmung, Willensregungen und Bewusstsein der Begriff und das Wort ‚Nagasena'. Eine Wesenheit/Person ist da aber nicht vorzufinden."

Zitiert nach: Werner Trutwin: Die Weltreligionen. Buddhismus, Patmos Verlag: Düsseldorf 1998, S. 60.

Als zentraler Aspekt muss also beim Menschenbild des Buddhismus die **Ich-Leugnung** angesehen werden. Schließlich erscheint in den „Vier edlen Wahrheiten" gerade die Ich-Sucht und die damit verbundene Lebensgier als entscheidende Voraussetzung allen Leids, während umgekehrt die Aufgabe der Ich-Bezogenheit, also die Erkenntnis, dass das Ich ein bloßer Schein ist, zur Überwindung des Leids und damit zur Erlösung des Menschen führt. Der Mensch wird aus dem Kreislauf der Wiedergeburten befreit, indem er von der Illusion befreit wird, ein eigenständiges Ich zu sein, indem er also letztlich von sich selbst befreit wird.[8]

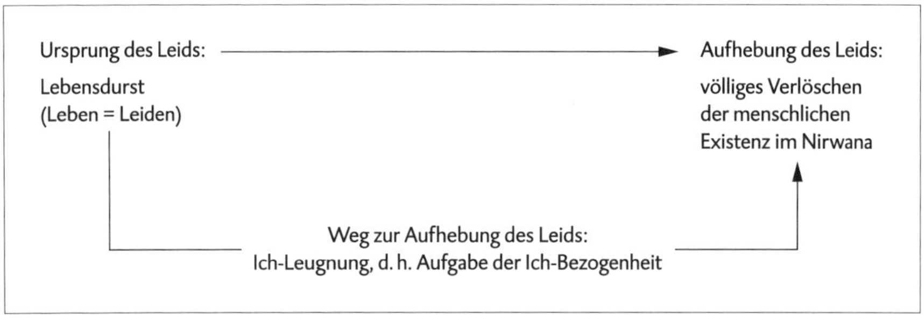

Diese Lehre vom Nicht-Ich setzt jedoch eine **universale Kausalität** voraus, die anstelle einer personalen Verantwortlichkeit des Menschen als Subjekt seines Handelns alle Geschehensabläufe der Wirklichkeit bestimmt und dabei sowohl die körperliche als auch die geistige Dimension des menschlichen Daseins um-

8 Näheres dazu bei Werner Trutwin: Die Weltreligionen. Buddhismus, Patmos Verlag: Düsseldorf 1998, S. 59 f.

fasst. Das buddhistische Denken ist also auch streng **deterministisch** zu verstehen, was die buddhistische Tradition mit dem „Gesetz der Entstehung in Abhängigkeit" zum Ausdruck bringt:

Durch das Nichtwissen bedingt sind die Triebkräfte,
durch die Triebkräfte bedingt ist das Bewusstsein,
durch das Bewusstsein bedingt ist Name und Gestalt,
durch Name und Gestalt bedingt ist der Bereich der sechs Sinne,
durch den Bereich der sechs Sinne ist bedingt die Berührung,
durch die Berührung bedingt ist das Gefühl,
durch das Gefühl bedingt ist der Lebensdurst,
durch den Lebensdurst bedingt ist die Befriedigung der Sinne,
durch die Befriedigung der Sinne bedingt ist die Empfängnis,
durch die Empfängnis die Geburt,
durch die Geburt ist bedingt Alter und Tod.
Es entstehen Kummer, Klagen, Leiden, Verzweiflung und Ruhelosigkeit.
So kommt es zum Entstehen all dieses Leidens.
Durch restloses Dahinschwinden und durch das Aufhören des Nichtwissens
vergehen die Triebkräfte, das Bewusstsein, Name und Gestalt,
der Bereich der sechs Sinne, die Berührung, das Gefühl, der Lebensdurst,
die Befriedigung der Sinne, die Empfängnis, die Geburt, Alter und Tod.
Es schwinden Leid, Klagen, Unglück, Verzweiflung und Ruhelosigkeit.
So kommt es zum Aufhören all dieses Leidens.

Zitiert nach: Werner Trutwin: Die Weltreligionen. Buddhismus, Düsseldorf 1998, S. 61.

Ist das Leben des Menschen demnach in erster Linie durch Abhängigkeit und Vergänglichkeit charakterisiert, so wird die **Erlösung** als ein vollständiges Sich-Auflösen der fünf Daseinsfaktoren verstanden, als ein **Verlöschen im Nirwana** (wörtlich: „ausgeweht"). Diese Befreiung aus dem Kreislauf der Wiedergeburten setzt allerdings voraus, dass alles Karma verbraucht wurde. Deshalb unterscheidet der Buddhismus auch zwischen einem „vortödlichen" und einem „nachtödlichen" Nirwana. Vom vortödlichen Nirwana kann man sprechen, wenn die Erleuchtung bereits stattgefunden hat, der Erleuchtete jedoch – wie Buddha selbst – am Leben bleibt, um als Lehrer zu wirken und dabei sein verbliebenes Karma aufzuarbeiten. Das vollständige Erlöschen, verbunden mit dem endgültigen Ende allen Leids, ist erst mit dem nachtödlichen Nirwana erreicht.

Das Rad des Lebens auf dem Jokhang-Tempel in Lhasa
Das „Rad der Wiedergeburt" steht im Zentrum der buddhistischen Religiosität und symbolisiert das Leben des Menschen, der noch nicht ins Nirwana gelangen konnte. Die acht Speichen des Rades stehen zugleich für den „Edlen achtteiligen Pfad", der den Weg zur Erlösung weist.

Das **Ethos des Buddhismus** kann als Anleitung dazu verstanden werden, wie man die Zeit bis zum endgültigen Verlöschen der menschlichen Existenz am besten überbrückt. Den im Buddhismus vorherrschenden Vorstellungen von Ich-Verleugnung einerseits und Weltentsagung andererseits entsprechend handelt es sich dabei ursprünglich um ein streng **asketisches Ethos,** wie es im buddhistischen Mönchtum bis heute auf exemplarische Weise vorgelebt wird. Generell setzt die buddhistische Ethik den drei Grundübeln Gier, Hass und Verblendung eine eindrucksvolle **Ethik des Mitleids** entgegen, deren Grundmaxime darin besteht, niemandem weh zu tun. Die zentralen Prinzipien dieser Ethik sind demnach Gewaltlosigkeit (Ahimsa), Wohlwollen (Maitri) und Geben (Dana). Nach dem Vorbild Buddhas wird der rechte Lebenswandel in fünf Grundregeln konkretisiert, die das Leben eines jeden Menschen im Alltag bestimmen sollten. Er darf demnach keinerlei Leben vernichten, er darf sich nicht nehmen, was nicht gegeben wird, er darf nicht unkeusch sein, er darf nicht die Unwahrheit sprechen und er ist verpflichtet, sich aller Rauschmittel zu enthalten.

So führt – gemäß der Lehre vom „Edlen achtteiligen Pfad" – die rechte Erkenntnis über den rechten Lebenswandel schließlich zur letzten Sammlung, die dem buddhistischen Menschenbild zufolge am Ende des Weges zur Erlösung steht, da sie den Menschen ins Nirwana hinüberleitet.

1.3 Das Menschenbild des Islam

Grundzüge des Islam

Der Islam gehört zu den großen monotheistischen Weltreligionen. Aufgrund seiner besonders strengen Form des **Monotheismus** steht der **Glaube an den einen Gott** sowohl im Mittelpunkt des islamischen Glaubens als auch der daraus resultierenden Lebensgestaltung. Die Grundsätze des Islam durchdringen alle Lebensbereiche; Glaube und Leben, Religion und Politik sind hier auf beispiellose Weise miteinander verknüpft. Dieser enge Zusammenhang kommt auch im Namen dieser Religion zum Ausdruck, der – ebenso wie der Begriff Muslim – vom arabischen Wort *„Aslamah"* (wörtlich: „sich unterwerfen") abgeleitet ist, sodass *„Islam"* vom Ursprung des Wortes her *Hingabe* an Gott bzw. **Unterwerfung unter Gott** bedeutet.

Die wichtigsten Glaubensaussagen des Islam beziehen sich diesem Ansatz zufolge alle auf Gott. Im Einzelnen lauten diese:

- Gott ist der Einzige.
- Gott hat die Welt und den Menschen erschaffen.
- Gott ist der Barmherzige.

Auf die Größe und Einzigartigkeit Gottes, die eine unübersteigbare Grenze zwischen Gott in seiner weltüberlegenen Transzendenz auf der einen Seite und der irdischen Wirklichkeit auf der anderen Seite impliziert, antwortet der Mensch mit unbedingtem Gehorsam. Dem Menschen kommt es also zu, sich dem Willen Gottes strikt unterzuordnen und ein Leben nach seinen Geboten zu führen. Begründet wurde diese Religion durch MUHAMMAD – so die ursprüngliche, arabische Form des Namens, – der von den Muslimen als der letzte und größte aller Propheten einschließlich Jesus verehrt wird; mit dem Koran hat er den Menschen die endgültige und vollkommene Offenbarung gebracht, die unmittelbar auf Gott selbst zurückgeführt wird. Muhammad wurde der Überlieferung zufolge im Jahr 570 unserer Zeitrechnung als Sohn einer angesehenen Familie in Mekka geboren. Er stammte aus dem herrschenden Stamm der Koreischiten, dem die Aufgabe zukam, die heidnischen Heiligtümer der Stadt – allen voran die Kaaba – zu bewachen. Da ihn die Vielgötterei und der Götzen-

„Die Galeere des Glaubens" ist ein Beispiel für die islamische Kalligrafie. Der Rumpf und die Ruder der Galeere stellen von rechts nach links betrachtet die sieben Glaubensartikel dar: „Ich glaube an Gott und an seinen Engel, seine Bücher, seine Propheten, an den Jüngsten Tag, die Vorherbestimmung, das Gute und Böse und an die Wiederauferstehung nach dem Tod." Das Segel besteht aus dem zentralen Glaubensbekenntnis: „Es gibt keine Gottheit außer Gott und Muhammad ist der Gesandte Gottes".

kult, mit denen er in seiner Heimatstadt konfrontiert war, abstießen, fühlte er sich schon in jungen Jahren zum Monotheismus hingezogen, den er bei Juden und Christen beobachten konnte. So flossen auch viele Überlieferungen aus dem Alten und dem Neuen Testament in den Koran mit ein. In einer Vision soll ihm eines Nachts der Erzengel Gabriel erschienen sein, um ihm die ersten Worte des Korans (wörtlich: „die Lesung") zu offenbaren. Nach einer Reihe weiterer Visionen gelangte er, unterstützt von seiner Frau Chadidscha, zur Überzeugung, zum Propheten Allahs, des einzigen Gottes, bestimmt zu sein. Am 16. Juli 622 musste er jedoch mit einer kleinen Schar von Getreuen von Mekka nach Medina flüchten, da die Kaufleute Mekkas, die wegen seiner rigorosen Bekämpfung des Götzenkultes um ihren Profit durch den Pilgerverkehr fürchteten, sein Leben bedrohten; mit dieser **Hedschra** (wörtlich: „Loslösung", auch „Auswanderung" oder „Flucht") beginnt die islamische Zeitrechnung. In Medina gewann er rasch zahlreiche Anhänger und wurde zugleich zu einem politischen Führer, dem es schließlich gelang, in einer Reihe kriegerischer Auseinandersetzungen Mekka zurückzuerobern. Im Jahr 630 konnte er wieder feierlich in seine Geburtsstadt einziehen, wo er bis auf die Kaaba alle Götzenbilder und Heiligtümer zerstören ließ. In den zwei Jahren bis zu seinem Tod am 8. Juni 632 konnte er seine Macht noch so weit festigen, dass der neue Glaube nicht mehr in seiner Existenz bedroht war, sondern vielmehr von da an seinen Siegeszug in die Welt antreten konnte.

Auch die Biografie des Muhammad macht noch einmal offenbar, dass im strengen Monotheismus, in der Überzeugung, dass es nur einen Gott gibt, die zentrale Glaubensaussage dieser Weltreligion besteht. Dieser einzige Gott, der in seinen hundert Namen verehrt wird, bestimmt als **Schöpfer, Weltenlenker und Richter** das Weltgeschehen und damit auch das Schicksal aller Menschen. Wer sich dieser Glaubensüberzeugung verweigert, gilt als Ungläubiger und soll mit allen Mitteln zum rechten Glauben bekehrt werden, um das „Haus des Islam" über die ganze Erde auszubreiten.

Das Menschenbild

Obwohl der Islam, wie schon angesprochen, von seinem streng monotheistischen Ansatz her den Menschen zum **absoluten Gehorsam gegenüber Gott** verpflichtet, kommt ihm dennoch im Vergleich mit allen anderen Wesen eine **herausragende Stellung** zu, da Allah ihn zu seinem **Statthalter auf Erden** macht. Selbst die Engel müssen ihm dem Koran zufolge die Ehre erweisen.

In der zweiten Sure des Koran, „Die Kuh" genannt, werden die Stellung und die Aufgabe des Menschen auf der Erde folgendermaßen beschrieben:

Dann sprach dein Herr zu den Engeln: „Ich will auf Erden einen Statthalter (den Menschen) setzen." Sie antworteten: „Willst du dort einen einsetzen, der zerstörend wütet und Blut vergießt? Wir aber singen dir Lob und heiligen dich." Er aber erwiderte: „Ich weiß, was ihr nicht wisst." Daraufhin lehrte er Adam die Namen von allem Sein, zeigte alles den Engeln und sprach: „Nennet mir die Namen dieser Dinge, wenn ihr recht habt!" Sie antworteten: „Lob dir! Wir wissen nur das, was du uns gelehrt hast, denn du nur bist der Allwissende und Allweise!" Dann sprach er: „Adam, verkünde du ihnen die Namen!" Als dieser sie genannt hatte, fuhr er fort: „Habe ich euch nicht gesagt, dass ich die Geheimnisse der Himmel und der Erde kenne und weiß, was ihr bekennt und was ihr verheimlicht." Daraufhin sagten wir zu den Engeln: „Fallt vor Adam nieder!" Und sie taten es; nur Iblis, der hochmütige Teufel, weigerte sich: Er war einer der Ungläubigen.

Sure 2,31–35.

Nachdem die Menschen im Paradies von der verbotenen Frucht genascht haben, werden sie jedoch zur Strafe auf die Erde verbannt. Dabei wird ihnen der feindlich gesinnte Iblis als ständiger Versucher bis zum Tag des Gerichts an die Seite gestellt. Auch hier zeigt sich jedoch die **Fürsorge und Barmherzigkeit Gottes** gegenüber den Menschen, da Adam von ihm Worte des Gebets empfängt, mit deren Hilfe er immer wieder Verzeihung erlangen kann. Zugleich wird darauf hingewiesen, dass ein Mensch, der den Weisungen Gottes folgt, die Abrechnung im Jüngsten Gericht nicht zu fürchten hat. Die Ungläubigen dagegen, die sich von Gott abwenden und ihm den unbedingten Gehorsam verweigern, werden für immer in der Hölle büßen müssen.

Man kann also feststellen, dass der Mensch im Islam durchaus **zwiespältig** wahrgenommen wird. Auf der einen Seite ist er **das Wesen, das Gott besonders nahe steht,** das von Gott unmittelbare Kenntnis vom Wesen der Dinge erlangt und damit noch über die Engel gestellt wird; er allein hat am göttlichen Wissen Anteil. Auch ist dem Islam die Vorstellung einer dem Menschen angeborenen Sündhaftigkeit fremd. Das Böse ist nicht in der Natur des Menschen angelegt, sondern es entsteht durch die bewusste Abwendung von Gott, sobald er der Versuchung erliegt. Auf der anderen Seite ist der Mensch jedoch auch **schwach und fehlbar** und muss deshalb in seinem Leben immer wieder neu um das Gute ringen, um einmal im Jüngsten Gericht bestehen zu können. Auch schwere Schuld kann jedoch jederzeit getilgt werden, sobald der Mensch umkehrt und **Buße** übt. Der neuerlichen **Zuwendung des Menschen zu Gott** entspricht die **barmherzige Zuwendung Gottes zum Menschen,** die in der arabischen Sprache mit demselben Wortstamm zum Ausdruck gebracht wird. So wird die ursprüngliche Nähe zwischen Gott und Mensch, die durch die menschliche Verfehlung vorübergehend zerstört wurde, wieder hergestellt. Eine Erlösung, die über diese Umkehr zu Gott hinaus geht oder gar durch einen Erlöser vermittelt werden müsste, gibt es im Islam nicht. Auch dies ist noch einmal ein Zeichen für die besondere Beziehung zwischen Gott und Mensch, wenn die Vorstellung von der Gottebenbildlichkeit des Menschen auch im Islam ausdrücklich verworfen wird, da sie nicht mit der **absoluten Einzigartigkeit Gottes** zu vereinbaren wäre. Auch fehlt im Islam trotz der großen Nähe zur alttestamentlichen Schöpfungsgeschichte jeder Hinweis auf den biblischen Herrschaftsauftrag. Wie aus der bereits zitierten zweiten Sure hervorgeht, ist es Gott, der dem Menschen die Namen und damit das Wesen aller Dinge überliefert. Nicht der Mensch eignet sich die Erde an, sondern diese wird ihm von Gott übereignet, dessen **unbedingte Überlegenheit** stets gewahrt bleibt: *„Ihm gehört, was in den Himmeln und was auf Erden ist“* (Sure 22,65).

Muhammad predigt seinen Jüngern, türk. Miniatur

Das Leben des Menschen im Islam ist also ganz entscheidend dadurch bestimmt, dass er es selbst in der Hand hat, wie sich seine Beziehung zu Gott und damit auch sein **Schicksal im Jenseits** gestaltet. Die Guten, die sich Gott im Glauben zuwenden und sich seinem Willen völlig unterwerfen, werden belohnt und dürfen darauf hoffen, nach dem Jüngsten Gericht ins Paradies aufgenommen zu werden, das nur verdienten Glaubenshelden offen steht. Die Frevler dagegen werden nach islamischer Überzeugung ihre gerechte Strafe erleiden und müssen mit einer ewigen Höllenstrafe rechnen.

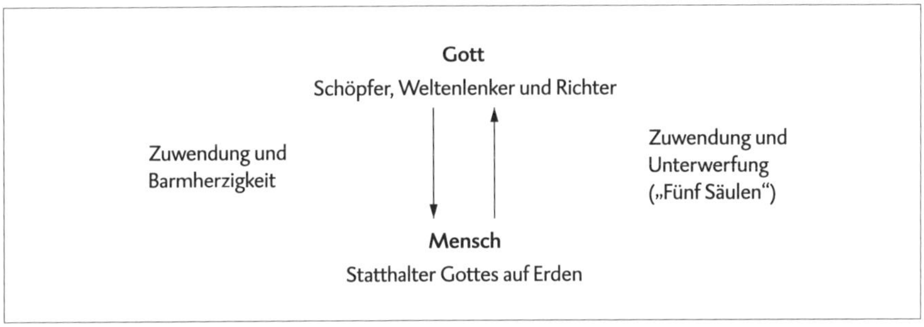

Vor diesem Hintergrund haben sittliche Werte und die von diesen abgeleiteten Gesetze im Islam einen besonders großen Stellenwert: „Die Moral wird hauptsächlich zu einem Kapitel des göttlichen Gesetzes, und die Haupttugend des gläubigen Muslims besteht im Gehorsam gegenüber Gott und den Verordnungen seines Willens"[9]. So spielt auch im Islam die **Ethik** eine zentrale Rolle, wie sie besonders in den so genannten **„Fünf Säulen des Islam"** zum Ausdruck kommt. Das Leben jedes frommen Gläubigen sollte demnach durch folgende Grundpfeiler gekennzeichnet sein:

- das **Glaubensbekenntnis** (shahada), das das gesamte Leben eines Gläubigen begleiten sollte. Es lautet: „Ich bekenne, dass es keinen Gott gibt außer dem Einen und ich bekenne, dass Muhammad der Gesandte Gottes ist";
- das **Gebet** (salat), das fünfmal täglich zu genau festgelegten Gebetszeiten zu sprechen ist;
- das **Geben von Almosen** (zakat), das die Grundlage für das soziale Handeln aller Muslime darstellt und als unbedingte religiöse Pflicht angesehen wird;
- das rituelle **Fasten** (saum) während des Monats Ramadan, das durch Selbstdisziplin eine innere Läuterung bewirken soll und überdies ebenfalls die Gemeinschaft aller Gläubigen betont;

9 Adel Th, Khoury (Hg.): Das Ethos der Weltreligionen, Herder Verlag: Freiburg u. a. 1993, S. 184 f.

- die **Wallfahrt nach Mekka** (hadsch), die mindestens einmal im Leben unternommen werden sollte und die Hochschätzung Mekkas als das Zentrum der Muslime in aller Welt zum Ausdruck bringt.

Die „Fünf Säulen" lassen erkennen, dass die Ethik des Islam sehr stark an der **islamischen Gemeinschaft** (arabisch *„Umma"*) ausgerichtet ist, während der Einzelne im Unterschied zur christlichen Ethik, aber auch zu den philosophischen Entwürfen der Neuzeit, demgegenüber zurücktritt. Speziell der Gedanke von der sittlichen Autonomie des Menschen, der im christlich-abendländischen Denken große Bedeutung hat, ist mit den Vorstellungen des Islam im Grunde nicht vereinbar. Die **soziale Identität** hat unbedingten Vorrang, was auch eine „abgestufte Solidarität" (Adel Th. Khoury) mit anderen Menschen nach sich zieht, je nachdem, in welcher Beziehung diese zur Gemeinschaft der Gläubigen stehen. In diesem primär sozialen Ethos ist die starke Verzahnung von Staat und Religion in den islamischen Staaten, aber auch die Rechtsprechung auf der Grundlage des Koran (Scharia) begründet. Da die Religion das Leben der Gläubigen völlig durchdringt, gibt es keine Trennung mehr zwischen dem religiösen und dem profanen Bereich.

Zusammenfassung: Antwortversuche aus den Weltreligionen

Im Gegensatz zur christlich-abendländischen Tradition wird das Leben des Menschen in den fernöstlichen Religionen Hinduismus und Buddhismus in erster Linie als belastend und leidvoll empfunden. Alle Lebewesen sind einem **Kreislauf der Wiedergeburten** unterworfen, wobei die Taten des Einzelnen entscheidend dafür sind, in welcher Form diese Wiedergeburt erfolgt. Wenn dieser Kreislauf auch in Hinduismus und Buddhismus jeweils unterschiedlich gesehen wird, da der Hinduismus von einer Seelenwanderung ausgeht, während dem Buddhismus zufolge die fünf Daseinsfaktoren zu einer neuen Existenz zusammengefügt werden, so deuten doch beide Weltreligionen die **Erlösung** des Menschen letztlich als **Aufhebung dieses verhängnisvollen Kreislaufs** der Wiedergeburten durch die Aufgabe der eigenen Identität.

Dagegen hält der Islam an der **Besonderheit und Einmaligkeit des Menschen** fest, die in einer besonderen Nähe zu dem einen Gott Allah begründet ist und in einer präzise festgelegten Ethik ihren Ausdruck findet. Das Verhalten des Menschen im Diesseits entscheidet über sein Ergehen im Jenseits, sodass das gesamte Leben des Menschen religiös in die Pflicht genommen wird. Auf diese Weise gewinnt jeder Einzelne als Teil der Gemeinschaft der Gläubigen seine Identität, die jedoch letztlich sozial definiert wird.

2 Philosophische Antwortversuche auf die Frage nach dem Menschen

2.1 Das Menschenbild der vorneuzeitlichen Philosophie

Dem Philosophen Wilhelm Keller zufolge ist die Frage nach dem Menschen „im gleichen Augenblick in die Welt gekommen, wie er selbst in die Welt kam. Sie gehört so sehr zu seinem Wesen, dass sie geradezu schon einen ersten Beitrag zu ihrer eigenen Beantwortung hergibt: ganz offenbar nämlich ist der Mensch das Wesen, das nach sich selber fragen kann; er ist das sich selber fragliche und damit fragwürdige Wesen."[10] Dennoch gibt es eine philosophische *Anthropologie* im eigentlichen Sinne erst mit Anbruch der Neuzeit. Wie ist dieses späte Auftreten zu erklären?

Man wird die Antwort auf diese Frage wohl darin suchen müssen, dass bis zum Anbruch der Neuzeit das Wesen des Menschen noch ganz selbstverständlich aus der **Weltanschauung** heraus gedeutet werden konnte, die in den einzelnen Epochen jeweils bestimmend war. So wurde die Fraglichkeit des Menschen, von der im Zitat die Rede ist, über Jahrhunderte hinweg von metaphysischen bzw. religiösen Denkmustern aufgefangen und damit letztlich auch wieder aufgehoben. Im vorneuzeitlichen Philosophieren wurde der Mensch also erst im Rahmen einer umfassenderen Fragestellung, in deren Mittelpunkt das Problem der Struktur des Kosmos, also der Ordnung des Seins, oder das Problem der Beziehung zwischen Gott und Welt steht, zum Thema der Philosophie. In diesem Fall war jedoch die Antwort auf die Frage nach dem Menschen bereits im Denksystem vorgegeben. Erst als mit Beginn der Neuzeit diese philosophischen oder religiösen Denkmuster selbst zunehmend in Frage gestellt wurden, rückte der Mensch in den Mittelpunkt des philosophischen Interesses.

Anthropologie: griech. „Lehre vom Menschen"

Anthropologie ist der seit dem 16. Jahrhundert gebräuchliche Begriff für die **Lehre vom Wesen des Menschen.**

In der Tradition des Humanismus charakterisierte man den Menschen als das Wesen, das mit herausragenden geistigen Fähigkeiten begabt ist und dem deshalb auch eine einzigartige Würde zukommt. Während die *philosophische Anthropologie* daran festhält, den Menschen auf diese Weise als Ganzes, also als Einheit von Leib und Seele, in den Blick zu bekommen, erforschen die *fachwissenschaftlichen Anthropologien*, zum Beispiel die biologische, die psychologische, die soziologische oder die kulturanthropologische Anthropologie, jeweils bestimmte Aspekte der menschlichen Existenz.

10 Wilhelm Keller: Einführung in die philosophische Anthropologie, Francke Verlag: München 1971, S. 12.

Die Frage nach dem Menschen in der griechischen Philosophie

Beispielhaft dafür, dass die Frage nach dem Menschen zunächst noch in übergreifende Vorstellungen eingebunden blieb, ist die griechische Philosophie. Diese war von ihrem Ansatz her sehr stark **dualistisch** geprägt, d. h. sie unterteilte die Wirklichkeit in zwei grundlegend verschiedene Bereiche: in die körperliche bzw. materielle Dimension einerseits und die geistige bzw. spirituelle Dimension andererseits.

Dualismus: lat. „eine Zweiheit bildend“, „Zweiheitslehre“

Als Dualismus bezeichnet man jede Vorstellung, die davon ausgeht, dass das Weltgeschehen durch zwei voneinander gänzlich unabhängige Prinzipien bestimmt wird.

Monismus: griech.-neulat. „Einheitslehre“

Der Monismus steht im Gegensatz zum Dualismus; er führt das gesamte Weltgeschehen auf ein einziges Prinzip zurück.

Dieser kosmische **Dualismus** wurde nun auch auf den Menschen selbst übertragen. Demzufolge hat auch der Mensch als die „einigende Mitte“ (Demokrit) des Universums an den beiden Dimensionen der Wirklichkeit teil; ihm wurde also sowohl eine körperliche als auch eine geistige Seite zugesprochen.

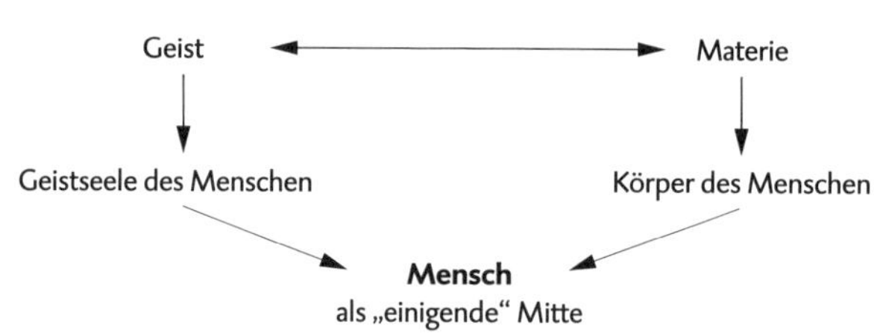

Dem Geist, der mit dem göttlichen Prinzip gleichgesetzt wurde, kommt dabei jedoch ein besonders hoher Stellenwert zu, da in ihm die herausragenden Fähigkeiten des Menschen, das Erkennen und Wollen, und damit auch seine Verantwortlichkeit in ethischer Hinsicht begründet sind. So wurde der Mensch in der klassischen Metaphysik in erster Linie als ein **Vernunftwesen** verstanden. Kraft seiner Vernunft (griech. *„lógos“*) kann er sich mithilfe der Sprache in der Welt orientieren und die ihm zukommende beherrschende Stellung einnehmen. Der Körper des Menschen wurde dagegen stark abgewertet; er galt als das „Gefängnis" der Geistseele, aus dem diese erst mit dem Tode wieder befreit wird.

Man kann also zusammenfassend feststellen, dass der Mensch in der griechischen Philosophie insgesamt noch fest in der Ordnung des Seins verankert blieb. Dies zeigt sich auf beispielhafte Weise bei ARISTOTELES (384–322 v. Chr.), obwohl dieser sich bereits um eine Art Synthese, also um eine innere Verbindung zwischen Geist und Materie, bemühte, indem er die Seele des Menschen als die sein Wesen bestimmende „Form" des Leibes definierte. Entscheidend war für ihn jedoch, dass der Mensch immer nur in enger Verbindung mit anderen Menschen – in erster Linie Familienmitglieder, Freunde und Mitbürger – lebt; er ist von Natur aus für ein Leben in der Gemeinschaft mit anderen bestimmt. Deshalb definierte er den Menschen als ein *„zóon politikón"*, also als ein **geselliges,** staatliche Gemeinschaften begründendes **Lebewesen.** Nur „ein Tier oder aber ein Gott" kann seiner Auffassung nach nur für sich existieren. Der Mensch ist also auch ein **Gemeinschaftswesen,** das durch Vernunft und Sprache dazu befähigt wird, sein Zusammenleben mit anderen an ethischen Prinzipien auszurichten und Recht und Ordnung im Staat – bzw. der griechischen Polis – aufrechtzuerhalten.

Aristoteles

Die christliche Auffassung vom Menschen

Auch nachdem die philosophischen Denkmuster des Christentums die griechische Philosophie abgelöst hatten, blieb das Verständnis vom Menschen zunächst noch in ein umfassenderes Weltbild eingebettet, das nun allerdings religiös begründet wurde. Demzufolge wurde der Mensch nunmehr durch seine besondere Beziehung zu Gott definiert, wie sie im Begriff der **Gottebenbildlichkeit** zum Ausdruck kommt.[11] Im Spannungsfeld zwischen Gott und Welt sieht der Mensch sich selbst als ein Geschöpf Gottes, allerdings als **herausragendes Geschöpf,** das mit einer besonderen Verantwortung für die gesamte Schöpfung betraut ist.

11 Eine ausführliche Darstellung zum christlichen Menschenbild findet sich im folgenden Kapitel.

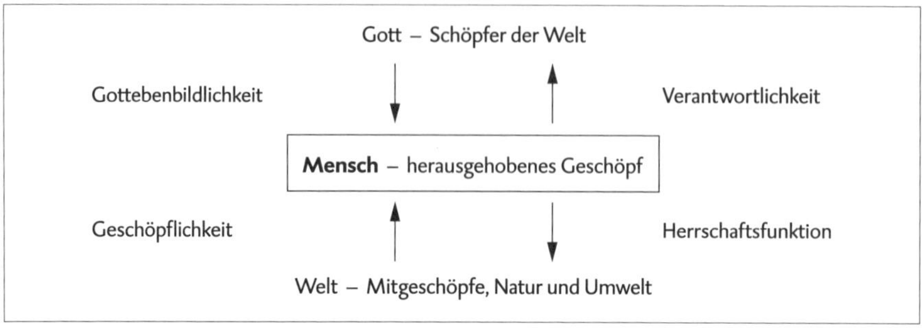

Mit dieser Glaubensüberzeugung bahnte sich im Vergleich mit dem griechischen Weltbild ein bedeutsamer Wandel an, da hier die **Einmaligkeit** und die unverlierbare **Würde** eines jeden Menschen erstmals klar herausgestellt wurden: „In einer Weise, die dem griechischen Denken durchaus fremd war, werden Wert und Würde des Einzelnen betont, seine individuelle Einmaligkeit, seine göttliche Berufung und seine freie Entscheidung vor dem ewigen Schicksal. So wird auch erst im christlichen Raum der Begriff der Person geprägt, der rein theologischen Ursprungs ist."[12]

Der Mensch – das Ebenbild Gottes

Auch im mittelalterlichen Denken blieb diese charakteristische **Zwischenstellung** des Menschen als Mittler zwischen Gott und seiner Schöpfung bestimmend. Die Philosophie des Mittelalters war insgesamt durch ein stark hierarchisches Denken geprägt, das heißt, die ganze Welt wurde als ein auf Gott ausgerichteter, geordneter Stufenbau angesehen. Im Bereich der sichtbaren Welt wurde diese Stufenfolge durch die Abfolge von physikalischem, pflanzlichem und tierischem Leben charakterisiert, während sich die unsichtbare Welt über die Hierarchie der Engel bis hin zu Gott, dem Urgrund allen Seins, erhebt. Der Mensch ist nun gewissermaßen das Bindeglied zwischen diesen beiden Welten: Er steht an der Spitze der sichtbaren Welt, der er durch seine Leiblichkeit verbunden ist, hat jedoch als beseeltes und mit Vernunft begabtes Lebewesen auch an der unsichtbaren Welt Anteil.

12 Emerich Coreth: Was ist der Mensch? Grundzüge einer philosophischen Anthropologie, 4., neu bearbeitete Auflage, Tyrolia Verlag: Innsbruck / Wien 1973, S. 26.

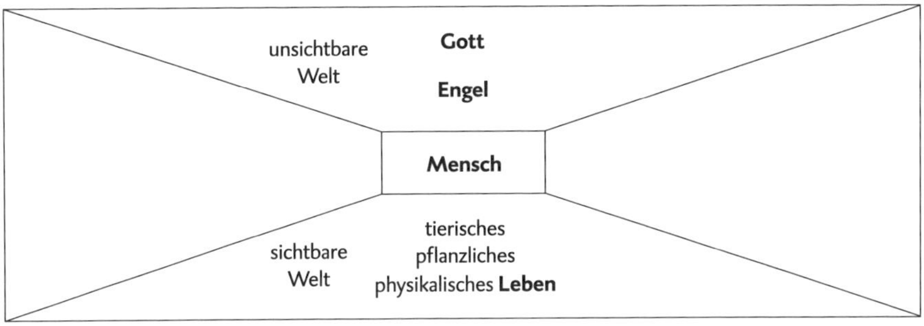

Die christliche Vorstellung vom Menschen als dem Mittler zwischen Gott und seiner Schöpfung verband sich also mit dem Dualismus der griechischen Philosophie, der schon früh Eingang in das christliche Denken fand. Erneut erscheint der Mensch als ein „Bürger zweier Welten“, als ein Wesen, das aus Geist und Körper zusammengesetzt ist.

Die Anthropologie im Zeitalter des Humanismus

Im Übergang vom Mittelalter zur Neuzeit verlor das Christentum zunehmend seinen das philosophische Denken beherrschenden Einfluss. So bereitete besonders der Humanismus im Rückgriff auf die antiken Quellen einem neuen Selbstverständnis des Menschen den Weg, das nicht zuletzt ein wachsendes Selbstbewusstsein zur Folge hatte. Vor diesem Hintergrund wurde etwa ab dem 15. Jahrhundert die Anthropologie, also die Lehre vom Menschen, erstmals als eigenständige Disziplin greifbar. Sie machte es sich zur erklärten Aufgabe, die *„dignitas hominis“*, die **Würde des Menschen,** auf *wissenschaftliche* Weise zu begründen. Diese sollte also nicht mehr länger auf die Gottebenbildlichkeit zurückgeführt, sondern vielmehr unmittelbar aus der besonderen Eigenart des Menschen, der „menschlichen Natur“, hergeleitet werden. Die Humanisten sahen diese Besonderheit gerade in der **Doppelnatur** des Menschen gegeben, wie sie sich sowohl aus dem Dualismus der griechischen Philosophie als auch aus der christlichen Aufspaltung der Schöpfung in eine sichtbare und eine unsichtbare Welt ergeben hatte. Sie wurde nun erneut zum Ausgangspunkt für die Definition des Menschen. Der Mensch wurde somit als das Wesen bestimmt, das sowohl an der geistigen als auch an der körperlichen Welt Anteil hat, in dem Seele und Leib auf einmalige Weise zu einer Einheit verknüpft sind. An diese Sichtweise knüpfte auch die neuzeitliche Anthropologie an, deren Fragestellungen im Rahmen der Philosophie der Aufklärung auf beispielhafte Weise diskutiert wurden.

2.2 Die Frage nach dem ganzen Menschen in der Philosophie der Aufklärung

Die Philosophie der Neuzeit löste sich aus der theologischen Umklammerung, wie sie das mittelalterliche Denken weitgehend bestimmt hat, und versuchte, Mensch und Welt auf möglichst unvoreingenommene, für jeden nachvollziehbare Weise zu erforschen. Dabei zeichneten sich jedoch für den Menschen grundsätzlich zwei Wege ab, aus eigener Kraft zu gesicherten Erkenntnissen zu gelangen: der des **Rationalismus** und der des **Empirismus.** Beide Wege wurden im Verlauf dieser Epoche beschritten und bestimmten weitgehend ihren Ablauf und ihre innere Spannung, bis schließlich Immanuel Kant (1724–1804) mit seinem Versuch einer Synthese zwischen diesen beiden Richtungen die Philosophie der Aufklärung zum Abschluss brachte. Jede dieser Theorien ist jedoch auch mit einer ganz bestimmten Vorstellung vom Menschen verbunden, weshalb der Philosophie der Aufklärung innerhalb der Geschichte der Anthropologie eine bis heute maßgebliche Schlüsselrolle zukommt.

Rationalismus: lat.-neulat. „Vernunftlehre"

Der Rationalismus sieht in der Vernunft das höchste geistige Vermögen des Menschen; durch sie allein, durch reines Nachdenken, gewinnt er sichere Erkenntnis über die Wahrheit der Dinge.

Empirismus: griech.-neulat. „Erfahrungslehre"

Im Gegensatz zum Rationalismus sieht der **Empirismus** die einzige Erkenntnisquelle in der Sinneserfahrung, die sowohl durch Beobachtung als auch durch Experiment zustande kommen kann.

Das Menschenbild von René Descartes

Der französische Philosoph und Mathematiker René Descartes wurde 1596 in La Haye in der Touraine geboren und besuchte das Jesuitenkolleg von La Flèche, eine der berühmtesten Bildungsanstalten der Zeit. Zutiefst verunsichert und enttäuscht über den Gelehrtenstreit, mit dem er hier konfrontiert war, gab er die Wissenschaft zunächst auf und ging statt dessen auf Reisen. Schließlich begab er sich in militärische Dienste, wo er in einem Winterquartier in Deutschland sein philosophisches Schlüsselerlebnis hatte: Nach dem Vorbild der Mathematik entwickelte er eine Methode, um das menschliche Denken auf eine sichere Grundlage zu stellen. Er zog sich daraufhin nach Holland zurück und führte in einer Reihe von Schriften sein System, das sogar eine besondere Form des Gottesbeweises mit einschließt, näher aus. 1650 starb er während einer Reise in Stockholm.

Ausgangspunkt für die **Erkenntnistheorie** von Descartes ist ein methodischer Zweifel, der ihn von allem absehen ließ, was dem Menschen durch die Sinneswahrnehmungen zukommt, da er hier ja stets auch einer Sinnestäuschung unterliegen könnte. Nur das sollte als wahr angenommen werden, was vom Verstand ganz klar und deutlich erfasst werden kann. Diese letzte Sicherheit fand Descartes gerade in sich selbst, in seinem eigenen Ich; durch sein Nachdenken und seinen Zweifel wurde er sich seiner eigenen Existenz bewusst:

René Descartes

Alsbald aber fiel mir auf, dass, während ich auf diese Weise zu denken versuchte, alles sei falsch, doch notwendig ich, der es dachte, etwas sei. Und indem ich erkannte, dass diese Wahrheit: „ich denke, also bin ich“ so fest und sicher ist, dass die ausgefallensten Unterstellungen der Skeptiker sie nicht zu erschüttern vermöchten, so entschied ich, dass ich sie ohne Bedenken als ersten Grundsatz der Philosophie, die ich suchte, ansetzen könne.

René Descartes: Discours de la méthode. Von der Methode des richtigen Vernunftgebrauchs und der wissenschaftlichen Forschung, Hamburg 1969, S. 53

Der viel zitierte Satz „Ich denke, also bin ich“ (franz. *„Je pense, donc je suis“* bzw. lat. *„cogito, ergo sum“*) wurde so für Descartes, ganz im Sinne des Rationalismus, zum Dreh- und Angelpunkt der Erkenntnistheorie. Von diesem Prinzip aus entwickelte er in einer Reihe von weiteren Gedankengängen, die hier nicht im Einzelnen nachvollzogen werden können, sein philosophisches System.

Erkenntnistheorie

Die Erkenntnistheorie erforscht die Bedingungen, die Methoden und die möglichen Grenzen eines sicher begründeten Wissens von dem, was der Wirklichkeit entspricht und damit als „wahr“ angesehen werden kann. Eine entscheidende Rolle spielt dabei die Beziehung zwischen dem erkennenden Subjekt und dem Objekt der Erkenntnis (Subjekt-Objekt-Problem). Gerade in der Erkenntnistheorie wird die Besonderheit eines Menschenbildes auf beispielhafte Weise sichtbar.

Descartes gewann mithilfe seiner Denkmethode jedoch nicht nur einen sicheren Ausgangspunkt für die Erkenntnis der Wirklichkeit, er wurde sich zugleich der besonderen Eigenart des Menschen bewusst, indem er sich selbst als ein **denkendes Wesen** erlebte. So heißt es im Anschluss an die eben zitierte Stelle:

> Daraus erkannte ich, dass ich eine Substanz bin, deren ganzes Wesen oder deren Natur nur darin besteht zu denken und die zum Sein keines Ortes bedarf, noch von irgendeinem materiellen Dinge abhängt, sodass dieses Ich, d. h. die Seele, durch die ich das bin, was ich bin, völlig verschieden ist vom Körper, ja dass sie sogar leichter zu erkennen ist als er, und dass sie, selbst wenn er nicht wäre, doch nicht aufhörte, alles das zu sein, was sie ist.
>
> *René Descartes: Discours de la méthode. Von der Methode des richtigen Vernunftgebrauchs und der wissenschaftlichen Forschung, Hamburg 1969, S. 55.*

Descartes erfuhr also sich selbst zunächst als ein „denkendes Etwas" (lat. *„res cogitans"*) und so wurde auch das Denken innerhalb seines philosophischen Systems zur ersten Substanz der Wirklichkeit. Zugleich klingt in dem Zitat jedoch bereits an, dass der Mensch im hier geschilderten Erkenntnisprozess auf die Existenz einer zweiten Substanz aufmerksam wird, die ihm sowohl im eigenen Körper als auch in den Dingen der Außenwelt begegnet. Er bezeichnete sie als die „ausgedehnte Substanz" (lat. *„res extensa"*), da sie seiner Ansicht nach allein durch die körperliche Ausdehnung, also durch Länge, Breite und Tiefe bestimmt ist. Ihre Bewegung und damit der Aufbau der gesamten Körperwelt wird rein mechanisch durch eine gesetzmäßige, berechenbare Wechselwirkung von Druck und Stoß erklärt, weshalb man in Descartes auch den Begründer eines **mechanistischen Weltbildes** sehen kann.

Auch das Menschenbild von Descartes war demnach durch einen ausgeprägten Dualismus von Seele und Körper, von Ich und Außenwelt bestimmt. Der Mensch ist das Lebewesen, in dem die beiden Substanzen der geschaffenen Welt zu einer Einheit verbunden sind. Darin ist nach Meinung von Descartes auch die **Sonderstellung des Menschen** unter den Lebewesen begründet. Die Tiere, die seiner Auffassung nach allein an der ausgedehnten Substanz Anteil haben, können demzufolge weder empfinden noch bewusst handeln, sondern sie bewegen sich ganz automatisch wie Maschinen. Allein beim Menschen tritt zu dieser körperlichen Basis noch der Geist hinzu, weshalb ihm auch das Denken und die Willensfreiheit als herausragende Eigenschaften zugesprochen werden. Die Geistnatur des Menschen garantiert also seine Überlegenheit über alle anderen Lebewesen und macht ihn überdies unsterblich, da der Geist im Gegensatz zur res extensa unteilbar und damit unvergänglich ist.

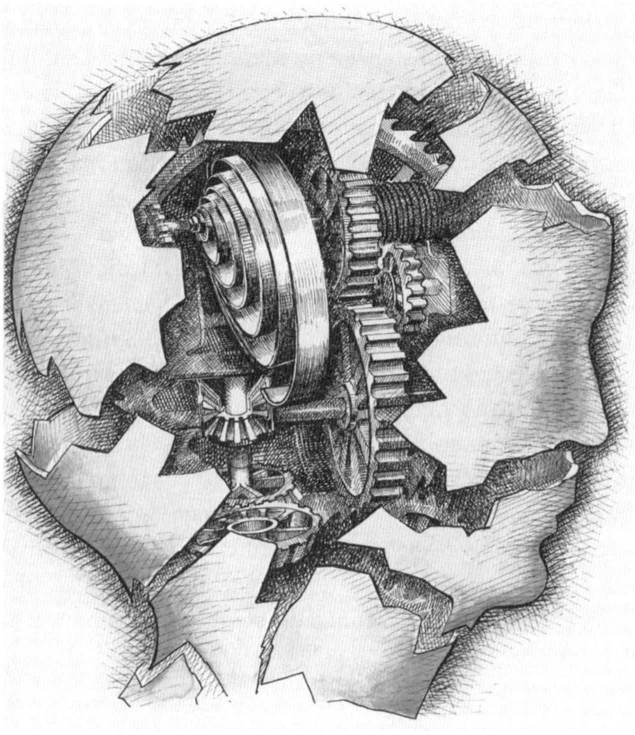

Mit seinem strikten Dualismus bereitete Descartes den Boden für eine mechanistische Deutung der menschlichen Daseinsvollzüge.

Nun bemerke ich erstlich, dass ein großer Unterschied zwischen Geist und Körper insofern vorhanden ist, als der Körper seiner Natur nach stets teilbar, der Geist hingegen durchaus unteilbar ist. Denn, in der Tat, wenn ich diesen betrachte, d. h. mich selbst, insofern ich nur ein denkendes Ding bin, so vermag ich in mir keine Teile zu unterscheiden, sondern erkenne mich als ein durchaus einheitliches und ganzes Ding. Und wenngleich der ganze Geist mit dem ganzen Körper verbunden zu sein scheint, so erkenne ich doch, dass, wenn man den Fuß oder den Arm oder irgendeinen anderen Teil des Körpers abschneidet, darum nichts vom Geiste weggenommen ist. Auch darf man nicht die Fähigkeiten des Wollens, Empfindens, Erkennens als seine Teile bezeichnen, ist es doch ein und derselbe Geist, der will, empfindet und erkennt. Im Gegenteil aber kann ich mir kein körperliches, d. h. ausgedehntes Ding denken, das ich nicht in Gedanken unschwer in Teile teilen und ebendadurch als teilbar erkennen könnte, und das allein würde hinreichen, mich zu lehren, dass der Geist vom Körper gänzlich verschieden ist, wenn ich es noch nicht anderswoher zur Genüge wüsste.

René Descartes: Meditationen über die Grundlagen der Philosophie mit den sämtlichen Einwänden, Hamburg 1972, S. 74.

Damit stand Descartes jedoch vor der gewichtigen Frage, auf welche Weise diese beiden ganz unterschiedlichen Substanzen im Menschen konkret zusammenwirken können. Dass es hier tatsächlich eine Wechselwirkung gibt, hat er selbst auf anschauliche Weise beschrieben: *„Es lehrt mich ferner die Natur durch eine Empfindung des Schmerzes, Hungers, Durstes usw., dass ich nicht nur in der Weise meinem Körper gegenwärtig bin, wie der Schiffer seinem Fahrzeug, sondern dass ich aufs engste mit ihm verbunden und gleichsam vermischt bin, sodass ich mit ihm eine gewisse Einheit bilde"*[13], so heißt es in seinen „Meditationen". Descartes konnte also auf Dauer nicht an der Erkenntnis vorbeigehen, dass die Gefühle, Leidenschaften und Empfindungen, zu denen auch die Sinneswahrnehmungen gehören, durch Einwirkungen auf den Körper hervorgerufen werden, obwohl sie der denkenden Substanz zugerechnet wurden, um deren Unteilbarkeit und damit die Vollkommenheit der menschlichen Seele zu gewährleisten. Descartes hat lange Zeit um eine Lösung dieses so genannten „Leib-Seele-Problems" gerungen. Erst in seinem 1649 entstandenen Spätwerk, dem Traktat über die „Leidenschaften der Seele", wies er schließlich der Zirbeldrüse (lat. *„Glandula pinealis"*) im Gehirn des Menschen die entscheidende Vermittlerrolle zwischen Leib und Seele zu – eine Lösung, die seine Schüler und Nachfolger keineswegs zufrieden stellen konnte.

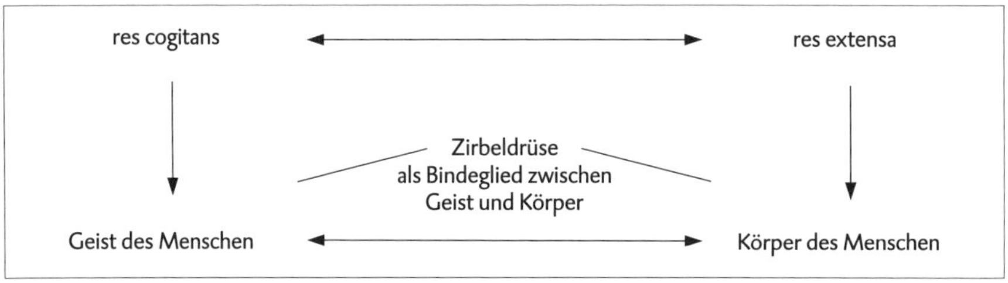

Deren Versuche, hier zu einer anderen Lösung zu gelangen, zeigen, dass sie diese Erklärung angesichts der Schärfe des von Descartes aufgerissenen Zwiespaltes zwischen Leib und Seele des Menschen nicht überzeugen konnte.

So entwickelte der Cartesianer Nicolas Malebranche (1638–1715) die Theorie des **Okkasionalismus** (lat. „Lehre von der Gelegenheit"), wonach Gott selbst die Übereinstimmung von körperlichen und seelischen Vorgängen gewährleiste, indem er *bei Gelegenheit* einer körperlichen Bewegung stets eine entsprechende seelische Regung im Menschen veranlasse und umgekehrt.

13 René Descartes: Meditationen über die Grundlagen der Philosophie, Felix Meiner Verlag: Hamburg 1972, S. 69.

Diese Theorie wurde durch den Philosophen GOTTFRIED WILHELM LEIBNIZ (1646–1716) weiterentwickelt. Seiner Auffassung nach wurde die harmonische Übereinstimmung zwischen Leib und Seele durch Gott bereits in der Schöpfungsordnung zugrunde gelegt, sodass es danach keines göttlichen Eingreifens mehr bedarf; Leibniz spricht deshalb von einer **prästabilierten Harmonie,** was man etwa mit „vorprogrammierter Gesetzlichkeit"[14] übersetzen kann. Diese Schöpfungsordnung ist so vollkommen, dass letztlich der Anschein erweckt wird, als gäbe es tatsächlich eine echte Wechselwirkung zwischen Leib und Seele, obwohl dies nach Meinung von Leibniz tatsächlich nicht der Fall ist. Die prästabilierte Harmonie gewährleistet auch die Verbindung zwischen den einzelnen Menschen und zwischen den Menschen und ihrer Umwelt, da Leibniz in jedem Menschen eine völlig abgeschlossene leib-seelische Einheit, eine sogenannte **„Monade"** (griech.-lat. das „Einfache, Unteilbare", daher auch die letzte, in sich abgeschlossene und nicht mehr auflösbare „Ureinheit"), sieht. Die gesamte Welt ist aus einer unendlichen Anzahl solcher Monaden zusammengesetzt, die jeweils einzigartig sind und unter denen sich die Menschen durch ihre vernunftbegabte Seele auszeichnen. Die Monaden haben jedoch, wie Leibniz immer wieder betont, keine Fenster und Türen, d. h. sie sind ohne jeden Bezug zur Außenwelt. Eben deshalb kann der Zusammenhang zwischen ihnen wie auch der zwischen Leib und Seele des Menschen allein durch die prästabilierte Harmonie aufrechterhalten werden.

Das Menschenbild von Baruch de Spinoza

Der niederländische Philosoph Baruch de Spinoza wurde 1632 als Sohn jüdischer Eltern portugiesischer Herkunft in Amsterdam geboren. Wegen seiner kritischen Haltung in Bezug auf das Alte Testament, das er nicht unmittelbar als göttliche Offenbarung anzusehen vermochte, wurde er 1656 aus der jüdischen Synagoge ausgeschlossen und nahm daraufhin den Namen Benedictus an. Er lebte von da an völlig zurückgezogen und unter einfachsten Lebensverhältnissen in verschiedenen holländischen Städten. Seinen Unterhalt verdiente er sich durch das Schleifen von optischen Linsen. 1677 starb er in Den Haag an der Schwindsucht. Seine Schriften, in denen er eine *pantheistische* Weltanschauung begründet, wurden zum größten Teil erst nach seinem Tod veröffentlicht.

14 Christoph Helferich: Geschichte der Philosophie. Von den Anfängen bis zur Gegenwart und Östliches Denken, dtv: München ^{3}1999, S. 178.

Pantheismus: griech. „All-Gott-Lehre“

Der Pantheismus vertritt die Lehre, dass Gott in der Welt, in allen Dingen der Welt, existiert; Gott und Welt sind demnach identisch. Da diese Auffassung im Gegensatz zur traditionellen Gottesvorstellung steht, wonach Gott extramundan (lat. „außerhalb der Welt“) ist, da er der Welt als ihr Schöpfer überlegen ist, wurde der Pantheismus auch als eine Form des Atheismus, also der Leugnung der Existenz Gottes aufgefasst, weshalb seine Vertreter noch bis in die Goethe-Zeit hinein verfolgt und angegriffen wurden.

Der Philosoph Spinoza schlug zur Lösung des Leib-Seele-Problems einen ganz anderen Weg als Descartes und seine Nachfolger ein. Für ihn gab es nur noch eine einzige, allumfassende und unendliche Substanz, die alles Geschaffene in sich einschließt. Er nannte diese Substanz lateinisch **„Deus sive natura“**, also „Gott beziehungsweise Natur“. Zwischen Gott und Natur gibt es in seinem Denken keinen Unterschied mehr, sie sind eins. Spinoza überwand also den bis dahin dominierenden Dualismus durch ein *monistisches* Denksystem, das in seinem Pantheismus begründet ist.

Baruch de Spinoza

Dieser einzigen, unendlichen Substanz kommen unendlich viele Attribute, also Wesenseigenschaften, zu, von denen der Mensch jedoch nur zwei erkennen kann, nämlich die Ausdehnung und das Denken. Spinoza übernahm damit zwar die beiden Substanzen Descartes’, wies ihnen als bloße göttliche Eigenschaften allerdings eine untergeordnete Rolle zu. Sie gelten nicht mehr als eigenständig, sondern unterliegen der göttlichen Weltordnung, die der allgemeinen Naturordnung gleichgesetzt wird. Diese wurde von Spinoza als so gesetzmäßig angesehen, dass er die Gefühle und Leidenschaften des Menschen in seinem Hauptwerk, der „Ethik“, „auf geometrische Weise“ in ein nach Definitionen, Postulaten, Axiomen, Beweisen, Folgesätzen und Erläuterungen streng gegliedertes System zu bringen versuchte.

Hier wird ganz unmittelbar sichtbar, welche Konsequenzen diese Vorstellungen für das spinozistische Menschenbild haben. So treffen im Menschen zwar mit Denken und Ausdehnung die beiden uns erkennbaren göttlichen Eigenschaften zusammen, da Seele und Leib im Grunde jedoch bloße Daseinsformen der göttlichen Allnatur sind, unterliegen sie auch denselben Gesetzmäßigkeiten.

Jede freie Regung ist demnach in diesem System von vornherein ausgeschlossen. Leib und Seele müssen zwangsläufig miteinander harmonieren, da sie von ihrem gemeinsamen göttlichen Ursprung her „gleichgeschaltet“ sind. Der Mensch wird damit zu einer „Affektmaschine“[15], zu einem **geistigen Automaten,** wie Spinoza selbst es einmal formulierte.

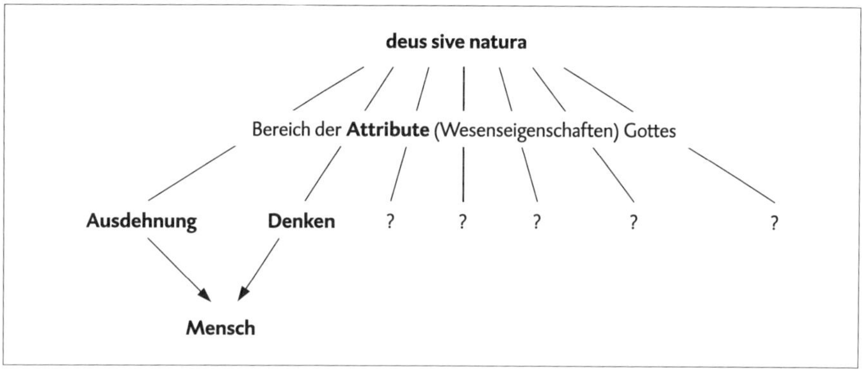

Da hier alles der göttlichen Allnatur unterworfen wird, kann man in diesem anthropologischen Entwurf eine erste Ausprägung des im 19. Jahrhundert beherrschenden **Determinismus** sehen. Dies belegen auf sehr anschauliche Weise die folgenden Ausführungen aus einem persönlichen Brief Spinozas vom Herbst 1674:

Ich nenne also ein Ding frei, wenn es nur aus der Notwendigkeit seiner Natur existiert und handelt; gezwungen aber, wenn es von einem andren Dinge bestimmt wird, in einer gewissen bestimmten Weise zu existieren und zu handeln. Gott z. B. existiert notwendig zwar und dennoch frei, weil er allein aus der Notwendigkeit seiner Natur existiert. [...] Sie sehen also, dass ich die Freiheit nicht in den freien Willen, sondern in die freie Notwendigkeit setze.

Aber wir wollen zu den geschaffenen Dingen herabsteigen, die alle von äußeren Ursachen bestimmt werden, auf eine gewisse, bestimmte Weise zu existieren und zu handeln. [...] Und das ist jene menschliche Freiheit, auf deren Besitz alle so stolz sind und die doch nur darin besteht, dass die Menschen sich ihres Begehrens bewusst sind, aber die Ursachen, von denen sie bestimmt werden, nicht kennen. So hält sich das Kind für frei, wenn es nach Milch begehrt, der Knabe, wenn er im Zorne die Rache, der Furchtsame, wenn er die Flucht will. Auch der Betrunkene glaubt, er rede aus freiem Entschluss seines Geistes, wenn er Dinge sagt, die er später im nüchternen Zustande lieber verschwiegen haben

15 Christoph Helferich: Geschichte der Philosophie, a. a. O., S. 173.

wollte. [...] Und da dieses Vorurteil allen Menschen eingeboren ist, machen sie sich nicht leicht davon los. Denn die Erfahrung lehrt uns zwar genug und übergenug, dass die Menschen zu nichts so wenig imstande sind als dazu, ihre Begierden zu mäßigen, und dass sie oft, eine Beute widerstrebender Affekte, das Bessere sehen und dem Schlechteren folgen, und doch glauben sie frei zu sein.

Baruch de Spinoza: Brief an Schuller, in: ders., Briefwechsel, Hamburg 1977, S. 235 ff.

Die Willensfreiheit, die in der philosophischen Tradition von so großer Bedeutung für das Wesen des Menschen ist, wird hier also als bloße Illusion entlarvt. Dem Menschen bleibt angesichts dieser Feststellungen nur übrig, sich der allgemeinen Notwendigkeit zu unterwerfen, um auf diese Weise seinen inneren Frieden zu finden.

So verliert der Mensch bei Spinoza erstmals die Sonderstellung, die ihm bis dahin in der Geschichte der Philosophie als einem geistbegabten Wesen zukam. Er wird zu einem bloßen Rädchen im Getriebe, zu einem winzigen Teilchen in der unendlichen Weite der göttlichen Allnatur.

In der französischen Aufklärung wird dieser monistische Ansatz schließlich zu einem rein **materialistischen Menschenbild** weiterentwickelt, zu einem Menschenbild also, in dem die *Materie* allein zum höchsten Prinzip erklärt wird. Die Hauptvertreter dieses anthropologischen Entwurfes sind Julien Offray de La Mettrie (1709–1751), Claude Adrien Helvétius (1715–1771) und Paul-Henri Thiry d'Holbach (1723–1789). Dieser charakterisiert den Menschen in seinem „System der Natur" auf folgende Weise:

1 Der Mensch ist ein rein physisches Wesen; der moralische Mensch ist nichts anderes als dieses physische Wesen, betrachtet unter einem bestimmten Gesichtspunkt, das heißt, in Bezug auf einige seiner Wirkungsarten, die durch seinen besonderen Körperbau bedingt sind. Doch ist dieser Körperbau nicht das Werk der Natur? [...] Seine sichtbaren Handlungen, ebenso wie die unsichtbaren – in seinem Inneren erzeugten – Bewegungen, die von seinem Willen oder von seinem Denken herrühren, sind gleichermaßen natürliche Wirkungen, notwendige Folgen seines eigentümlichen Mechanismus und der Antriebe, die er von den ihn umgebenden Dingen erhält.

Paul-Henri Thiry d'Holbach: System der Natur oder von den Gesetzen der physischen und der moralischen Welt, Suhrkamp: Frankf. a. M. 1978, S. 17 f.

Die geistigen Funktionen des Menschen sind demnach völlig von seiner körperlichen Konstitution abhängig und auf diese Weise determiniert, also vorherbestimmt. Im Rahmen dieser philosophischen Strömung erscheinen nicht mehr nur die Tiere – wie bei Descartes – als reine Maschinen, sondern dies trifft hier ebenso auf den Menschen zu, weshalb das 1746 erschienene Hauptwerk des

Arztes La Mettrie auch den bezeichnenden Titel „Der Mensch eine Maschine" trägt. Von hier aus ist es nur noch ein kleiner Schritt bis zum **Positivismus** des 19. Jahrhunderts.

Mit diesem Ausblick auf spätere Entwicklungen des 18. Jahrhunderts ist jedoch zugleich deutlich geworden, dass die anthropologischen Auseinandersetzungen innerhalb der Aufklärungsphilosophie keineswegs nur Fragen der Erkenntnistheorie betreffen, sondern dass hier auch in hohem Maße die Moralphilosophie berührt ist, d. h. die Frage nach den Bedingungen, den Normen und Zielen des ethischen, also des sittlich verantwortlichen Handelns des Menschen. Wie kontrovers diese Fragen auch im Kontext der Aufklärungsphilosophie diskutiert wurden, wird auf beispielhafte Weise in einer Gegenüberstellung der Positionen von Thomas Hobbes einerseits und Jean-Jacques Rousseau andererseits sichtbar.

Das Menschenbild von Thomas Hobbes

Der englische Philosoph Thomas Hobbes wurde 1588 in Westport bei Malmesbury als Sohn eines Geistlichen geboren. Nach dem Studium in Oxford trat er als Erzieher in die Dienste einer der führenden adligen Familien Englands ein und begleitete seine Zöglinge jeweils auch auf deren langjährigen Bildungsreisen durch Europa, wobei er viele wichtige Persönlichkeiten der Zeit kennen lernte. 1640 floh er aus politischen Gründen nach Frankreich und ließ sich in Paris nieder. Dort entstand auch sein Hauptwerk „Leviathan". 1651 entschloss er sich trotz großer Anfeindungen – unter anderem wegen des Vorwurfs, er vertrete atheistische Positionen – zur Rückkehr nach England und unterwarf sich der Republik. Er starb 1679 nach einem erfüllten, ganz seinen wissenschaftlichen Arbeiten gewidmeten Leben.

Auch Thomas Hobbes hatte sich dem Ziel verschrieben, das Wissen der Zeit zu reformieren, indem er die traditionelle, aristotelisch-scholastische Philosophie durch ein neues Denken auf mathematisch-naturwissenschaftlicher Grundlage zu ersetzen suchte. Er stand also auf der Seite des Empirismus. Sein besonderes Anliegen bestand jedoch darin, diesen modernen Ansatz erstmals auch auf die Politik anzuwenden, also konkret die politische Wissenschaft als mathematische Wissenschaft ganz neu zu begründen. Voraussetzung dafür war eine sorgfältige Analyse der Natur des Menschen, und hier setzen auch die Überlegungen zum Menschenbild von Thomas Hobbes an.

Ausgangspunkt für das philosophische System von Hobbes ist der **Egoismus der Individuen.** Er vertrat die Überzeugung, dass jeder Mensch zunächst seine eigenen, ganz persönlichen Interessen verfolgt. Nur wenn dies ganz nüchtern ins Kalkül gezogen wird, ist es Hobbes zufolge möglich, das Zusammenleben der Menschen auf eine sichere Grundlage zu stellen. Worin bestehen jedoch konkret diese Interessen? Es entspricht bereits einem bürgerlich-neuzeitlichen Standpunkt, dass hier für Hobbes das Prinzip der **Selbsterhaltung** an erster Stelle steht. Demnach ist jeder Einzelne in erster Linie bestrebt, sein Leben zu erhalten, seinen Besitz zu vermehren und möglichst viel Macht über andere auszuüben. Dies führt jedoch zwangsläufig zu einer ausgeprägten **Konkurrenzsituation,** zu einem beständigen Kampf um einen besseren Platz in der Gesellschaft:

> So halte ich an erster Stelle ein fortwährendes und rastloses Verlangen nach immer neuer Macht für einen allgemeinen Trieb der gesamten Menschheit, der nur mit dem Tode endet. Und der Grund hierfür liegt nicht immer darin, dass sich ein Mensch einen größeren Genuss erhofft als den bereits erlangten, oder dass er mit einer bescheidenen Macht nicht zufrieden sein kann, sondern darin, dass er die gegenwärtige Macht und die Mittel zu einem angenehmen Leben ohne den Erwerb von zusätzlicher Macht nicht sicher stellen kann.
>
> *Thomas Hobbes: Leviathan, zitiert nach: Herfried Münkler: Thomas Hobbes, Frankfurt / New York 1993, S. 106.*

Man muss also zeitlebens um seinen Platz in der Gesellschaft ringen, da sich Wertschätzung und Anerkennung keineswegs mehr von selbst verstehen. *„Die* Geltung *oder der* Wert *eines Menschen ist wie der aller anderen Dinge sein Preis. Das heißt, er richtet sich danach, wie viel man für die Benutzung seiner Macht bezahlen würde und ist deshalb nicht absolut, sondern von dem Bedarf und der Einschätzung eines anderen abhängig"*[16], so Hobbes in seinem Hauptwerk „Leviathan". Die zwischenmenschlichen Beziehungen unterliegen demnach allein den Bedingungen des Marktes. Da die Menschen jedoch im Naturzustand gleich – und das heißt für Hobbes vor allem: gleich stark – sind, so wird das Leben in der Konkurrenzgesellschaft zu einem beständigen **Krieg aller gegen alle** (lat. *„bellum omnium contra omnes"*). Selbst die Sprache, die in der griechischen Philosophie als das wichtigste Instrument der Vernunft und der Gemeinschaftsbezogenheit des Menschen angesehen wurde, wird bei Hobbes zu einer *„Trompete des Krieges und Aufruhrs"*[17], da sie in erster Linie dazu dient, Leidenschaften zu erregen und die Völker zum gegenseitigen Hass anzustacheln. Es ist also ein zutiefst **pessimistisches Menschenbild,** das aus diesen Vorstellungen aus der Frühzeit der Aufklärung zu uns spricht. In der Anthropologie von Hobbes spiegelt sich eine Epoche wider, in der sich politische Meinungsunterschiede

16 Thomas Hobbes: Leviathan, zitiert nach Herfried Münkler: Thomas Hobbes, Campus Verlag: Frankfurt / New York 1993, S. 106.
17 Thomas Hobbes: Leviathan, a. a. O., S. 83.

und konfessionelle Streitigkeiten immer wieder in blutigen Kämpfen und Bürgerkriegen entluden.

Vor diesem Hintergrund wird es gerade im Interesse der Selbsterhaltung zu einer Frage des Nutzenkalküls, dass die Menschen auf ihre Freiheit und die damit verbundenen Rechte verzichten, um in Frieden leben zu können. Sie werden sich also, gerade weil sie nur ihrem natürlichen Egoismus folgen, einem staatlichen Gemeinwesen unterordnen, wenn ihnen dadurch Schutz und Sicherheit garantiert werden. Dies setzt jedoch eine Regierungsform voraus, in der der oberste Souverän im absolutistischen Sinne über den Gesetzen steht.

Titelbild des Buches „Der Leviathan“ von Thomas Hobbes, 1651

Hobbes selbst fasste diese Überlegungen in dem Vorwort zu einer seiner politischen Schriften folgendermaßen zusammen:

> Darauf zeige ich nun, dass der Zustand der Menschen außerhalb der bürgerlichen Gesellschaft (den ich den Naturzustand zu nennen mir erlaube) nur der Krieg aller gegen alle ist, und dass in diesen Kriegen alle ein Recht auf alles haben. Ferner, dass alle Menschen aus diesem elenden und abscheulichen Zustande, von ihrer Natur genötigt, herauskommen wollen, sobald sie dessen Elend einsehen, dass dies aber nur möglich ist, wenn sie durch Eingehung von Verträgen von ihrem Recht auf alles absehen.
>
> *Thomas Hobbes: Vorrede zu „De Cive", zitiert nach Herfried Münkler: Thomas Hobbes, Frankfurt/New York 1963, S. 46 f.*

Die Menschen können also nur im Zaum gehalten werden, wenn es eine zentrale Macht im Staat gibt, die die Einhaltung des Gesellschaftsvertrages überwacht und notfalls erzwingt. Für Hobbes ist dies der einzige Weg, um den Naturzustand, den er mit dem Kriegszustand gleichsetzt, zu überwinden.

Hier ist das Wesen des Menschen also nicht mehr von vornherein vorgegeben – etwa durch die göttliche Schöpfungsordnung –, sondern in der Anthropologie von Hobbes ist es allein von den politischen Rahmenbedingungen und der konkreten Situation abhängig, ob der Mensch sich seinen Mitmenschen gegenüber in erster Linie als Wolf (lat. *„homo homini lupus"*) oder aber als Gott (lat. *„homo homini Deus"*) zu erkennen gibt. Er selbst schrieb dazu:

> Nun sind sicher beide Sätze wahr: Der Mensch ist ein Gott für den Menschen, und: Der Mensch ist ein Wolf für den Menschen; jener, wenn man die Bürger untereinander, dieser, wenn man die Staaten untereinander vergleicht. Dort nähert man sich durch Gerechtigkeit und Liebe, die Tugenden des Friedens, der Ähnlichkeit mit Gott; hier müssen selbst die Guten bei der Verdorbenheit der Schlechten ihres Schutzes wegen die kriegerischen Tugenden, die Gewalt und die List, d. h. die Raubsucht der wilden Tiere, zur Hilfe nehmen. Wenn auch die Menschen sich dies gegenseitig zum Vorwurf machen [...], so ist es doch nach dem in der Notwendigkeit der Selbsterhaltung wurzelnden Naturrecht nicht als Schuld anzusehen.
>
> *Thomas Hobbes: Leviathan, zitiert nach Herfried Münkler: Thomas Hobbes, Frankfurt/New York 1963, S. 98 f.*

Damit gibt es auch keine feste Wertordnung mehr, sondern das menschliche Verhalten ist ausschließlich am rational nachvollziehbaren, ja berechenbaren **Prinzip der Nutzenmaximierung** ausgerichtet. So leisten die Menschen ihrem Souverän im Gesellschaftszustand allein deshalb Gehorsam, weil sie dafür eine konkrete Gegenleistung erlangen, nämlich Frieden im Inneren und Schutz nach außen. Die gesamte Ethik wird ausschließlich durch den Gedanken der Selbsterhaltung bestimmt. Die Menschen handeln stets so, dass ihr persönliches Wohlergehen gefördert wird und alle Gefahren für Leben und Gesundheit möglichst ausgeschlossen werden. Und so kämpfen sie zeitlebens um die Erfüllung immer neuer Wünsche, denn *„Glückseligkeit ist ein ständiges Fortschreiten des Verlangens von einem Gegenstand zu einem anderen, wobei jedoch das Erlangen des einen Gegenstandes nur der Weg ist, der zum nächsten Gegenstand führt.“*[18] Konkreter noch: *„Stets den nächsten vor uns besiegen ist Glück; und das Rennen aufgeben heißt Sterben.“*[19]

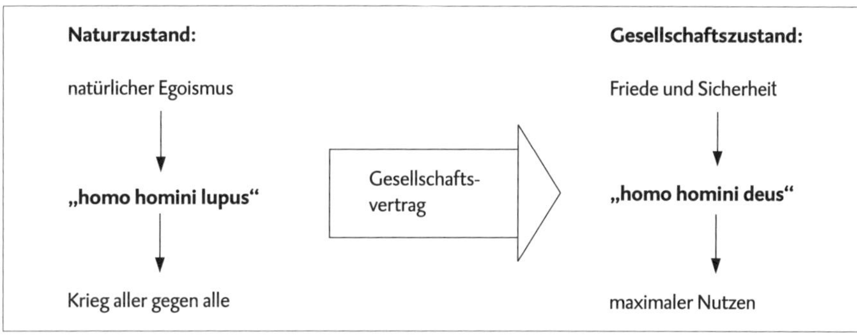

Es ist also bei Hobbes nicht mehr die traditionelle Ethik mit ihrer Tugendlehre, die zur Grundlage des politischen Handelns wird, sondern eine bereits sehr modern anmutende Anthropologie, die vom menschlichen Individuum ausgeht und die dessen rein materialistisch verstandenes Eigeninteresse absolut setzt. So liegt auch hier im Grunde ein **materialistisches Menschenbild** vor, wie es uns bereits in anderem Zusammenhang bei Spinoza und seinen Nachfolgern begegnet ist.

Das Menschenbild von Jean-Jacques Rousseau

Der Philosoph, Komponist und Schriftsteller Jean-Jacques Rousseau wurde 1712 in Genf geboren. Nachdem er sich als Autodidakt eine breit gefächerte Bildung angeeignet hatte, führte er über Jahre hinweg ein unstetes Wanderleben. Dabei erfand er unter anderem eine neue Notenschrift auf der Grundlage von Zahlen, fertigte kleinere Kompositionen an, dichtete und lieferte musiktheoretische Beiträge zur „Encyclopédie“, dem bedeutendsten Nachschlagewerk der Aufklärung. Seinen Lebensunterhalt bestritt er in der Regel durch das

18 Thomas Hobbes: Leviathan, a. a. O., S. 104.
19 Thomas Hobbes: Leviathan, a. a. O., S. 104.

Kopieren von Noten. Berühmt – und berüchtigt – wurde er jedoch erst durch seine kulturkritischen philosophischen Abhandlungen, in denen er den negativen Einfluss von Wissenschaft und Kunst auf die Entwicklungsgeschichte der Menschheit hervorhob und die Rückkehr zu einem einfachen, naturnahen Leben propagierte. Dies sollte besonders durch eine neuartige Form der Erziehung erreicht werden, bei der die Kinder und Jugendlichen ihre natürlichen Anlagen so weit wie möglich frei entfalten können. Auch die Staaten sollten auf der Grundlage eines Gesellschaftsvertrages die natürliche Freiheit und Gleichheit aller Menschen gewährleisten. Nach einem ruhelosen Leben, das zunehmend durch einen regelrechten Verfolgungswahn und schwere Depressionen geprägt wurde, starb Rousseau 1778 auf dem Landgut eines adligen Gönners.

Jean-Jacques Rousseau

Eines der berühmtesten Werke von Jean-Jacques Rousseau, der 1762 erschienene Roman „Emil oder Über die Erziehung", setzt mit den Worten ein: *„Alles ist gut, wie es hervorgeht aus den Händen des Urhebers der Dinge; alles entartet unter den Händen des Menschen."*[20] Bereits diese Kernthese verdeutlicht, dass Rousseau ganz bewusst die genaue Gegenposition zur Anthropologie von Hobbes vertritt. Für ihn ist der Mensch **ursprünglich gut,** und zwar gerade deshalb, weil er sich im Naturzustand nur geringfügig von den Tieren unterscheidet.

Ich sehe in einem jeden Tiere nichts als eine kunstvolle Maschine, welche die Natur mit Sinnen begabt hat, um sich selbst aufziehen und gewissermaßen vor allem bewahren zu können, was sie zu verderben oder in Unordnung zu bringen droht. In der menschlichen Maschine (!) werde ich eben dasselbe gewahr. Der Unterschied ist nur dieser: bei den Verrichtungen der Tiere muss die Natur alles wirken, während der Mensch als ein frei handelndes Wesen zu seinen Verrichtungen vieles beiträgt. [...] Ein jedes Tier hat Begriffe, denn ein jedes Tier hat Sinne, ja, es kann noch bis zu einem gewissen Punkt einige Begriffe miteinander verknüpfen, und der Unterschied zwischen Tier und Mensch besteht bloß in dem Mehr oder Weniger.

Jean-Jacques Rousseau: Abhandlung über den Ursprung und die Grundlagen der Ungleichheit unter den Menschen, in: ders.: Schriften, hrsg. von Henning Ritter, Bd. I, München / Wien 1978, S. 203 f.

20 Jean-Jacques Rousseau: Emil oder Über die Erziehung, Hermann Beyer & Söhne: Langensalza 1907, Bd. I, S. 9.

Es ist also in erster Linie die **Sinnlichkeit,** die hier das Wesen des Menschen bestimmt. Im Naturzustand lebt jeder Einzelne zunächst für sich. Deshalb sind die Menschen noch nicht auf eine ausgebildete Vernunft angewiesen, um miteinander in Beziehung zu treten, sondern können auf ganz natürliche Weise ihren Instinkten, Gefühlen und Leidenschaften folgen. Nach Meinung von Rousseau ist diese Lebensform für das menschliche Geschlecht am besten geeignet, da gerade sie – im Gegensatz zur Auffassung von Hobbes – ein Leben in Frieden garantiert. Hobbes habe nicht bedacht, *„dass dieselbe Ursache, die die Wilden hindert, ihre Vernunft zu gebrauchen,* [...] *sie gleichzeitig davon abhält, ihre Fähigkeiten zu missbrauchen“.* Und er fügt dieser kritischen Anmerkung gleich noch einen weiteren Einwand hinzu, wenn er weiter schreibt:

> Es gibt noch einen anderen Grundsatz, den Hobbes nicht bedacht hat. Dem Menschen ist ein Trieb gegeben worden, in gewissen Fällen die Wildheit seiner Eigenliebe oder, ehe man diese Leidenschaft gekannt hat, die Sorge für seine Erhaltung zu zähmen. Der ihm angeborene Widerwille, seinesgleichen leiden zu sehen, mäßigt den Eifer für sein eigenes Wohlsein. Ich glaube nicht, dass ich einen Widerspruch zu befürchten hätte, weil ich dem Menschen diese einzige natürliche Tugend einräume; der halsstarrigste Verleumder menschlicher Tugenden muss ihnen dieses zugestehen. Ich meine das Mitleid, eine Neigung, die sich für schwache und so vielen Übeln unterworfene Geschöpfe, wie wir es sind, sehr wohl schickt. Sie ist eine allgemeine und dem Menschen ungemein nützliche Tugend, weil sie bei ihm vor aller Überlegung hereilt, und sie ist so natürlich, dass man nicht selten selbst bei den Tieren gewisse merkliche Zeichen davon antrifft.
>
> *Jean-Jacques Rousseau: Abhandlung über den Ursprung und die Grundlagen der Ungleichheit unter den Menschen, a. a. O, S. 218 f.*

„Der mitleidigste Mensch ist der beste Mensch“, so wird der Dichter Gotthold Ephraim Lessing (1729–1781) diese Aussage einige Jahre später bündig zusammenfassen. Hat der Mensch zunächst ein durchaus berechtigtes Interesse daran, sich selbst zu erhalten, was Rousseau als **Selbstliebe** (franz. *„amour de soi-même“*) bezeichnet, so bewegt ihn das Mitleid dazu, jeder leidenden Kreatur spontan, ohne Überlegung, zu Hilfe zu eilen. Es ist also ein Gefühl, das auf diese Weise zur wichtigsten Tugend für das menschliche Zusammenleben wird. Dagegen sieht Rousseau in der Vernunft die Wurzel einer berechnenden, egoistischen **Eigenliebe** (franz. *„amour-propre“*), die den Menschen völlig auf sich selbst zurückwirft und ihn nur noch für seinen persönlichen Nutzen sorgen lässt. Für Rousseau ist dieser „Sündenfall“, der auch den Beginn der Ungleichheit unter den Menschen markiert, untrennbar mit der Bildung von Privateigentum verbunden:

Der erste, welcher ein Stück Landes umzäunte, sich in den Sinn kommen ließ zu sagen: dieses ist mein, und einfältige Leute antraf, die es ihm glaubten, der war der wahre Stifter der bürgerlichen Gesellschaft. Wie viel Laster, wie viel Krieg, wie viel Mord, Elend und Gräuel hätte einer nicht verhüten können, der die Pfähle ausgerissen, den Graben verschüttet und seinen Mitmenschen zugerufen hätte: „Glaubt diesem Betrüger nicht; ihr seid verloren, wenn ihr vergesst, dass die Früchte euch allen, der Boden aber niemandem gehört [...]“.

Jean-Jacques Rousseau: Abhandlung über den Ursprung und die Grundlagen der Ungleichheit unter den Menschen, a. a. O., S. 230.

So ist der erste Schritt zur Bildung von Privateigentum zugleich der erste Schritt zum Laster. Die unter der Herrschaft der Vernunft voranschreitende Zivilisation bringt für den Menschen keinen wirklichen Fortschritt mit sich, sondern sie sät vielmehr Neid und Hass und wird so zur Quelle ständiger Auseinandersetzungen.

Die kaum entstandene Geselligkeit wich dem Stande des Krieges und das trostlose und erniedrigte menschliche Geschlecht konnte weder zurückgehen noch auf alle Unglücksgüter Verzicht tun, die es erworben hatte. Es arbeitete zu seiner eigenen Schande immer fort und durch den Missbrauch der Fähigkeiten, die ihm zur Zierde gegeben worden, befand es sich jetzt am Rande seines Verderbens.

Jean-Jacques Rousseau: Abhandlung über den Ursprung und die Grundlagen der Ungleichheit unter den Menschen, a. a. O., S. 244.

Der von Hobbes beschriebene Entwicklungsprozess der Menschheit wird so in der Anthropologie von Rousseau in sein genaues Gegenteil verkehrt.

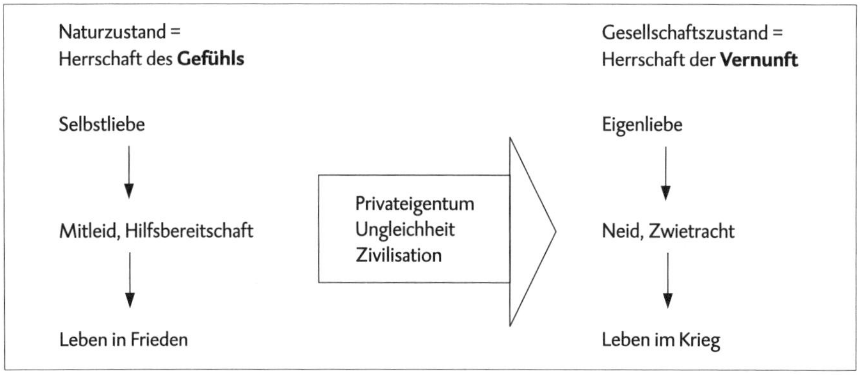

Rousseau selbst fasst sein Menschenbild mit den Worten zusammen: „*... so scheue ich mich nicht, zu behaupten, dass das Nachdenken ein widernatürlicher Zustand und ein Mensch, der sich in Betrachtungen vertieft, ein aus der Art ge-*

schlagenes Tier sei.“[21] Gerade hier wird noch einmal die ganze Vielschichtigkeit der Philosophie der Aufklärung sichtbar: Die Fähigkeit, über sich selbst und die Welt nachdenken zu können, die bei Descartes zu Beginn der Neuzeit für die Größe des Menschen stand, macht ihn nach Meinung von Rousseau zum entarteten Tier. Umgekehrt zeichnet sich bei diesem der Mensch in erster Linie dadurch aus, dass er von Natur aus Mitleid empfindet und deshalb zur spontanen Hilfe für andere bereit ist. Mit dieser klaren Aufwertung des Gefühlsbereichs wird Rousseau zum Wegbereiter für die Epoche der **Empfindsamkeit,** die die Vorherrschaft des Rationalismus innerhalb der Aufklärungsphilosophie überwindet und zu ganz neuen literarischen Ausdrucksformen hinführt, wie sie beispielhaft in dem Roman „Die Leiden des jungen Werther“ von Johann Wolfgang von Goethe (1749–1832) zu finden sind.

Das Menschenbild von Immanuel Kant

Immanuel Kant wurde 1724 in Königsberg als Sohn eines Handwerkers geboren. Seiner Heimatstadt blieb er sein Leben lang verbunden. Nach dem Besuch einer traditionsreichen pietistischen Schule studierte er Philosophie und Theologie, Naturwissenschaft und Mathematik, was seine vielfältigen Interessen dokumentiert. Danach war er vorübergehend als Hauslehrer tätig. Mit der Promotion 1755 nahm er eine Tätigkeit als Privatdozent an der Universität Königsberg auf und wurde schließlich 1770 zum ordentlichen Professor für Logik und Metaphysik ernannt, ein Amt, das er bis wenige Jahre vor seinem Tod im Jahr 1804 mit großem Engagement ausfüllte. Kant lebte sehr regelmäßig und zurückgezogen und konzentrierte sich neben seiner Lehrtätigkeit auf die Ausarbeitung seines philosophischen Systems, das die Entwicklung der Philosophie bis zur Gegenwart entscheidend prägte.

Immanuel Kant

In der Einleitung zu seiner Logik-Vorlesung fasst Kant die Aufgabenstellung der Philosophie folgendermaßen zusammen:

21 Jean-Jacques Rousseau: Abhandlung über den Ursprung und die Grundlagen der Ungleichheit unter den Menschen, in: ders.: Schriften, hrsg. von Henning Ritter, Hanser Verlag: München / Wien 1978, Bd. I, S. 200.

Das Feld der Philosophie [...] lässt sich auf folgende Fragen bringen:
1) Was kann ich wissen?
2) Was soll ich tun?
3) Was darf ich hoffen?
4) Was ist der Mensch?
Die erste Frage beantwortet die Metaphysik, die zweite die Moral, die dritte die Religion und die vierte die Anthropologie. Im Grunde könnte man aber alles dieses zur Anthropologie rechnen, weil sich die ersten drei Fragen auf die letzte beziehen.

Immanuel Kant: Werke in zehn Bänden, hrsg. von Wilhelm Weischedel, Darmstadt ^{4}1975, Bd. V, S. 447 f.

Alle philosophischen Fragen treffen also nach Meinung von Kant in der Anthropologie zusammen. So ist es kein Zufall, dass sich in seinem Werk all die Probleme wiederfinden, die bis dahin die Geschichte der Anthropologie geprägt haben. Kant versucht jedoch noch einmal, die widersprüchlichen Aussagen seiner Vorgänger zu bündeln und zu einer Synthese zwischen Rationalismus und Empirismus, zwischen geistiger und materieller Wirklichkeit zu gelangen. Das Ergebnis dieser Synthese ist seine ganz persönliche Antwort auf die Frage nach dem Menschen – eine Antwort, als deren Leitmotiv die **Ehrfurcht vor dem Menschen** angesehen werden kann.

Der ersten Leitfrage der Philosophie entsprechend geht auch Kant in seinem philosophischen System von der Erkenntnistheorie aus. Mit einer kritischen Analyse der menschlichen Erkenntnisfähigkeit versucht er, die Spannung zwischen Rationalismus und Empirismus zu überwinden, die in der Philosophie der Aufklärung so beherrschend war. Ausgangspunkt ist dabei die These, dass beim Menschen zwei Kräfte zusammenwirken müssen, um überhaupt Erkenntnis zu ermöglichen: die **Sinnlichkeit,** d. h. die an die Sinnesorgane gebundene Wahrnehmung, und der **Intellekt,** das an den menschlichen Verstand bzw. die Vernunft gebundene Denkvermögen. Zwischen diesen beiden Erkenntnisvermögen wird eine scharfe Trennungslinie gezogen. Demnach liefern die Sinne den Stoff für den Erkenntnisprozess, während der Intellekt die Begriffe beisteuert, durch die der Stoff geformt und damit für unser Handeln verfügbar gemacht wird. Wir haben hier also eine neue Variante des alten **Dualismus** vor uns, der uns schon durch nahezu die gesamte Geschichte der Anthropologie begleitet hat.

Das sehr komplexe Zusammenwirken dieser beiden Erkenntnisvermögen kann hier nicht im Einzelnen nachvollzogen werden. Für Kant ist in diesem Zusammenhang jedoch vor allem wichtig, dass dem Menschen im Erkenntnisprozess eine durchaus eigenständige, aktive Rolle zukommt. Es sind die im menschlichen Intellekt *vorgegebenen* (lat. *„a priori“*, also wörtlich: „im Voraus“,

d. h. von der Erfahrung unabhängigen) Anschauungsformen und Kategorien, die Erkenntnis überhaupt erst möglich machen, indem sie die Wahrnehmungsinhalte organisieren. So werden alle Sinnesdaten in einem räumlichen Nebeneinander und einem zeitlichen Nacheinander wahrgenommen, weil dies so den angeborenen menschlichen Anschauungsformen entspricht; und sie werden in einen Kausalzusammenhang von Ursache und Wirkung eingeordnet, weil die Kausalität eine wichtige, dem Menschen angeborene Verstandeskategorie darstellt. Wie die Dinge „an sich", also unabhängig von der Wahrnehmung, sind, ist dem Menschen nicht zugänglich. Auch über all das, was uns nicht durch die Sinne vermittelt wird – und dazu zählen die meisten philosophischen und religiösen Aussagen –, kann es Kant zufolge lediglich Spekulationen, jedoch kein gesichertes Wissen geben. Die entscheidende Wende des erkenntnistheoretischen Ansatzes von Kant – er selbst spricht von seiner „kopernikanischen Wende" – besteht also darin, dass sich bei ihm nicht die Erkenntnis nach den Gegenständen richtet, sondern dass vielmehr die Gegenstände dem menschlichen Erkenntnisvermögen angepasst werden. Gerade durch den Dualismus von Sinnlichkeit und Intellekt schafft Kant somit eine neue philosophische Grundlage für die **Freiheit** des Menschen, die ja unter dem Einfluss des Empirismus und des Materialismus in der Aufklärungsphilosophie des 18. Jahrhunderts zunehmend infrage gestellt worden war. Der Mensch erscheint erneut als der „Gesetzgeber" der Natur, da er die Wirklichkeit im Erkenntnisprozess überhaupt erst gestaltet.

Hier knüpft nun auch die **Moralphilosophie** Kants an, die als das Zentrum seines philosophischen Systems angesehen werden kann. Die Moralphilosophie hat es mit Vorstellungen der Vernunft zu tun, die den Bereich der Sinneswahrnehmungen von vornherein übersteigen (mit dem lateinischen Fachbegriff: *„transzendieren"*) und deshalb von der Erfahrung unabhängig sind. Damit ist der Mensch in Bezug auf sein Verhalten völlig autonom, er fungiert gewissermaßen auch als sein eigener Gesetzgeber.

Als ein vernünftiges, mithin zur intelligibelen Welt gehöriges Wesen kann der Mensch die Kausalität seines eigenen Willens niemals anders als unter der Idee der Freiheit denken; denn Unabhängigkeit von den bestimmenden Ursachen der Sinnenwelt [...] ist Freiheit. Mit der Idee der Freiheit ist nun der Begriff der Autonomie unzertrennlich verbunden, mit diesem aber das allgemeine Prinzip der Sittlichkeit, welches in der Idee allen Handlungen vernünftiger Wesen ebenso zum Grunde liegt, als das Naturgesetz allen Erscheinungen.

Immanel Kant: Werke in zehn Bänden, hrsg. von Wilhelm Weischedel, Darmstadt [4]1975, Bd. VI, S. 88.

Diese **Autonomie**, also die Fähigkeit des Menschen, die *Gesetze* des sittlichen Handelns *selbst* zu bestimmen, ist der letzte Schlüssel zum Menschenbild Kants. So mündet auch die „Kritik der praktischen Vernunft“, die diesen ethischen Fragen gewidmet ist, in die berühmten Worte ein:

> Zwei Dinge erfüllen das Gemüt mit immer neuer und zunehmender Bewunderung und Ehrfurcht, je öfter und anhaltender sich das Nachdenken damit beschäftigt: Der bestirnte Himmel über mir, und das moralische Gesetz in mir. [...] Der erstere Anblick einer zahllosen Weltenmenge vernichtet gleichsam meine Wichtigkeit, als eines tierischen Geschöpfs, das die Materie, daraus es ward, dem Planeten (einem bloßen Punkt im Weltall) wieder zurückgeben muss, nachdem es kurze Zeit [...] mit Lebenskraft versehen gewesen. Der zweite erhebt dagegen meinen Wert, als einer Intelligenz, unendlich, durch meine Persönlichkeit, in welcher das moralische Gesetz mir ein von der Tierheit und selbst von der ganzen Sinnenwelt unabhängiges Leben offenbart.
>
> *Immanuel Kant: Werke in zehn Bänden, hrsg. von Wilhelm Weischedel, Darmstadt ^{4}1975, Bd. VI, S. 300.*

Die sittliche Autonomie ist damit für Kant der Garant für die einzigartige **Würde des Menschen,** die unter allen Umständen zu achten und zu respektieren ist. So ist es nur konsequent, wenn im Mittelpunkt seiner Ethik die Forderung steht, in jedem Menschen stets einen Zweck in sich und niemals ein Mittel zum Zweck zu sehen. Auch der kategorische (d. h. „unbedingt gültige“) Imperativ, die knappste Zusammenfassung des Sittengesetzes, beinhaltet keine konkreten, die Freiheit des Menschen einschränkenden Verhaltensvorschriften, sondern appelliert gerade durch die allgemeine Formulierung an die persönliche Verantwortung eines jeden Einzelnen: *„Handle so, dass die Maxime deines Willens jederzeit zugleich als Prinzip einer allgemeinen Gesetzgebung gelten könne“*[22].

Mit der Freiheit als dem Schlussstein zum Menschenbild Kants gelingt es diesem also noch einmal, die **Sonderstellung** des Menschen zu wahren, aber eben nur, insofern er ein Wesen der Vernunft ist: seine *„Geringfähigkeit als Tiermensch“* kann beim Menschen *„dem Bewusstsein seiner Würde als Vernunftmensch nicht Abbruch tun“*[23], wie Kant es zugespitzt formuliert. Es ist also die Vernunft und die durch die Vernunft begründete Moralität, die Kant zufolge den Menschen überhaupt erst zum Menschen macht. Dies setzt jedoch voraus, dass er seine sinnlichen Kräfte stets unter Kontrolle hält und dass er sich gegenüber den Verlockungen der Leidenschaft behaupten kann. Die Menschwerdung

22 Immanuel Kant: Werke in zehn Bänden, hrsg. von Wilhelm Weischedel, Wissenschaftliche Buchgesellschaft: Darmstadt ^{4}1975, Bd. VI., S. 140.
23 Immanuel Kant: Werke in zehn Bänden, a. a. O., Bd. VII, S. 569.

des Menschen wird damit zu einer bleibenden Aufgabe, die letztlich überhaupt nur in der Geschichte der Menschheit zum Abschluss gebracht werden kann. Jedem einzelnen Menschen kommt jedoch als Repräsentant der Menschheit die unbedingte Pflicht zu, seine persönliche Würde unter allen Bedingungen und in jeder Situation zu wahren.

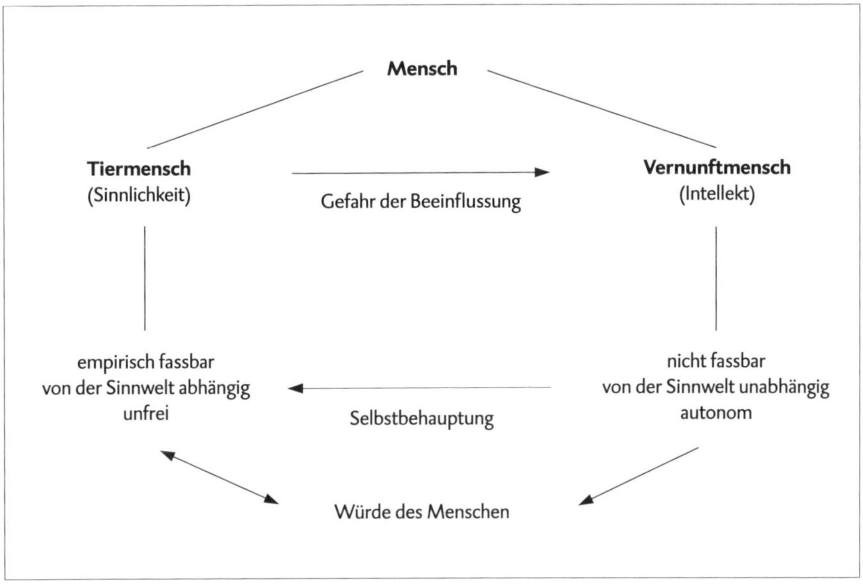

Spätestens hier zeigt sich, wie sehr der Dualismus in der Anthropologie Kants über die Erkenntnistheorie hinaus den ganzen Menschen erfasst. Seiner Auffassung zufolge gibt es deshalb bei der Betrachtung des Menschen von vornherein zwei Standpunkte, weshalb er auch zwei Wissenschaften vom Menschen unterscheidet: die **Anthropologie,** gewissermaßen die Naturwissenschaft vom Menschen als einem empirischen Wesen, und die **Anthroponomie,** die von der unbedingt gesetzgebenden Vernunft des Menschen ausgeht. Ein letztes Mal erscheint der Mensch in der Geschichte der Anthropologie als ein **„Bürger zweier Welten".**

2.3 Die Frage nach dem Menschen in der Philosophie der Moderne

Das Menschenbild des Positivismus

Der Positivismus wurde von dem französischen Philosophen AUGUSTE COMTE (1798–1857) begründet, dessen Zielsetzung es war, die Auseinandersetzung mit der Frage nach dem Menschen auf eine absolut sichere Grundlage zu stellen. Dies konnte seiner Auffassung nach nur durch ein **streng wissenschaftliches Vorgehen** nach dem Vorbild der Naturwissenschaften geschehen und so definierte er auch die von ihm begründete moderne Soziologie als „Physik der Gesellschaft". Allein das sollte demnach als gesicherte Erkenntnis gelten können, was empirisch, also durch konkrete Sinneswahrnehmung, erfasst und experimentell überprüft werden kann. Auf dieser Grundlage wollte Comte eine ideale Gesellschaftsordnung errichten, in deren Mittelpunkt eine neue Menschheitsreligion stehen sollte. Er sieht in dieser positivistischen Denkform die dritte und höchste Stufe in der kulturellen Entwicklung der Menschheit nach dem theologischen und dem metaphysischen Stadium.

Positivismus: lat. „Lehre von dem Tatsächlichen, Wirklichen"
Der Positivismus sieht nur das als wirklich an, was sinnlich wahrgenommen werden kann, was also den Sinnesorganen des Menschen konkret vorgelegt wird bzw. vorgegeben ist (lat. *positum*). Alles, was darüber hinausgeht, was also den Bereich der Empirie überschreitet, ist dem menschlichen Erkennen nicht zugänglich und gilt deshalb als nicht existent.

In Deutschland wurden vergleichbare Ideen von dem Philosophen LUDWIG FEUERBACH (1804–1872) vorgetragen, der vor allem als Begründer des neuzeitlichen Atheismus und als Anreger von KARL MARX (1818–1883) in die Philosophiegeschichte einging. Feuerbach löste den philosophischen Idealismus, also die Auffassung, dass die Wahrheit des Seins nur im Denken erfasst werden kann, durch eine materialistische Konzeption ab, wie sie uns bereits in der französischen Aufklärung begegnet ist. Auch bei ihm stand der Mensch im Mittelpunkt des Denkens, nachdem Gott in der Projektionstheorie als bloße Illusion entlarvt wurde: *„Gott war mein erster, die Vernunft mein zweiter, der Mensch mein dritter und letzter Gedanke. Der Mensch allein ist und sei unser Gott. Kein Heil außer dem Menschen"*[24], so lautet sein „Bekenntnis". Dabei erscheint der

24 Zitiert nach: Ludwig Büchner: Kraft und Stoff oder Grundzüge der natürlichen Weltordnung, Theodor Thomas Verlag: Leipzig ^{15}1883, S. 262. Büchner stellt dieses Zitat seinen Ausführungen über den Menschen als Motto voran.

Mensch jedoch als bloßes **Sinnenwesen,** das allein in der Gattung unsterblich ist, das es allerdings in der Hand hat, aktiv an einer Verbesserung seiner Lebensumstände zu arbeiten.

Auf besonders wirkungsvolle Weise wurde das positivistische Menschenbild von Ludwig Büchner, dem Bruder des Dichters Georg Büchner, propagiert.

Der Arzt, Naturwissenschaftler und Philosoph Ludwig Büchner wurde 1824 in Darmstadt geboren, wo er 1899 auch starb. Schon sein Vater war Arzt, sodass Ludwig ebenso wie sein 1813 geborener älterer Bruder Georg bereits von Kindheit an von einem fortschrittlichen, an den Naturwissenschaften orientierten Geist geprägt wurde. Ludwig Bücher wurde zum Verfechter einer besonders radikalen Form des Materialismus auf positivistischer Grundlage und schuf mit seinem 1855 erstmals erschienenen Hauptwerk „Kraft und Stoff" gewissermaßen die „Bibel" dieser Weltanschauung.

Ludwig Büchner

Sein Bruder Georg, der sich nach einem Medizinstudium ebenfalls den Naturwissenschaften zuwandte und mit einer Arbeit über die Schädelnerven der Barben promovierte, brachte dieses materialistische Denken in seinen literarischen Werken auf eindrucksvolle Weise zum Ausdruck. Er musste aufgrund seines politischen Engagements 1835 aus Deutschland fliehen und starb 1837 in Zürich, wo er zuletzt politisches Exil gefunden hatte.

Welche Konsequenzen ergeben sich nun konkret aus dem positivistischen Ansatz für das Menschenbild? Wird die Wirklichkeit generell auf das sinnlich Wahrnehmbare reduziert, so wird auch der Blick auf den Menschen zwangsläufig auf das eingeengt, was am Menschen der sinnlichen Erfahrung zugänglich ist, also auf die **körperliche Dimension.**

Ludwig Büchner führt in seinem Hauptwerk dazu aus:

Dieselben Gesetze, welche [...] in der makrokosmischen oder der großen Welt walten, walten auch in der kleinen oder mikrokosmischen Welt des Menschen, in dessen Wesen, Sein und Denken sich jene gewissermaßen wiederspiegelt oder selbst beschaut. Dass der Mensch mit allen seinen hohen Vorzügen und Fähigkeiten nicht ein Werk der Gottheit, sondern ein Naturprodukt ist, wie alle seine Nebengeschöpfe, und aus allmähliger, natürlicher Entwicklung und Selbsterziehung hervorgegangen – diese ganze und offenkundige Wahrheit kann heutzutage wohl nur noch von der Unwissenheit oder von absichtlicher Verstocktheit in Zweifel gezogen werden. [...] Jene bekannten Unterscheidungszeichen zwischen Mensch und Tier, auf welche die idealistische Philosophie der Vergangenheit einen so großen Wert legen zu müssen glaubte, und welche nach der Meinung so vieler Gelehrter das Vorhandensein einer ewig unüberbrückbaren Kluft zwischen Mensch und Tier beweisen sollen, haben sich bei genauerer Prüfung ohne Ausnahme als relative, nicht als absolute herausgestellt und lassen sich alle aus allmähliger Entwicklung, Vervollkommnung und Selbsterziehung begreifen. Daher der Mensch nicht außer oder über der Natur, sondern ganz und durchaus inmitten derselben steht.

Ludwig Büchner: Kraft und Stoff oder Grundzüge der natürlichen Weltordnung, Leipzig [15]1883, S. 262–265.

Das bedeutet jedoch nichts anderes, als dass die in der Geschichte der Anthropologie so zentralen geistigen Funktionen des Menschen auf rein körperliche Prozesse zurückgeführt werden und auf diese Weise ihre Eigenständigkeit verlieren. Ihr Sitz und ihr Organ ist, wie Ludwig Bücher ausführlich darlegt, das Gehirn; die psychischen und intellektuellen Leistungen eines Menschen werden ausschließlich von der Größe und der konkreten Ausformung des Gehirns abhängig gemacht. Damit erscheinen Gehirn und Seele letztlich als identisch:

Die ganze Anthropologie, die ganze Wissenschaft vom Menschen ist ein fortlaufender Beweis für die Unzertrennlichkeit der Begriffe von Gehirn und Seele; und alles Gefasel, welches die philosophischen Psychologen von der Selbstständigkeit des menschlichen Geistes und von seiner Unabhängigkeit von seinem materiellen Substrat bisher vorgebracht haben, erscheint der Macht der Tatsachen gegenüber als völlig wertlos.

Ludwig Büchner: Kraft und Stoff oder Grundzüge der natürlichen Weltordnung, Leipzig [15]1883, S. 307 f.

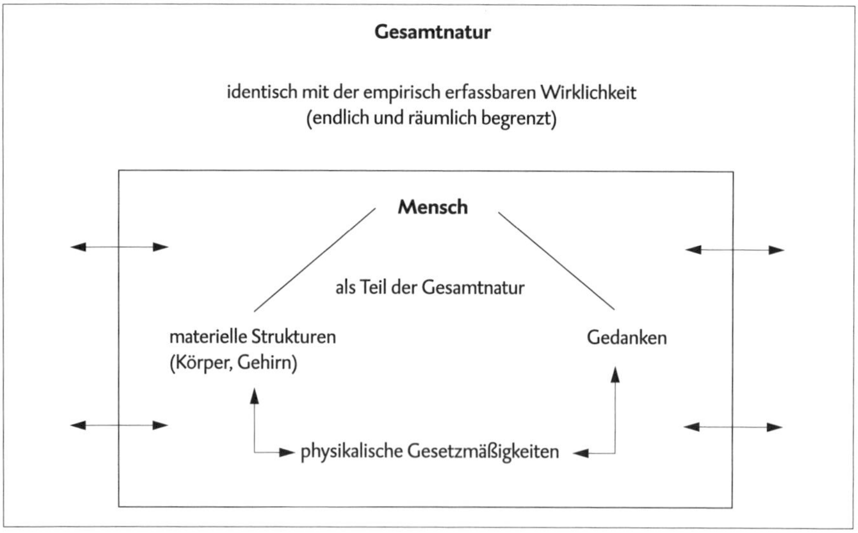

Diese Zusammenhänge wurden schließlich von dem Zoologen Carl Vogt (1817–1895) in dem schon damals heftig umstrittenen Satz *„Die Gedanken stehen in demselben Verhältnis zu dem Gehirn, wie die Galle zur Leber oder der Urin zu den Nieren“*[25] auf den Punkt gebracht. Ludwig Büchner hält diese Äußerung zwar für überspitzt, da er im Denken immerhin *„eine besondere Form der allgemeinen Naturbewegung“* sieht, die selbst nicht Materie sei. Er betont jedoch auch in diesem Zusammenhang ausdrücklich, dass Denken und Ausdehnung nur als zwei Seiten oder Erscheinungsweisen eines und desselben einheitlichen Wesens betrachtet werden können.

Diese Vorstellungen haben auch entscheidende Konsequenzen im Hinblick auf die Freiheit des Menschen. Sind alle geistigen Funktionen des Menschen von seiner körperlichen Konstitution abhängig, so kann, wie auch Ludwig Büchner betont, von einem eigenständigen, freien Handeln keine Rede mehr sein:

> Da der Mensch, wie in den vorhergehenden Kapiteln gezeigt wurde, ein Erzeugnis der Alles schaffenden Natur ist, sowohl in seinem körperlichen, wie in seinem geistigen Wesen, so kann es keinem Zweifel unterliegen, dass nicht bloß das, was er ist, sondern auch das, was er will, tut, empfindet und denkt, auf ebensolchen natürlichen Zusammenhängen und Natur-Notwendigkeiten beruht, wie der ganze Bau der Welt. Nur eine oberflächliche und kenntnislose Betrachtung des Menschen und des menschlichen Daseins, gepaart mit spiritualistischen oder metaphysischen Vorurteilen, konnte zu dem Glauben verleiten, als sei das Tun und Lassen der Einzelnen wie der Völker der Ausfluss oder Ausdruck eines vollkommen freien und selbstbewussten Willens.

Ludwig Büchner: Kraft und Stoff oder Grundzüge der natürlichen Weltordnung, Leipzig [15]1883, S. 488 f.

Wir haben hier also eine ausgeprägt **deterministische Weltanschauung** vor uns, der zufolge dem Menschen jede Fähigkeit abgesprochen wird, spontan von sich aus und damit auch sittlichen Normen und Wertvorstellungen gemäß zu handeln. Wie die gesamte Wirklichkeit, so erscheinen hier auch die menschlichen Willensbewegungen als vorherbestimmte Automatismen, weshalb sie nicht mehr moralisch qualifiziert werden können.

Determinimus: lat. „Lehre von der kausalen Vorbestimmtheit alles Geschehens“

Der Determinismus vertritt im Widerspruch zur Lehre von der Willensfreiheit des Menschen die Auffassung, dass das menschliche Verhalten durchweg durch äußere oder innere Ursachen vorherbestimmt sei, womit Freiheit im menschlichen Handeln von vornherein ausgeschlossen ist.

25 Zitiert nach: Ludwig Büchner: Kraft und Stoff, a. a. O., S. 320.

Welche Folgen ein solches Menschenbild hat, das macht auf erschütternde Weise ein persönliches Dokument von Georg Büchner, nämlich ein Brief dieses Dichters an seine Verlobte Wilhelmine Jaegle, offenbar, der wahrscheinlich im November 1833 geschrieben wurde:

Ich finde in der Menschennatur eine entsetzliche Gleichheit, in den menschlichen Verhältnissen eine unabwendbare Gewalt, allen und keinem verliehen. Der Einzelne nur Schaum auf der Welle, die Größe ein bloßer Zufall, die Herrschaft des Genies ein Puppenspiel, ein lächerliches Ringen gegen ein ehernes Gesetz, es zu erkennen das Höchste, es zu beherrschen unmöglich. [...] Das **Muss** ist eines von den Verdammungsworten, womit der Mensch getauft worden. Der Ausspruch: es muss ja Ärgernis kommen, aber wehe dem, durch den es kommt – ist schauderhaft. Was ist das, was in uns lügt, mordet, stiehlt? [...] Ich bin ein Automat; die Seele ist mir genommen.

Georg Büchner: Brief an Wilhelmine Jaegle, zitiert nach: ders.: Dantons Tod. Erläuterungen und Dokumente, hrsg. von Josef Jansen, Stuttgart 1984, S. 60 f.

Die Verzweiflung, die aus diesen Worten spricht, ist auch als Grundzug in allen literarischen Werken Georg Büchners unverkennbar.

Mit etwas verändertem, dem Fortschritt der Naturwissenschaften angepassten Materiebegriff wirkt das positivistische Menschenbild noch weit in das 20. Jahrhundert hinein, wie das folgende Textbeispiel von BERTRAND RUSSELL (1872–1970) belegt:

Der Mensch ist ein Teil der Natur und nicht etwas, das zu ihr im Widerspruch steht. Seine Gedanken und körperlichen Bewegungen folgen den gleichen Gesetzen, die auch die Bewegungen der Sterne und Atome beschreiben. [...] Sein Körper besteht wie alle andere Materie aus Elektronen und Protonen, die, soviel wir wissen, den gleichen Gesetzen gehorchen wie die anderen, die nicht Tiere oder Pflanzen bilden. [...] Unsere so genannten „Gedanken" scheinen von der Anordnung von Bahnen im Gehirn abzuhängen, so wie die Reisen an Straßen und Züge gebunden sind. Die Energie, die zum Denken verbraucht wird, scheint chemischen Ursprungs zu sein; durch Jodmangel zum Beispiel wird ein kluger Mensch zum Idioten. [...] Alle Beweise deuten darauf hin, dass das, was wir als unser Geistesleben betrachten, an die Gehirnstruktur und die organisierte Körperenergie gebunden ist. Es ist daher vernünftig anzunehmen, dass mit dem körperlichen Leben auch das geistige Leben aufhört.

Bertrand Russel: Warum ich kein Christ bin – Über Religion, Moral und Humanität, Hamburg 1968, S. 57–59.

Auch hier ist die notwendige Konsequenz dieser deterministischen Grundauffassung die **Ablösung der traditionellen Ethik** mit ihren Wertvorstellungen. So schreibt Russell an anderer Stelle:

Ich glaube nicht, dass es, strenggenommen, so etwas wie ethisches Wissen gibt. Wenn wir irgendein Ziel erreichen wollen, kann uns das Wissen den Weg zeigen, und dieses Wissen kann man im weitesten Sinn als ethisches Wissen bezeichnen. Ich glaube jedoch nicht, dass wir entscheiden können, welche Art von Verhalten richtig oder falsch ist, wenn wir nicht seine wahrscheinlichen Folgen berücksichtigen. Soll ein gegebenes Ziel erreicht werden, so ist es eine Aufgabe der Wissenschaft, den Weg zu finden, auf dem es erreichbar ist. Der Prüfstein für alle sittlichen Regeln besteht darin zu fragen, ob sie Ziele verwirklichen können, die wir begehren.

Bertrand Russel: Warum ich kein Christ bin – Über Religion, Moral und Humanität, Hamburg 1968, S. 68.

Im Menschenbild des Positivismus wird also all das von Grund auf in Frage gestellt, was in der Geschichte der Anthropologie bis in die Neuzeit hinein das Wesen des Menschen bestimmte.

Das Menschenbild des Marxismus

Der Philosoph, Sozialwissenschaftler und politische Publizist Karl Marx wurde 1818 in Trier als Sohn eines jüdischen Rechtsanwalts geboren. Er studierte in Bonn und Berlin Rechtswissenschaft, Philosophie und Geschichte und wurde in dieser Zeit unter dem Einfluss von Feuerbach zum überzeugten Atheisten. Von 1842 bis 1843 war er leitender Redakteur der neu gegründeten liberaldemokratischen „Rheinischen Zeitung“. 1843 musste er Deutschland wegen seiner liberalen Einstellung verlassen und ließ sich zunächst für zwei Jahre in Paris nieder, wo er sich erstmals sozialistischen Ideen zuwandte und wo auch die lebenslange Freundschaft mit Friedrich Engels (1820–1895) ihren Anfang nahm. 1848 veröffentlichte er zusammen mit Engels das „Kommunistische Manifest“, in dem er die Arbeiter zum Widerstand gegen die bürgerlich-kapitalistische Gesellschaft aufrief. In den folgenden Jahren, die er nach mehreren Ausweisungen überwiegend in London verbrachte, arbeitete er seine politische Ökonomie aus, die auch eine neue Interpretation der Geschichtsentwicklung auf soziologischer Grundlage mit einschloss. 1864 wurde unter seiner Mitwirkung die „Internationale Arbeiterassoziation“ gegründet. Karl Marx starb 1883 in seinem Londoner Exil.

Karl Marx

Das 19. Jahrhundert war nicht nur vom Fortschritt der Naturwissenschaften geprägt, der bereits im positivistischen Menschenbild seinen deutlichen Niederschlag fand, sondern auch von großen wirtschaftlichen und gesellschaftspolitischen Veränderungen. Infolge der zunehmenden **Industrialisierung** zogen immer mehr Menschen in die Großstädte, um dort zu arbeiten. Sie waren jedoch völlig von den Unternehmern abhängig und erhielten nur sehr niedrige Löhne, weshalb sie in der Regel sehr schlechten Lebensbedingungen ausgesetzt waren. Alle Versuche, die Lebensverhältnisse des Proletariats zu verbessern, scheiterten zunächst an der politischen Reaktion, die im Zeichen des Bündnisses von „Thron und Altar" vielfach auch von den Kirchen unterstützt wurde. In dieser Situation propagierten Karl Marx und Friedrich Engels eine soziale Revolution, deren Ziel es war, den politischen **Kommunismus** zu verwirklichen.

Kommunismus: Neubildung zu lat. „*communis*", d. h. „allen gemeinsam"
Der Kommunismus stellt Karl Marx zufolge die auf den Sozialismus folgende Entwicklungsstufe dar, in der die Produktionsmittel und die mit ihrer Hilfe erzeugten Produkte durch Vergesellschaftung allen gemeinsam gehören, wodurch der Klassengegensatz zwischen Besitzenden und Besitzlosen endgültig aufgehoben wird.

Karl Marx hatte sich schon als Student dem **atheistischen Materialismus** Ludwig Feuerbachs zugewandt. Dabei geht Marx jedoch von einem etwas anderen Materiebegriff aus als sein Anreger. Er versteht unter der materiellen Wirklichkeit nicht in erster Linie die von den modernen Naturwissenschaften beschriebenen physiologischen Prozesse, sondern vielmehr die konkreten Lebensbedingungen, denen die Menschen in ihrem Alltag unterworfen sind.

Die Voraussetzungen, mit denen wir beginnen, sind keine willkürlichen, keine Dogmen, es sind wirkliche Voraussetzungen, von denen man nur in der Einbildung abstrahieren kann. Es sind die wirklichen Individuen, ihre Aktion und ihre materiellen Lebensbedingungen, sowohl die vorgefundenen wie die durch ihre eigene Aktion erzeugten. [...] Alle Geschichtsschreibung muss von diesen natürlichen Grundlagen und ihrer Modifikation im Lauf der Geschichte durch die Aktion der Menschen ausgehen. Man kann die Menschen durch das Bewusstsein, durch die Religion, durch, was man sonst will, von den Tieren unterscheiden. Sie selbst fangen an, sich von den Tieren zu unterscheiden, sobald sie anfangen, ihre Lebensmittel zu produzieren, ein Schritt, der durch ihre körperliche Organisation bedingt ist. Indem die Menschen ihre Lebensmittel produzieren, produzieren sie indirekt ihr materielles Leben selbst. [...] Was sie sind, fällt also zusammen mit ihrer Produktion, sowohl damit, was sie produzieren, als auch damit, wie sie produzieren. Was die Individuen also sind, das hängt ab von den materiellen Bedingungen ihrer Produktion.

Karl Marx: Die deutsche Ideologie, zitiert nach: Hans J. Türk / Werner Trutwin: Anthropologie, Düsseldorf 1978, S. 37.

Der Mensch wird hier also nicht allein vom materialistischen Ansatz her bestimmt, wie das im Menschenbild des Positivismus der Fall ist, sondern er wird darüber hinaus als ein Wesen beschrieben, das aufgrund seiner körperlichen Konstitution darauf angewiesen ist, die Mittel zu seinem Lebensunterhalt selbst zu produzieren, wodurch er letztlich auch sich selbst verändert. Der Mensch erscheint damit als ein **produktives Wesen,** das von Natur aus schöpferisch und gestaltend in die Wirklichkeit eingreift. Damit kommt jedoch der **ökonomischen** Struktur der Gesellschaft eine Schlüsselrolle in Bezug auf das marxistische Menschenbild zu. Das Leben des Menschen als eines produzierenden Wesens wird grundlegend durch die jeweiligen Produktionsverhältnisse geprägt, also durch die zur Verfügung stehenden Produktionsmittel und deren Besitzverhältnisse. Sie stellen die materielle Basis für die konkrete Lebensgestaltung dar, während alle geistigen und kulturellen Phänomene dem so genannten Überbau zugeordnet werden, der durch die materielle Basis determiniert ist.

Die Produktion der Ideen, Vorstellungen, des Bewusstseins ist zunächst unmittelbar verflochten in die materielle Tätigkeit und den materiellen Verkehr der Menschen [...]. Die Menschen sind die Produzenten ihrer Vorstellungen, Ideen etc. etc., aber die wirklichen, wirkenden Menschen, wie sie bedingt sind durch eine bestimmte Entwicklung ihrer Produktivkräfte und des denselben entsprechenden Verkehrs bis zu seinen weitesten Formationen hinauf. Das Bewusstsein kann nie etwas anderes sein als das bewusste Sein, und das Sein der Menschen ist ihr wirklicher Lebensprozess. [...] Ganz im Gegensatz zur deutschen Philosophie, welche vom Himmel auf die Erde herabsteigt, wird hier von der Erde zum Himmel gestiegen. [...] Auch die Nebelbildungen im Gehirn der Menschen sind notwendig Supplemente (also Ergänzungen) ihres materiellen empirisch konstatierbaren und an materielle Voraussetzungen geknüpften Lebensprozesses. Die Moral, Religion, Metaphysik und sonstige Ideologie und ihnen entsprechenden Bewusstseinsformen behalten hiermit nicht länger den Schein der Selbstständigkeit. Sie haben keine Geschichte, sie haben keine Entwicklung, sondern die ihre materielle Produktion und ihren materiellen Verkehr entwickelnden Menschen ändern mit dieser ihrer Wirklichkeit auch ihr Denken und die Produkte ihres Denkens. Nicht das Bewusstsein bestimmt das Leben, sondern das Leben bestimmt das Bewusstsein.

Karl Marx: Die deutsche Ideologie, zitiert nach: Hans Joachim Türk / Werner Trutwin: Anthropologie, Düsseldorf 1978, S. 38 f.

So ergibt sich für die menschliche Lebensform bei Marx das folgende Grundmuster:

Materielle Basis →	**Geistiger Überbau**
Gesamtheit der Produktionsverhältnisse (d. h. der Besitzverhältnisse in Bezug auf die Produktionsmittel) = ökonomische Struktur einer Gesellschaft	Kulturelle Einrichtungen (d. h. Staat, Recht, Religion, Familie, Moral, Kunst und Wissenschaft) = gesellschaftliche Bewusstseinsformen

Dies bedeutet jedoch weiterhin, dass der Mensch seiner Bestimmung nach ein **gesellschaftliches Wesen** ist: *„Das menschliche Wesen ist kein dem einzelnen Individuum innewohnendes Abstraktum. In seiner Wirklichkeit ist es das Ensemble der gesellschaftlichen Verhältnisse.“*[26] Damit ist jeder Einzelne lediglich ein **Produkt der Gesellschaft,** in der er lebt. Nur im gesellschaftlichen Miteinander kann er seiner Aufgabe nachkommen, die Natur und damit letztlich auch die menschliche Gesellschaft produktiv umzugestalten. So erfüllt sich der Sinn seines Lebens darin, dass er als Teil des Kollektivs seinen Beitrag zur Entwicklung einer klassenlosen Gesellschaft leistet.

Schließlich ist der Mensch nach Meinung von Marx auch ein **geschichtliches Wesen.** Die stete Veränderung der sozial-ökonomischen Verhältnisse, die seiner Auffassung zufolge das menschliche Dasein prägen, bewirkt in der Geschichte der Menschheit einen kontinuierlichen, gesetzmäßig ablaufenden Entwicklungsprozess, der erst mit dem Übergang zur klassenlosen Gesellschaft zum Ende gelangt. Bis dahin befindet sich der Mensch in einem Zustand der **Selbstentfremdung,** da seine Existenz aufgrund des Privateigentums an Produktionsmitteln durch Profitstreben und Arbeitsteilung charakterisiert ist. Die dadurch bedingte Vereinzelung steht in Widerspruch zum Wesen des Menschen als „Ensemble der gesellschaftlichen Verhältnisse“. Die Selbstentfremdung des „wirklichen“ Menschen schließt auch eine Entfremdung zwischen Mensch und Mitmensch sowie zwischen Mensch und Natur mit ein, die durch die religiöse Entfremdung, das heißt durch den illusorischen Glauben an Gott, kompensiert werden soll. Eine Aufhebung dieser Entfremdung, also die **Emanzipation** des Menschen, ist nur durch die Beseitigung des Klassengegensatzes möglich und setzt deshalb eine revolutionäre Veränderung der ökonomischen Verhältnisse voraus. Die gewaltsame Enteignung der besitzenden Klasse überwindet die Vereinzelung der Individuen auf beiden Seiten und führt so zu einer Versöhnung zwischen Mensch und Mitmensch, zwischen Mensch und Natur.

26 Karl Marx: Die deutsche Ideologie, zitiert nach: Georg Kraus: Blickpunkt Mensch. Menschenbilder der Gegenwart aus christlicher Sicht, Pfeiffer Verlag: München 1983, S. 150.

Da der Mensch erst als gesellschaftliches Wesen, als Teil des Kollektivs, seine wahre Bestimmung erfüllt, stellt dieser Prozess für Marx die eigentliche **Selbstverwirklichung** des Menschen dar.

Der Kommunismus als positive Aufhebung des Privateigentums als menschlicher Selbstentfremdung und darum als wirkliche Aneignung des menschlichen Wesens durch und für den Menschen; darum als vollständige, bewusste und innerhalb des ganzen Reichtums der bisherigen Entwicklung gewordene Rückkehr des Menschen für sich als eines gesellschaftlichen, d. h. menschlichen Menschen. Dieser Kommunismus ist als vollendeter Naturalismus = Humanismus als vollendeter Humanismus = Naturalismus; er ist die wahrhafte Auflösung des Widerstreits zwischen dem Menschen mit der Natur und mit dem Menschen, die wahre Auflösung des Streits zwischen Existenz und Wesen, zwischen Vergegenständlichung und Selbstbestätigung, zwischen Freiheit und Notwendigkeit, zwischen Individuum und Gattung. Er ist das aufgelöste Rätsel der Geschichte und weiß sich als diese Lösung.

Karl Marx: Nationalökonomie und Philosophie, zitiert nach: Hans J. Türk/Werner Trutwin: Anthropologie, Düsseldorf 1978, S. 117.

Das ganze Leben von Karl Marx kann im Grunde als ein kompromissloser Kampf um die Verwirklichung dieses Menschenbildes angesehen werden.

Das Menschenbild des Existenzialismus

Der Existenzialismus ist in der Existenzphilosophie des 19. Jahrhunderts begründet, einer Geistesströmung, die im Gegensatz zum Marxismus den einzelnen Menschen in seiner **Einmaligkeit** und mit seiner ganz persönlichen Lebensgeschichte in den Mittelpunkt des philosophischen Nachdenkens rückt. Als Vater der Existenzphilosophie gilt der dänische Religionsphilosoph SØREN KIERKEGAARD (1815–1855), der im Menschen das Lebewesen sieht, das um seine **Sterblichkeit** weiß und das sich damit vor die Aufgabe gestellt sieht, sein Leben ganz bewusst so zu gestalten, dass die eigene Lebensgeschichte auch noch nach dem Tode vor dem Angesicht Gottes Bestand hat. Auch FRIEDRICH NIETZSCHE (1844–1900) kann der Existenzphilosophie zugeordnet werden, insofern er in seinem philosophischen Werk die Verantwortung eines jeden Einzelnen für die Verwirklichung seiner Subjektivität, also seiner persönlichen Eigenart, rückhaltlos einfordert.

Dieser Ansatz wurde im 20. Jahrhundert angesichts der politischen Krisen dieses Zeitalters von MARTIN HEIDEGGER (1889–1976) im Rahmen seiner Seinslehre weiterentwickelt. Auch Heidegger sah den Menschen durch die Zeitlichkeit seiner Existenz bestimmt. Das Dasein des Menschen ist demnach ein **„Sein zum Tode“**, und zwar auf ganz bewusste, reflexive Weise, da der Mensch das einzige Lebewesen ist, das sich seiner selbst bewusst ist (in der philosophischen Fachsprache: „Für-sich-sein"). Er wird in die Welt geworfen und muss hier nun in Konfrontation mit der Gesellschaft seinen ganz persönlichen Lebensstil suchen, so wie er auch seinen ganz persönlichen Tod sterben wird. JEAN-PAUL SARTRE machte diese Gedanken zur Grundlage des Existenzialismus, als dessen Hauptvertreter er zugleich angesehen werden kann.

Existenzialismus: abgeleitet von lat. „*existentia*", d. h. „Dasein"
Der Existenzialismus ist die Hauptströmung innerhalb der Existenzphilosophie, die das Nachdenken des Menschen über sich selbst zum Ausgangspunkt der Philosophie macht und deshalb alle vorgegebenen systematischen Deutungsversuche von vornherein verwirft. Jeder Einzelne wird damit vor die Aufgabe gestellt, sein Leben ganz bewusst zu gestalten, um ihm angesichts seiner Sterblichkeit Sinn zu verleihen.

Jean-Paul Sartre wurde 1905 in Paris geboren und wuchs nach dem frühen Tod seines Vaters unter relativ belastenden Umständen bei den Großeltern auf. Schon früh sah er sich vor die Notwendigkeit gestellt, durch eigene Leistung eine Rechtfertigung für seine Existenz zu finden. Er lehnte jede feste Bindung ab; so wechselte er immer wieder seinen Wohnsitz und lebte mit der Schriftstellerin Simone de Beauvoir in einer freien, wenn auch lebenslänglichen Beziehung. Während des Zweiten Weltkriegs floh er aus deutscher Kriegsgefangenschaft und betätigte sich danach im Widerstand. Von 1945 an lebte er als freier Schriftsteller und verweigerte 1964 sogar die Annahme des Nobelpreises für Literatur, um seine persönliche Unabhängigkeit zu wahren. Neben seinen philosophischen Werken schrieb er sehr erfolgreiche Dramen und Romane. Sartre starb 1980 in Paris.

Jean-Paul Sartre

Auch Sartre sah im Menschen in erster Linie das Wesen, das sich seiner selbst bewusst ist und dem es deshalb auferlegt ist, sich reflexiv mit der eigenen Existenz auseinander zu setzen. In diesem Zusammenhang verwarf er jedoch strikt alle philosophischen und religiösen Traditionen, die dem Menschen eine Definition seines Wesens als Orientierungsmaßstab vorgeben, dem der Einzelne nur noch zu folgen hat. Hier geht das Wesen (lat. *essentia*) der Existenz des Menschen voraus, was nach Meinung von Sartre in Widerspruch zur Fähigkeit des Menschen steht, über sein Leben selbst zu bestimmen.

Essenz Wesen des Menschen	→	**Existenz** Dasein des Einzelnen

Im Interesse der menschlichen Freiheit forderte Sartre eine genaue Umkehr dieses Beziehungsgefüges: Seiner Auffassung zufolge muss der einzelne Mensch mit seinem Dasein an erster Stelle stehen; die Essenz, das Wesen seiner persönlichen Existenz, ergibt sich erst aus dem Lebensplan, den er selbst entwirft, um seinem Leben einen Sinn zu geben. Seine zentrale These, der diese philosophische Strömung auch ihren Namen verdankt, lautet deshalb: **„Die Existenz geht der Essenz voraus."**

Existenz persönlicher Lebensentwurf	→	**Essenz** Sinn des Lebens

Dem Menschen als „Für-sich-sein" ist es also verwehrt, in sich selbst zu ruhen. Die Verwirklichung seines Lebensentwurfs verlangt in jeder Situation den vollen persönlichen Einsatz. Der Mensch ist das – und nur das –, was er aus sich selbst macht. So steht im Zentrum der Anthropologie Sartres die Lehre von der **absoluten Freiheit** des Menschen. Da die Aufgabe, über sich selbst zu bestimmen und sein Leben lang an der Verwirklichung dieses Entwurfs zu arbeiten, untrennbar mit dem menschlichen Dasein verknüpft ist, kann Sartre auch davon sprechen, dass der Mensch **das zur Freiheit verurteilte Wesen** ist. So heißt es in seinem philosophischen Hauptwerk „Das Sein und das Nichts": *„Tatsächlich sind wir eine Freiheit, die wählt, aber wir wählen nicht, frei zu sein"*[27]. Gegen den Determinismus, wie er uns vor allem im positivistischen und im marxistischen Menschenbild des 19. Jahrhunderts begegnet ist, wendet Sartre ein:

[…] viele der von den Deterministen vorgebrachten Tatsachen können nicht in Betracht gezogen werden. Besonders der Widrigkeitskoeffizient der Dinge kann kein Argument gegen unsere Freiheit sein, denn durch uns, das heißt durch die vorherige Setzung eines Zwecks, taucht dieser Widrigkeitskoeffizient auf. Ein Felsblock, der einen erheblichen Widerstand darstellt, wenn ich ihn wegrücken will, ist dagegen eine wertvolle Hilfe, wenn ich ihn besteigen will, um die Landschaft zu betrachten. […] Ein freies Für-sich kann es nur als engagiert in eine Widerstand leistende Welt geben. Außerhalb dieser Engagiertheit verlieren

27 Jean-Paul Sartre: Das Sein und das Nichts. Versuch einer phänomenologischen Ontologie, Frankfurt a. M./Wien o. J. (Lizenzausgabe für die Büchergilde Gutenberg), S. 838.

die Begriffe Freiheit, Determinismus, Notwendigkeit sogar ihren Sinn. Außerdem muss man gegen den gesunden Menschenverstand präzisieren, dass die Formel „frei sein" nicht bedeutet „erreichen, was man gewollt hat", sondern „sich dazu bestimmen, durch sich selbst zu wollen" (im umfassenden Sinn von wählen). Anders gesagt, der Erfolg ist für die Freiheit in keiner Weise wichtig.

Jean-Paul Sartre: Das Sein und das Nichts. Versuch einer phänomenologischen Ontologie, Frankfurt a. M./Wien o. J., S. 834ff.

Entscheidend ist also nicht, ob die Entfaltung des eigenen Lebensentwurfs eine positive Resonanz findet; dessen Verwirklichung wird vielmehr einer gleichgültigen oder gar feindseligen Umwelt regelrecht abgetrotzt. Auch die Existenz Gottes ist in diesem System von vornherein ausgeschlossen, da der Glaube an Gott bestimmte Wertvorstellungen beinhalten und demzufolge nach Meinung Sartres die Freiheit des Menschen einschränken würde. Ohne das menschliche Engagement wäre die Welt ohne jeden Sinn. Angesichts dieser **Absurdität des Seins** wird der **Ekel** bei Sartre zu einer Grundbefindlichkeit des Menschen. Dieser Effekt wird dadurch verstärkt, dass auch der Mitmensch eine ständige Bedrohung für die Verwirklichung des eigenen Daseinsentwurfes darstellt. Es besteht die Gefahr, durch dessen **Blick** auf ein bestimmtes Bild festgelegt zu werden, dem man hilflos ausgeliefert ist. Auch kann es zwischen den einzelnen Lebensentwürfen zu Überschneidungen und Widersprüchen kommen, weshalb die Mitmenschen immer auch als mögliche „Feindseligkeitskoeffizienten" anzusehen sind, als Störfaktoren also, die unter Umständen ausgeschaltet werden müssen, damit sie der eigenen Selbstverwirklichung nicht länger im Wege stehen. Sartre bringt diese Situation in den viel zitierten Schlussworten seines Dramas „Bei geschlossenen Türen" auf den Punkt, wenn es hier heißt: „Die Hölle, das sind die anderen" (franz. *„L'enfer, c'est les autres"*). Es zeigt sich also, dass die absolute Freiheit, das Bewusstsein, für seine Existenz allein verantwortlich zu sein, den Menschen letztlich sehr einsam macht und große Verunsicherung und Ängste auslösen kann. Er darf jedoch nach Sartres Meinung nicht verzweifeln, sondern ist dazu aufgerufen, trotz allem durchzuhalten und seinen Weg unbeirrt weiterzugehen.

Sartres Lebensgefährtin Simone de Beauvoir (1908–1986) übertrug seinen existenzialistischen Ansatz auf die Situation der Frau. In ihrem 1949 erschienenen Werk „Das andere Geschlecht" stellt sie die **Besonderheiten der weiblichen Physis und Psyche** heraus und fordert auf dieser Grundlage, dass den Frauen die gleiche Würde zugestanden werden müsse wie den Männern. Die Frauen sollen sich also nicht mehr länger den Rollenerwartungen fügen, die von außen an sie herangetragen werden, sondern sie werden dazu aufgerufen, ihr Leben selbst in die Hand zu nehmen und zu freien, den Männern ebenbürtigen Subjekten ihres Handelns zu werden. Auch sie müssen also im Interesse ihrer **Emanzipation** bereit sein, die Verantwortung für ihr Leben selbst zu übernehmen.

Zusammenfassung:
Philosophische Antwortversuche auf die Frage nach dem Menschen

Das Menschenbild der vorneuzeitlichen Philosophie
Bis zum Beginn der Neuzeit wird das Menschenbild noch weitgehend von philosophischen oder religiösen Denkmustern geprägt. Entscheidend für das Verständnis vom Menschen ist demnach seine **Stellung in der Welt,** die im christlichen Denken durch die **Gottebenbildlichkeit** und die damit verbundene **Verantwortung** für die Schöpfung bestimmt wird. Die Mittelpunktstellung des Menschen spiegelt sich jedoch darüber hinaus in einem ausgeprägten **Dualismus** wider, da der Mensch sowohl an der unsichtbaren, geistigen als auch an der sichtbaren, körperlichen Welt Anteil hat. Die konkrete Verbindung zwischen diesen beiden Aspekten der menschlichen Existenz wird in der Anthropologie der Neuzeit zum entscheidenden Problem.

Das Menschenbild in der Philosophie der Aufklärung
Die Anthropologie im Kontext der Philosophie der Aufklärung wird in erster Linie von der Polarität zwischen Geist und Körper, zwischen Denken und Empfinden, zwischen Kopf und Herz des Menschen beherrscht.
In der **Erkenntnistheorie** geht es dabei konkret um die Frage, ob der Mensch in erster Linie mithilfe seiner Vernunft oder aber auf der Grundlage der sinnlichen Wahrnehmung zur Erkenntnis der Wirklichkeit gelangt.
Im Bereich der **Moralphilosophie** steht das Problem der Freiheit des Menschen im Vordergrund, das auch mit der Frage verbunden ist, ob der Mensch von Natur aus gut oder böse ist und welche Rolle der Vernunft in Bezug auf die Moralität des Menschen zukommt.
So werden alle Fragen, die das Wesen des Menschen betreffen, leidenschaftlich diskutiert, ohne dass es zu einer eindeutigen Lösung gekommen wäre. Am Ende der Aufklärung versucht Immanuel Kant hier nochmals zu einer Synthese zu gelangen und zugleich die **Freiheit und Würde des Menschen** gegenüber den materialistischen Strömungen zu bewahren. Dieser Versuch mündet jedoch letztlich in einen erneuten, verschärften Dualismus ein, indem der Mensch als Wesen der Vernunft vor die Aufgabe gestellt wird, sich ständig gegenüber seiner tierischen Natur zu behaupten und auf diese Weise an der allgemeinen Menschwerdung des Menschen mitzuwirken.

Das Menschenbild in der Philosophie der Moderne

Die Menschenbilder der Moderne sind geprägt vom Widerspruch zwischen dem Positivismus einerseits und dem Existenzialismus andererseits. Die beiden Pole, die in der Geschichte der Anthropologie für das Wesen des Menschen bestimmend waren, brechen hier endgültig auseinander, sodass sich jeweils ein **reduktionistisches Menschenbild** ergibt:

Verabsolutiert der **Positivismus** die körperliche Dimension des Menschen, so legt der **Existenzialismus** den Schwerpunkt auf die geistige Dimension, indem er im Menschen in erster Linie das seiner selbst bewusste Vernunftwesen sieht und daraus die absolute Freiheit der Selbstbestimmung ableitet.

Dazwischen steht der Marxismus, der zwar auch einen materialistischen Standpunkt vertritt, dem Menschen aber dennoch die Verantwortung für die eigene Geschichte auferlegt, wobei im Gegensatz zum Existenzialismus das Individuum völlig dem Kollektiv untergeordnet wird.

Die Auflösung dieser **Widersprüche** ist am Ende des 20. Jahrhundert eine bleibende Aufgabe, bei der das christliche Menschenbild mit seinem mehrdimensionalen Ansatz eine wertvolle Hilfestellung leisten kann.

3 Antwortversuche aus dem Glauben – das jüdisch-christliche Menschenbild

3.1 Die biblischen Grundlagen

Die entscheidende Grundlage für das jüdisch-christliche Menschenbild ist in der gesamten Heiligen Schrift zu suchen, also sowohl im so genannten Alten Testament, der hebräischen Bibel, als auch im Neuen Testament, dem Fundament des christlichen Glaubens. Dabei wird sich erweisen, dass Altes und Neues Testament gerade in Bezug auf das biblische Menschenbild außerordentlich eng miteinander verknüpft sind.

An erster Stelle sind hier die beiden Schöpfungstexte zu nennen, die in den ersten Kapiteln des Buches Genesis und damit gleich zu Beginn der Heiligen Schrift zu finden sind. Man spricht in Bezug auf Gen 1–12 auch von der biblischen **Urgeschichte,** womit zum Ausdruck gebracht werden soll, dass es hier um **zeitlos gültige Grundaussagen über das Wesen des Menschen** geht. Die folgenden Bücher der Heiligen Schrift stellen vor dem Hintergrund der Geschichte des Volkes Israel die konkreten Entfaltungsmöglichkeiten der menschlichen Existenz dar, die sich bis ins Neue Testament hinein stets im Spannungsfeld zwischen der Verfehlung der menschlichen Bestimmung einerseits und der Umkehr bzw. Rückkehr zur menschlichen Bestimmung andererseits bewegen. Dabei ist die Umkehr zugleich die unabdingbare Voraussetzung für die Erlösung und Vollendung der menschlichen Existenz. Diese dreifache Grundstruktur, also die in der Gottesbeziehung begründete **Zuordnung von Wesensbestimmung, Verfehlung und Erlösung des Menschen,** wird auch den folgenden Ausführungen zugrunde liegen.

Die Bestimmung des Menschen: der Mensch als Ebenbild Gottes

Die biblischen Schöpfungserzählungen bringen die Überzeugung der jüdischen Tradition zum Ausdruck, dass der Mensch, ebenso wie die Gestirne, die Erde als der dem Menschen zugewiesene Lebensraum sowie alle übrigen Lebewesen, von Gott geschaffen wurden. Die entscheidende Grundlage für das jüdisch-christliche Menschenbild ist also die Lehre von der **Geschöpflichkeit** des Menschen. Damit verbindet sich jedoch zugleich eine ganz bestimmte Vorstellung von der **Bestimmung des Menschen.** Der Mensch wurde ins Dasein gerufen, um Gott innerhalb seiner Schöpfung zu repräsentieren, analog zu den Standbildern der Könige, die in den Kulturen des alten Orients ebenfalls als Repräsentanten des jeweiligen Herrschers galten und dessen Herrschaftsbereich markierten. Die zentrale biblische Aussage über die Bestimmung des

Menschen ist demnach die Lehre von seiner **Gottebenbildlichkeit.** Diese schließt jedoch die Überzeugung ein, dass der Mensch als Abbild Gottes zugleich Sinnbild dafür ist, dass die ganze geschaffene Welt dem Schöpfungswillen Gottes entspringt und diesem auch stets zugeordnet bleibt. Der Mensch ist damit **das entscheidende Bindeglied zwischen Gott und Welt.** So verfügt er nach biblischem Verständnis über eine herausragende Position, aus der sich eine Reihe weiterer Bestimmungen in Bezug auf das menschliche Wesen ableiten lassen.

Gottebenbildlichkeit

Die biblische Lehre von der Gottebenbildlichkeit des Menschen wurde in der Vergangenheit unterschiedlich interpretiert. Nach heutigem Verständnis bringt sie in erster Linie die besondere Nähe zwischen Gott und Mensch zum Ausdruck, die auch ein ganz bestimmtes Rollenverständnis einschließt. Demzufolge ist der Mensch als Schöpfungspartner Gottes dazu bestimmt, die geschaffene Welt an dessen Stelle und im Sinne des Schöpfers zu verwalten und verantwortlich weiterzuentwickeln.

In dem ersten der beiden Schöpfungstexte, der in der theologischen Forschung der so genannten **Priesterschrift** zugeordnet wird, ist die Erschaffung des Menschen in den Kontext eines Sechstagewerks eingeordnet, das in fast hymnischer Sprache kunstvoll nachvollzogen wird. Am sechsten und letzten Schöpfungstag – es folgt als siebter Tag ein Tag der Ruhe und der Vollendung – werden gemeinsam die Tiere und Menschen geschaffen.

Gen 1,26 Dann sprach Gott: Lasst uns Menschen machen als unser Abbild, uns ähnlich. Sie sollen herrschen über die Fische des Meeres, über die Vögel des Himmels, über das Vieh, über die ganze Erde und über alle Kriechtiere auf dem Land.

27 Gott schuf also den Menschen als sein Abbild; als Abbild Gottes schuf er ihn. Als Mann und Frau schuf er sie.

28 Gott segnete sie, und Gott sprach zu ihnen: Seid fruchtbar, und vermehrt euch, bevölkert die Erde, unterwerft sie euch, und herrscht über die Fische des Meeres, über die Vögel des Himmels und über alle Tiere, die sich auf dem Land regen.

29 Dann sprach Gott: Hiermit übergebe ich euch alle Pflanzen auf der ganzen Erde, die Samen tragen, und alle Bäume mit samenhaltigen Früchten. Euch sollen sie zur Nahrung dienen.

30 Allen Tieren des Feldes, allen Vögeln des Himmels und allem, was sich auf der Erde regt, was Lebensatem in sich hat, gebe ich alle grünen Pflanzen zur Nahrung. So geschah es.

31 Gott sah alles an, was er gemacht hatte: Es war sehr gut. Es wurde Abend, und es wurde Morgen: der sechste Tag.

Am Anfang des biblischen Nachdenkens über den Menschen steht demnach das Staunen über die **Größe und Herrlichkeit des Menschen,** wie es auch aus Psalm 8 zu uns spricht:

> Ps 8, 5 Was ist der Mensch, dass du an ihn denkst, des Menschen Kind, dass du dich seiner annimmst?
> 6 Du hast ihn nur wenig geringer gemacht als Gott, hast ihn mit Herrlichkeit und Ehre gekrönt.
> 7 Du hast ihn als Herrscher eingesetzt über das Werk deiner Hände, hast ihm alles zu Füßen gelegt ...

Der erste Schöpfungstext erscheint wie ein Kommentar zu dieser staunenden Selbstvergewisserung des Menschen. Auch hier wird seine besondere Stellung mit der Gottebenbildlichkeit begründet. Der Mensch ist nur wenig geringer als Gott, weil er als dessen Stellvertreter geschaffen wurde. Durch ihn sollen die Größe und Herrlichkeit des Schöpfers auf der Erde sichtbar gemacht werden. In einer einzigartigen Schöpfungspartnerschaft wird ihm die Aufgabe übertragen, die ihm anvertraute Schöpfung so zu beherrschen und zu verwalten, dass der Segen Gottes, der über seinem Werk ruht, gewahrt bleibt; dies entspricht der zeitgenössischen Herrschaftskonzeption, der zufolge der König sein Amt stets so auszufüllen hatte, dass es seinem Land zum Segen gereichte. Man kann also zusammenfassend feststellen, dass die **besondere Nähe des Menschen zu Gott,** wie sie durch den Begriff der Gottebenbildlichkeit zum Ausdruck gebracht wird, seine **herausragende Stellung unter allen anderen Lebewesen** begründet und ihm zugleich eine **einzigartige, unverlierbare Würde** zuspricht.

Hinzu kommt, dass der Mensch, wie der Parallelismus in Gen 1,27 klar ausweist, die Gottebenbildlichkeit nur im **Miteinander von Mann und Frau** verwirklichen kann. Beide sind also schon von ihrem gemeinsamen Ursprung her aufeinander verwiesen, sind damit jedoch auch **wesensgleich** und **einander ebenbürtig.** Nur gemeinsam können sie fruchtbar sein, eine Fähigkeit, die sie mit den Tieren verbindet, die hier jedoch zugleich als Ausdruck eines besonderen göttlichen Segens angesehen wird. In der Fortpflanzungsfähigkeit wird auf exemplarische Weise sichtbar, dass die Menschen dazu berufen sind, selbst schöpferisch zu wirken.

Mit etwas anderer Akzentsetzung weist der zweite Schöpfungstext, der wegen seiner besonderen Gottesanrede dem so genannten **Jahwisten** zugeordnet wird, in dieselbe Richtung.

Gen 2,4b Zur Zeit, als Gott, der Herr, Erde und Himmel machte,
5 gab es auf der Erde noch keine Feldsträucher und wuchsen noch keine Feldpflanzen; denn Gott, der Herr, hatte es auf die Erde noch nicht regnen lassen, und es gab noch keinen Menschen, der den Ackerboden bestellte;
6 aber Feuchtigkeit stieg aus der Erde auf und tränkte die ganze Fläche des Ackerbodens.
7 Da formte Gott, der Herr, den Menschen aus Erde vom Ackerboden und blies in seine Nase den Lebensatem. So wurde der Mensch zu einem lebendigen Wesen.
8 Dann legte Gott, der Herr, in Eden, im Osten, einen Garten an und setzte dorthin den Menschen, den er geformt hatte.
9 Gott, der Herr, ließ aus dem Ackerboden allerlei Bäume wachsen, verlockend anzusehen und mit köstlichen Früchten, in der Mitte des Gartens aber den Baum des Lebens und den Baum der Erkenntnis von Gut und Böse.
15 Gott, der Herr, nahm also den Menschen und setzte ihn in den Garten von Eden, damit er ihn bebaue und hüte.
16 Dann gebot Gott, der Herr, dem Menschen: Von allen Bäumen des Gartens darfst du essen,
17 doch vom Baum der Erkenntnis von Gut und Böse darfst du nicht essen; denn sobald du davon isst, wirst du sterben.
18 Dann sprach Gott, der Herr: Es ist nicht gut, dass der Mensch allein bleibt. Ich will ihm eine Hilfe machen, die ihm entspricht.
19 Gott, der Herr, formte aus dem Ackerboden alle Tiere des Feldes und alle Vögel des Himmels und führte sie dem Menschen zu, um zu sehen, wie er sie benennen würde. Und wie der Mensch jedes lebendige Wesen benannte, so sollte es heißen.
20 Der Mensch gab Namen allem Vieh, den Vögeln des Himmels und allen Tieren des Feldes. Aber eine Hilfe, die dem Menschen entsprach, fand er nicht.
21 Da ließ Gott, der Herr, einen tiefen Schlaf auf den Menschen fallen, sodass er einschlief, nahm eine seiner Rippen und verschloss ihre Stelle mit Fleisch.
22 Gott, der Herr, baute aus der Rippe, die er vom Menschen entnommen hatte, eine Frau und führte sie dem Menschen zu.
23 Und der Mensch sprach: Das endlich ist Bein von meinem Bein und Fleisch von meinem Fleisch. Frau soll sie heißen; denn vom Mann ist sie genommen.
24 Darum verlässt der Mann Vater und Mutter und bindet sich an seine Frau, und sie werden ein Fleisch.

Diese Version stellt die Erschaffung des Menschen an die Spitze des göttlichen Schöpfungswerkes und beschreibt diese auf sehr konkrete und anschauliche Weise. Wie ein Töpfer formt Gott den Menschen aus Erde; da Erde auf Hebräisch *„adamáh"* heißt, verdankt er dieser lebendigen und konkreten Darstellung sogar seinen Namen *„adám"* – ein wörtlicher Anklang, der nach damaliger Auffassung stets auch eine wesenhafte Übereinstimmung zum Ausdruck bringt.

Der Mensch wird also durchaus realistisch als ein **materielles Wesen** angesehen, das auf elementare Weise mit dem Lebensraum Erde und damit zugleich auch mit allen übrigen Lebewesen verbunden ist. Seine besondere Identität gewinnt er jedoch erst durch den „Lebensatem", der ihm eingeblasen wird. Der Mensch darf demnach dem biblischen Verständnis zufolge keineswegs auf seine materielle, körperliche Substanz reduziert werden, sondern er ist zugleich **vom Geist Gottes durchdrungen.** Seine Existenz ist von Anfang an **mehrdimensional** angelegt und kann nur durch ein ganzheitliches Verständnis angemessen erfasst werden.

Darüber hinaus wird jedoch auch im zweiten Schöpfungstext zum Ausdruck gebracht, dass dem Menschen innerhalb der Schöpfung eine **besondere Stellung** zukommt. Der Herrschaftsauftrag des ersten Textes wird hier durch die **Bestimmung, die Erde zu bebauen und zu hüten,** konkretisiert. Dem Menschen kommt es also zu, im positiven Sinne für die Schöpfung Sorge zu tragen, was die weitere kulturelle Entwicklung durchaus mit einschließt. In diesem Zusammenhang werden zwei weitere Faktoren angesprochen, die auch nach heutiger Auffassung in hohem Maße das Wesen des Menschen bestimmen: nämlich die **Sprache** des Menschen und die damit in enger Verbindung stehende Fähigkeit, die Wirklichkeit im **Erkennen** zu durchdringen und sich auf diese Weise aktiv anzueignen.

Bei der Erfüllung der Aufgabe, als Schöpfungspartner Gottes zu wirken, ist die Frau die einzige dem Manne gemäße Gefährtin, was wiederum durch eine Namenssymbolik ausgedrückt wird: Die hebräischen Wörter für „Mann" *(„isch")* und „Frau" *(„ischáh")* sind – von der grammatikalischen Wortendung abgesehen – identisch und bringen so ebenfalls die **Wesensgleichheit von Mann und Frau** zum Ausdruck. Außerdem wird durch die sehr plastisch geschilderte Erschaffung der Frau aus einer Rippe des Mannes signalisiert, dass es sich bei der Erschaffung des Menschen in Gestalt von Mann *und* Frau letztlich um einen einzigen, zusammengehörigen Schöpfungsakt handelt. Die abschließende Feststellung in V. 24 unterstreicht überdies die besonders innige Beziehung zwischen Mann und Frau und begründet so eine Hochschätzung der Ehe, die vor dem Hintergrund der damaligen Sippenbindung als ausgesprochen revolutionär angesehen werden kann.

Trotz ihrer in vielen Details abweichenden Darstellungen der Erschaffung der Welt stimmen die beiden biblischen Schöpfungstexte letztlich in ihren Grundaussagen über das Wesen des Menschen überein. Die schlichte Aneinanderreihung beider Versionen in der Endredaktion des Buches Genesis macht offenbar, dass hier nicht die Frage nach dem *Wie* im Vordergrund steht, sondern vielmehr die Frage nach dem *Wozu,* also die Frage nach der Bestimmung des Menschen. Diese besteht jedoch beiden Berichten zufolge darin, dass der Mensch die Aufgabe hat, die geschaffene Welt als der **verantwortliche Schöpfungspartner Gottes** zu behüten und behutsam weiterzuentwickeln.

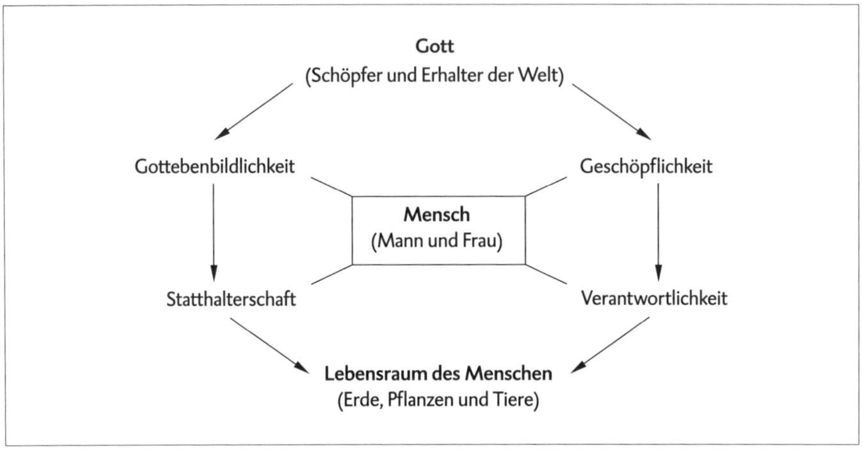

Die Abkehr von der Bestimmung des Menschen: der Mensch als Sünder

Das Bild, das die biblische Schöpfungsgeschichte von der Bestimmung des Menschen zeichnet, steht in auffälligem Widerspruch zu den Erfahrungen unseres Lebens, die oftmals von tiefen Zweifeln an der eigenen Identität, von zunehmender Aggressivität und Gewaltbereitschaft im zwischenmenschlichen Bereich sowie von einer immer bedrohlicher werdenden Umweltzerstörung geprägt sind. Schon die biblische Urgeschichte sucht nach einer Erklärung für diese beunruhigende Tatsache, dass die Welt – und mit ihr der Mensch – nicht so ist, wie sie eigentlich sein sollte. Ihre Antwort ist in der so genannten Geschichte vom Sündenfall zu finden.

Bei der Geschichte vom Sündenfall handelt es sich um eine **Ätiologie** (wörtlich „Lehre von den Ursachen"), also um den Versuch, narrativ, d. h. auf erzählende Weise der Frage nachzugehen, *warum* die Menschen die Welt nicht so vorfinden, wie es der ursprünglichen Schöpfungsordnung entspräche. In engem Zusammenhang damit steht auch die **Frage nach dem Ursprung des Leides bzw. des Bösen** in der Welt, also die so genannte **Theodizeefrage** (wörtlich die Frage nach der „Rechtfertigung Gottes" dafür, dass er all das Leid und das Böse in der Welt zulässt). Die biblische Antwort auf diese Frage lautet folgendermaßen:

Gen 3,1 Die Schlange war schlauer als alle Tiere des Feldes, die Gott, der Herr, gemacht hatte. Sie sagte zu der Frau: Hat Gott wirklich gesagt: Ihr dürft von keinem Baum des Gartens essen?

2 Die Frau entgegnete der Schlange: Von den Früchten der Bäume im Garten dürfen wir essen;

3 nur von den Früchten des Baumes, der in der Mitte des Gartens steht, hat Gott gesagt: Davon dürft ihr nicht essen und daran dürft ihr nicht rühren, sonst werdet ihr sterben.

4 Darauf sagte die Schlange zur Frau: Nein, ihr werdet nicht sterben.

5 Gott weiß vielmehr: Sobald ihr davon esst, gehen euch die Augen auf; ihr werdet wie Gott und erkennt Gut und Böse.

6 Da sah die Frau, dass es köstlich wäre, von dem Baum zu essen, dass der Baum eine Augenweide war und dazu verlockte, klug zu werden. Sie nahm von seinen Früchten und aß; sie gab auch ihrem Mann, der bei ihr war, und auch er aß.

7 Da gingen beiden die Augen auf und sie erkannten, dass sie nackt waren. Sie hefteten Feigenblätter zusammen und machten sich einen Schurz.

8 Als sie Gott, den Herrn, im Garten gegen den Tagwind einherschreiten hörten, versteckten sich Adam und seine Frau vor Gott, dem Herrn, unter den Bäumen des Gartens.

9 Gott, der Herr, rief Adam zu und sprach: Wo bist du?

10 Er antwortete: Ich habe dich im Garten kommen hören; da geriet ich in Furcht, weil ich nackt bin, und versteckte mich.

11 Darauf fragte er: Wer hat dir gesagt, dass du nackt bist? Hast du von dem Baum gegessen, von dem zu essen ich dir verboten habe?

12 Adam antwortete: Die Frau, die du mir beigesellt hast, sie hat mir von dem Baum gegeben, und so habe ich gegessen.

13 Gott, der Herr, sprach zu der Frau: Was hast du da getan? Die Frau antwortete: Die Schlange hat mich verführt, und so habe ich gegessen.

14 Da sprach Gott, der Herr, zur Schlange: Weil du das getan hast, bist du verflucht unter allem Vieh und allen Tieren des Feldes. Auf dem Bauch sollst du kriechen und Staub fressen alle Tage deines Lebens.

15 Feindschaft setze ich zwischen dich und die Frau, zwischen deinen Nachwuchs und ihren Nachwuchs. Er trifft dich am Kopf und du triffst ihn an der Ferse.

16 Zur Frau sprach er: Viel Mühsal bereite ich dir, sooft du schwanger wirst. Unter Schmerzen gebierst du Kinder. Du hast Verlangen nach deinem Mann; er aber wird über dich herrschen.

17 Zu Adam sprach er: Weil du auf deine Frau gehört und von dem Baum gegessen hast, von dem zu essen ich dir verboten hatte: So ist verflucht der Ackerboden deinetwegen. Unter Mühsal wirst du von ihm essen alle Tage deines Lebens.

18 Dornen und Disteln lässt er dir wachsen und die Pflanzen des Feldes musst du essen.

19 Im Schweiße deines Angesichts sollst du dein Brot essen, bis du zurückkehrst zum Ackerboden; von ihm bist du ja genommen. Denn Staub bist du, zum Staub musst du zurück.

20 Adam nannte seine Frau Eva (Leben), denn sie wurde die Mutter aller Lebendigen.
21 Gott, der Herr, machte Adam und seiner Frau Röcke aus Fellen und bekleidete sie damit.
22 Dann sprach Gott, der Herr: Seht, der Mensch ist geworden wie wir; er erkennt Gut und Böse. Dass er jetzt nicht die Hand ausstreckt, auch vom Baum des Lebens nimmt, davon isst und ewig lebt!
23 Gott, der Herr, schickte ihn aus dem Garten von Eden weg, damit er den Ackerboden bestellte, von dem er genommen war.
24 Er vertrieb den Menschen und stellte östlich des Gartens von Eden die Kerubim auf und das lodernde Flammenschwert, damit sie den Weg zum Baum des Lebens bewachten.

Als Ätiologie muss man diese Erzählung von ihrem Ende her verstehen. Sie sucht eine Erklärung dafür, dass die Menschen mit sich selbst nicht in Einklang sind – was hier durch das schlechte Gewissen bzw. die Scham zum Ausdruck gebracht wird –, dass sie die Beziehung zu ihrer Umwelt oftmals als feindlich erleben und dass sie Gott als ihrem Schöpfer nur mit Furcht gegenübertreten können – alles grundlegende Erfahrungen des Alltags, die sich deutlich von den „paradiesischen" Verhältnissen der beiden Schöpfungstexte unterscheiden. Die Erzählung vom Sündenfall sieht diese Lebensnöte in dem Willen begründet, sich selbst an die Stelle Gottes zu setzen; dies wird auf exemplarische Weise in dem Wunsch nach Erkenntnis des Guten und Bösen zum Ausdruck gebracht, der nach biblischem Sprachgebrauch mit dem Wunsch nach Allwissenheit gleichzusetzen ist. Die Allwissenheit ist jedoch Gott selbst vorbehalten (vgl. dazu Gen 2,17). So werden die dunklen Seiten der menschlichen Existenz an dieser Stelle letztlich auf die **Auflehnung des Menschen gegen die Schöpfungsordnung** zurückgeführt, ein Aspekt, der auch bei der Suche nach einer Antwort auf die Theodizeefrage von großer Bedeutung ist. Hier zeigt sich, dass die große Auszeichnung des Menschen, die ihm als einzigem Lebewesen die Willensfreiheit zubilligt, zugleich eine elementare Gefährdung darstellt, da sie die Möglichkeit einschließt, sich in freier Entscheidung dem Willen Gottes zu verschließen.[28]

Die **Abkehr des Menschen von Gott** (lat. *aversio a Deo*) ist jedoch zugleich eine **Abwendung von seiner schöpfungsgemäßen Bestimmung,** wie sie im ersten Abschnitt dieses Kapitels beschrieben wurde. Wenn der Mensch sich selbst zum Mittelpunkt seines Lebens und Handelns macht, anstatt die Grenzen seiner Geschöpflichkeit zu respektieren, verfehlt er seine Lebensaufgabe, die

28 Dies kommt auch in dem deutschen Wort „Sünde" zum Ausdruck, das von seinem Wortursprung her möglicherweise mit dem Verb „(sich) absondern" zusammenhängt.

Erde verantwortlich, d. h. im Sinne des Schöpfers zu bewahren und zu gestalten. Statt dessen wendet er sich der geschaffenen Welt zu (lat. *conversio ad creaturam*) und verabsolutiert diese. Er entfremdet sich damit nicht nur von sich selbst, sondern zugleich auch von seinen Mitmenschen: Adam und Eva weisen sich gegenseitig die Schuld an ihrer Verfehlung zu und es folgt ganz unmittelbar die Erzählung von der Ermordung Abels durch seinen Bruder Kain, die durch wörtliche Anklänge sehr kunstvoll mit der Geschichte vom Sündenfall verknüpft ist (vgl. Gen 4, 1–16).

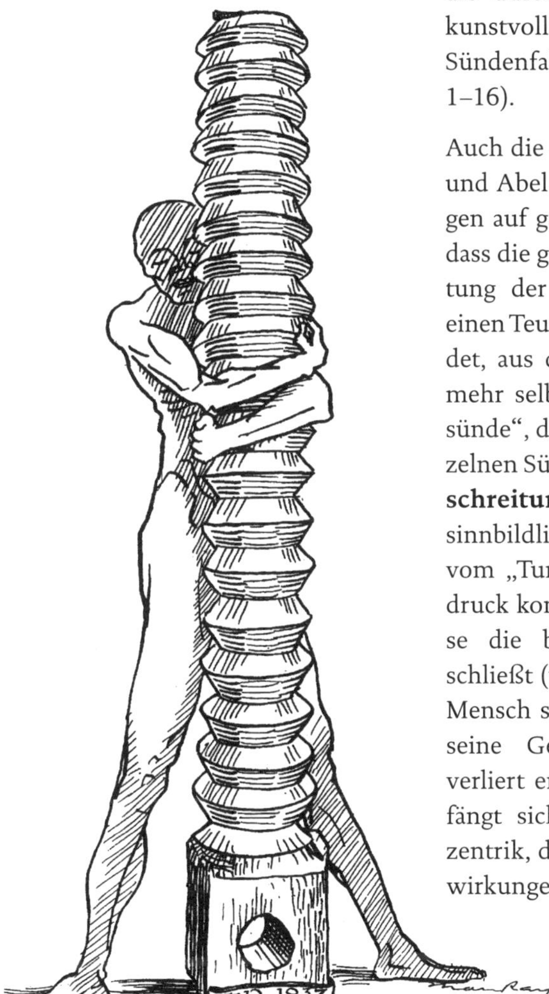

Man Ray: History of Science III, 1937

Auch die auf die Geschichte von Kain und Abel folgenden Erzählungen zeigen auf ganz unterschiedliche Weise, dass die grundlegend falsche Ausrichtung der menschlichen Existenz in einen Teufelskreis der Gewalt einmündet, aus dem der Mensch sich nicht mehr selbst befreien kann. Die „Ursünde“, der Ursprung einer jeden einzelnen Sünde, ist also die **Grenzüberschreitung des Menschen,** wie sie sinnbildlich auch in der Geschichte vom „Turmbau zu Babel“ zum Ausdruck kommt, die bezeichnenderweise die biblische Urgeschichte beschließt (vgl. Gen 11,1–9). Indem der Mensch sich von Gott abwendet und seine Geschöpflichkeit verleugnet, verliert er die Orientierung und verfängt sich im Gestrüpp einer Egozentrik, deren lebensfeindlichen Auswirkungen im Laufe der Menschheitsgeschichte nur immer deutlicher zu Tage treten. Es sind genau diese Folgen, die zu Beginn dieses Abschnittes als wichtige Lebenserfahrungen der Gegenwart angesprochen wurden.

Dennoch hält Gott auch weiterhin am Menschen fest: Er macht Adam und Eva „Röcke aus Fellen“, er stellt Kain, den Mörder, durch das Kainszeichen unter seinen besonderen Schutz, und er macht den Regenbogen nach dem Ende der Sintflut zum Heilszeichen, das den **Bund zwischen Gott und allen Lebewesen** besiegelt (vgl. Gen 9,13–17). All diese Bilder bringen auf anschauliche Weise zum Ausdruck, dass die Sünde zwar im menschlichen Dasein als bleibende Versuchung präsent ist, dass Gott den Menschen jedoch auch in ihrer Schwäche und Fehlbarkeit in Fürsorge verbunden bleibt. Die Vätergeschichten, die sich unmittelbar an die Urgeschichte anschließen, und die Geschichte des Volkes Israel werden über alle geschichtlichen Katastrophen hinweg als eine Fortsetzung dieses Bundes gedeutet. Gleichzeitig mahnen die Propheten als Sprachrohr Gottes die Menschen immer wieder zur Umkehr. Mit ihrer **Vision eines Zusammenlebens in Frieden und Gerechtigkeit** verheißen sie eine grundlegende Erneuerung, sobald die Menschen bereit sind, sich aufs Neue in die göttliche Schöpfungsordnung einzufügen. Auch sie können jedoch den Zwiespalt zwischen Gott und Mensch nicht wirklich aufheben, da die Menschen immer wieder der Versuchung erliegen, sich selbst an die Stelle des Schöpfers zu setzen.

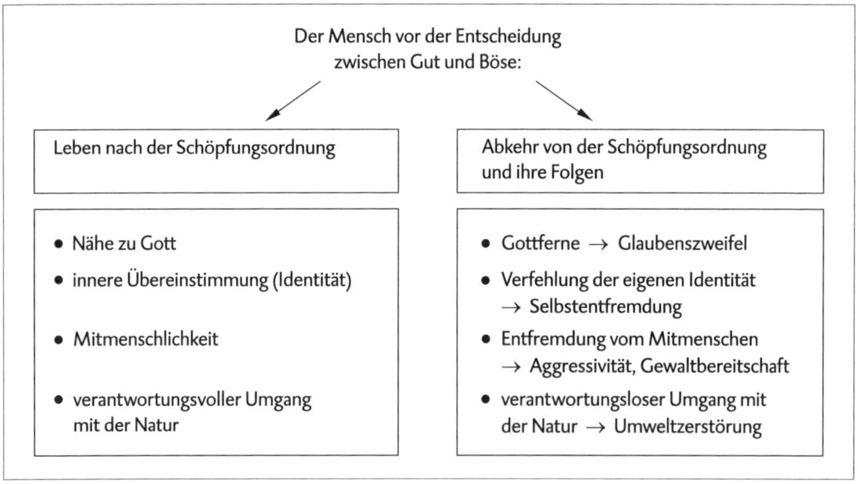

Die Rückkehr zur Bestimmung des Ursprungs: der Mensch als Erlöster

Das Neue Testament enthält keinen anthropologischen Schlüsseltext, wie das im Alten Testament mit der Urgeschichte der Fall ist. Dennoch finden sich auch hier viele Aussagen über das Wesen des Menschen, die unmittelbar an die alttestamentliche Anthropologie anknüpfen, diese jedoch mit ihrer Lehre von der Erlösung und Vollendung des Menschen eigenständig weiterführen.

Die neutestamentlichen Aussagen über das Wesen des Menschen ergeben sich zunächst implizit aus der Botschaft Jesu Christi vom Anbruch des Reiches Gottes, also von einer neuen, besonderen Nähe Gottes: „Die Zeit ist erfüllt, das Reich Gottes ist nahe“ (Mk 1,15a). Diese Nähe wird in der vorbehaltlosen Zuwendung Jesu Christi zu allen Menschen, ganz besonders jedoch zu den von der damaligen Gesellschaftsordnung Ausgegrenzten, also zu Sündern, Kranken, Frauen und Kindern, konkret erfahrbar (Universalismus des Wirkens Jesu Christi, das heißt dass *allen Menschen* dieses Heil angeboten wird). Die zentrale Aussage sowohl seiner Lehre als auch seiner Handlungsweise lautet demnach: Die Güte Gottes kennt keine Grenzen. Obwohl der Mensch der Versuchung des Bösen immer wieder aufs Neue erliegt, wird er durch Gottes Barmherzigkeit gerechtfertigt. Auf der Grundlage dieser unbedingten und absoluten Vergebungsbereitschaft Gottes erfährt sich der Mensch somit als **das von Gott bedingungslos geliebte und angenommene Wesen** und findet auf diese Weise zu seiner ursprünglichen Identität zurück (vgl. dazu auch Mk 2,13–17; Lk 15,11–32; 19,1–10).

Besonders die Wundergeschichten zeigen, dass damit auch ein **Heil-werden im umfassenden Sinne** verbunden ist, das auch als – zunächst noch punktuelle – **Wiederherstellung der ursprünglichen Schöpfungsordnung** verstanden werden kann. Indem Jesus Christus sich den Menschen vorbehaltlos zuwendet, überwindet er die Kräfte, die ihr Leben zerstören, und ermöglicht ihnen auf diese Weise einen Neuanfang. Die heilvolle Zuwendung Gottes zur Welt, von der er in seiner Botschaft spricht, gewinnt damit in seiner Person menschliche Gestalt.

Die Befreiung aus dem Unheilszusammenhang, in den sich die Menschen infolge der Ursünde verstrickt haben, ermöglicht demnach eine **grundlegende Erneuerung** des Menschen. Die Versöhnung mit Gott kann zum Ausgangspunkt einer völlig neuen Lebensperspektive und Verhaltensorientierung werden: „Kehrt um, und glaubt an das Evangelium“ (Mk 1,15b). Versteht man die Sündhaftigkeit des Menschen als eine grundlegend falsche Ausrichtung der menschlichen Existenz, wie sie die Tradition mit der bereits zitierten Formel

M. Sigmunda May OSF: Wenn ich nur sein Gewand berühre, werde ich heil, 1979

von der *aversio a Deo et conversio ad creaturam* zum Ausdruck bringt, so meint Umkehr hier nichts anderes als eine Korrektur dieses Irrweges durch die **Rückkehr zur ursprünglichen Bestimmung des Menschen.** Die Menschen werden von dem Zwang befreit, sich durch eine maßlose Egozentrik ständig neu gegenüber ihren Mitmenschen behaupten zu müssen. Die Zusage der im Wirken Jesu Christi erfahrbaren Nähe Gottes verleiht ihnen genau die Sicherheit und Geborgenheit, die es ihnen ermöglicht, sich nun ihrerseits nach dem Vorbild Jesu Christi den anderen gegenüber vorbehaltlos zu öffnen. So spiegelt sich diese innere Verwandlung auch in einer in den Traditionen des Judentums begründeten **Ethik der Barmherzigkeit** wider (vgl. Lk 6,36). Aus der **neu gewonnenen Identität** resultiert eine **befreite Solidarität unter den Menschen,** die auf beispielhafte Weise in der Frage nach dem wichtigsten Gebot zum Ausdruck kommt (vgl. dazu auch Lev 19,18).

Mk 12,28 Ein Schriftgelehrter hatte ihrem Streit zugehört; und da er bemerkt hatte, wie treffend Jesus ihnen antwortete, ging er zu ihm hin und fragte ihn: Welches Gebot ist das erste von allen?

29 Jesus antwortete: Das erste ist: Höre, Israel, der Herr, unser Gott, ist der einzige Herr.

30 Darum sollst du den Herrn, deinen Gott, lieben mit ganzem Herzen und ganzer Seele, mit all deinen Gedanken und all deiner Kraft.
31 Als zweites kommt hinzu: Du sollst deinen Nächsten lieben wie dich selbst. Kein anderes Gebot ist größer als diese beiden.

Jesus Christus ermöglicht also den Menschen durch sein Wirken bis hin zu seinem Tod die Rückkehr zur ursprünglichen Schöpfungsordnung, indem er sie wieder mit Gott versöhnt. Durch seine Menschwerdung überbrückt er den Zwiespalt, der durch die immer wieder aufs Neue verwirklichte Abkehr des Menschen von Gott entstanden ist, und zeigt ihnen einen Weg zur Erfüllung ihrer ursprünglichen Bestimmung auf, verantwortlicher Schöpfungspartner Gottes zu sein. Diese Hoffnungsperspektive erstreckt sich noch über den Tod hinaus, da die Auferstehung Jesu Christi die Zuversicht auf eine **endgültige und vollkommene Gemeinschaft mit Gott** nach Ablauf der irdischen Lebenszeit begründet. So darf der gläubige Christ eine **letzte Vollendung** am Ende seines persönlichen Lebensweges für sich erwarten.

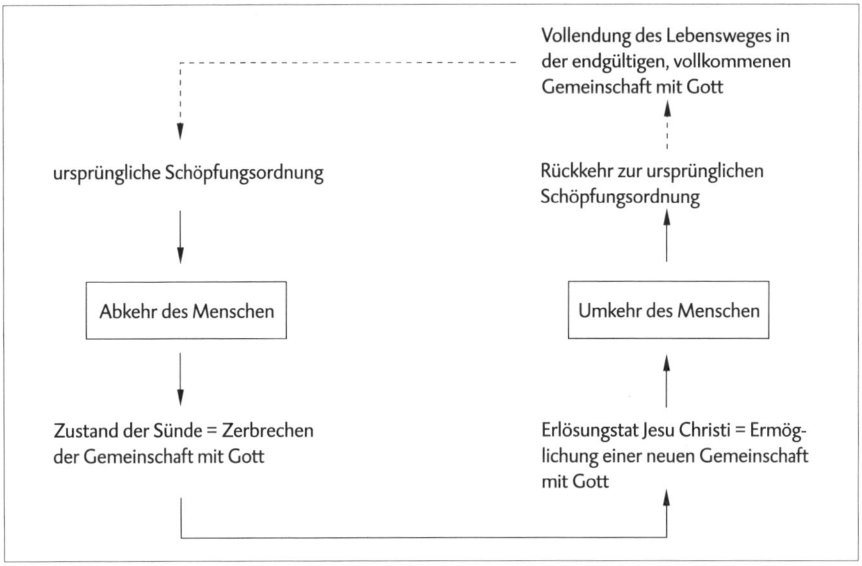

Diese in der Botschaft und im Wirken Jesu Christi implizit enthaltene Anthropologie des Neuen Testamentes wird von PAULUS, dem ersten großen Theologen der frühchristlichen Tradition, in einem langen und mühevollen Ringen erstmals auch explizit ausformuliert. Als jüdischer Theologe, der Paulus von Haus aus war, hat er dabei stets den *ganzen* Menschen in seiner Einheit von Leib und Seele im Blick. Wenn Paulus in seinen Briefen vom Leib bzw. Fleisch des Menschen oder von seinem Geist spricht, darf dies also keinesfalls im Sinne des griechischen Leib-Seele-Dualismus verstanden werden. Vielmehr meint Paulus mit „Leib" oder „Fleisch" den Menschen als hinfälliges und sterbliches Lebewesen, während er vom „Geist" spricht, wenn vom Menschen in theologischer Perspektive, also gewissermaßen aus dem Blickwinkel Gottes, die Rede ist. Gerade diese theologische Perspektive ist es, die Paulus zufolge das Wesen des Menschen entscheidend bestimmt.

Was nun die Beziehung zu Gott anbelangt, so unterscheidet Paulus hier zwischen dem alten, das heißt dem sündigen Menschen, der noch in der Abkehr von Gott verharrt, und dem **neuen Menschen,** der sich durch die Begegnung mit Jesus und seiner Botschaft in eine neue Gottesbeziehung hineinnehmen lässt und sich auf diese Weise selbst **in das „Bild Jesu Christi" verwandelt.** Der alte Mensch gilt ihm als unfrei, weil dieser auf die eigene Leistung – die Erfüllung des Gesetzes – pocht und dadurch seine eigene Gerechtigkeit schaffen möchte. Dem neuen Menschen bescheinigt er dagegen, **wahrhaft frei** zu sein, da dieser sich völlig der Gerechtigkeit und der vergebungsbereiten Liebe Gottes anvertraut und auf diese Weise dem Zustand der Gottferne und Selbstsucht entrinnen kann. Diese zentrale Aussage seiner höchst komplexen Theologie, die hier nicht im Einzelnen entwickelt werden kann, kommt auf beispielhafte Weise im Brief des Paulus an die Galater zum Ausdruck (vgl. Röm 5,12–21):

Gal 5,1 Zur Freiheit hat uns Christus befreit. Bleibt daher fest und lasst euch nicht von neuem das Joch der Knechtschaft auflegen!
2 Hört, was ich, Paulus, euch sage: Wenn ihr euch beschneiden lasst, wird Christus euch nichts nützen.
3 Ich versichere noch einmal jedem, der sich beschneiden lässt: Er ist verpflichtet, das ganze Gesetz zu halten.
4 Wenn ihr also durch das Gesetz gerecht werden wollt, dann habt ihr mit Christus nichts mehr zu tun; ihr seid aus der Gnade herausgefallen.
5 Wir aber erwarten die erhoffte Gerechtigkeit kraft des Geistes und aufgrund des Glaubens.
6 Denn in Christus Jesus kommt es nicht darauf an, beschnitten oder unbeschnitten zu sein, sondern darauf, den Glauben zu haben, der in der Liebe wirksam ist.

Auch im Brief des Paulus an die Epheser werden diese grundlegenden Zusammenhänge auf ganz ähnliche Weise entwickelt:

Eph 2,1 Ihr wart tot infolge eurer Verfehlungen und Sünden. [...]
4/5 Gott aber, der voll Erbarmen ist, hat uns, die wir infolge unserer Sünden tot waren, in seiner großen Liebe, mit der er uns geliebt hat, zusammen mit Christus wieder lebendig gemacht. Aus Gnade seid ihr gerettet.

6 Er hat uns mit Christus auferweckt und uns zusammen mit ihm einen Platz im Himmel gegeben.
7 Dadurch, dass er in Christus Jesus gütig an uns handelte, wollte er den kommenden Zeiten den überfließenden Reichtum seiner Gnade zeigen.
8 Denn aus Gnade seid ihr durch den Glauben gerettet, nicht aus eigener Kraft – Gott hat es geschenkt –,
9 nicht aufgrund eurer Werke, damit keiner sich rühmen kann.
10 Seine Geschöpfe sind wir, in Christus Jesus dazu geschaffen, in unserem Leben die guten Werke zu tun, die Gott für uns im Voraus bereitet hat.

Die Erlösung des Menschen wird hier also so verstanden, dass das von Natur aus schwache und der Sünde ausgelieferte Wesen durch die liebevolle Zuwendung Gottes – die für uns im Wirken Jesu Christi konkrete Gestalt gewonnen hat – **unter allen Geschöpfen ausgezeichnet und nach dem Vorbild Jesu Christi als Kind Gottes neu geschaffen** wird. Auch bei Paulus resultiert aus dieser *Gabe,* dem Geschenk der Gotteskindschaft, als *Aufgabe* eine neue Form der Lebensgestaltung, die ihren schönsten Ausdruck im so genannten Hohenlied der Liebe gefunden hat (1 Kor 13,1–13; vgl. auch nochmals Gal 5,6). Die berühmten Schlussworte dieses Hohenliedes bringen die Ethik des Paulus auf den Punkt: „Für jetzt bleiben Glaube, Hoffnung, Liebe, diese drei; doch am größten unter ihnen ist die Liebe." (1 Kor 13,13). Dass in diese neue Ausrichtung der menschlichen Existenz **die gesamte Schöpfung mit hineingenommen** wird, zeigt sich besonders im 8. Kapitel des Römerbriefes, wenn es hier heißt: „Auch die Schöpfung soll von der Sklaverei und Verlorenheit befreit werden zur Freiheit und Herrlichkeit der Kinder Gottes. Denn wir wissen, dass die gesamte Schöpfung bis zum heutigen Tag seufzt und in Geburtswehen liegt" (Röm 8,21 f.). Dadurch wird nochmals bestätigt, dass es bei der Erlösung des Menschen nach neutestamentlichem Verständnis tatsächlich um eine Rückkehr zur ursprünglichen Schöpfungsordnung geht.

Zusammenfassung:
Die biblischen Grundlagen des jüdisch-christlichen Menschenbildes

Aus jüdisch-christlicher Sicht wird das Wesen des Menschen letztlich durch seine Gottesbeziehung bestimmt. Der Mensch ist von seinem Ursprung her als **Ebenbild Gottes** ganz auf diesen ausgerichtet (*Transzendentalität* des Menschen). Aus der Gottebenbildlichkeit leitet sich sowohl seine *Personalität* her, also seine **Fähigkeit, als Individuum frei und damit verantwortlich zu handeln,** als auch seine *Sozialität*, also seine **Mitmenschlichkeit,** die in der partnerschaftlichen Beziehung zwischen Mann und Frau auf beispielhafte Weise verwirklicht wird. Das jüdisch-christliche Menschenbild ist also von vornherein **mehrdimensional** und damit **ganzheitlich** angelegt.

Darin unterscheidet es sich auch grundlegend von den modernen philosophischen Menschenbildern, die jeweils eine Dimension der menschlichen Existenz verabsolutieren: So legt der Marxismus das Schwergewicht auf die Sozialität des Menschen, während der Existenzialismus die Personalität einseitig in den Vordergrund rückt. Die Transzendentalität wird bereits im positivistischen Denken ausgeschlossen und geht damit als die Personalität und Sozialität verbindende Tiefendimension der menschlichen Existenz verloren.

Wendet der **Mensch** sich **als Sünder** von Gott und damit von seiner ursprünglichen Bestimmung ab, so verliert er diese sein Wesen umfassend und ganzheitlich bestimmende Identität; er entfremdet sich von sich selbst und von seinen Mitmenschen, was auch eine gestörte Beziehung zur Umwelt und zu allen anderen Mitgeschöpfen in sich schließt.

Es ist die **Erlösungstat Jesu Christi,** die diesen Riss, der durch die ganze Schöpfung hindurchgeht, heilt und den Menschen zu seiner ursprünglichen Bestimmung, Ebenbild und damit auch verantwortlicher Schöpfungspartner Gottes zu sein, zurückführt. Diese neu gewonnene Identität befreit den Menschen sowohl zu einer tatkräftigen Solidarität als auch zu einem fürsorglichen Umgang mit der Natur.

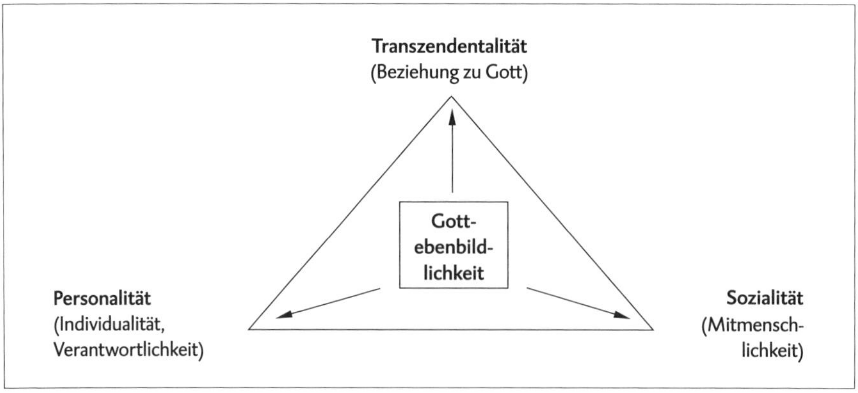

3.2 Theologiegeschichtliche Entwicklungen

Aurelius Augustinus

Aurelius Augustinus, eine der bedeutendsten Theologengestalten der frühen Kirche, wurde am 13. November 354 in Thagaste (Nordafrika) geboren und erhielt eine sorgfältige Erziehung, sodass er schließlich den Beruf eines Rhetoriklehrers ergreifen konnte. Im Alter von 19 Jahren wandte er sich der Philosophie zu und wurde bald darauf zum Anhänger des *Manichäismus,* einer extrem dualistischen Sekte, der damals große Bedeutung zukam und deren Lehren er bis 383 folgte. Den katholischen Glauben seiner Mutter Monica lehnte er strikt ab, da dieser seiner Auffassung nach mit den Einsichten der Vernunft nicht zu vereinbaren war. Allmählich wuchsen jedoch seine Zweifel an den Lehren des Manichäismus, und so nahm er in einer Phase tiefer Verunsicherung 383 eine Lehrtätigkeit in Rom auf. Ein Jahr später wurde er Professor in Mailand, wo er dem berühmten Bischof Ambrosius begegnete. Hier wandte er sich vorübergehend der neuplatonischen Philosophie zu, bevor er schließlich im Sommer 386 unter dem Einfluss einer intensiven Lektüre der Briefe des Apostels Paulus zum Christentum bekehrt wurde. Er ließ sich von seinem Lehramt beurlauben und bereitete sich intensiv auf seine Taufe vor, die in der Osternacht des 24./25. April 387 erfolgte. Die Bekehrung zum Christentum wurde für ihn zum Beginn eines neuen Lebensabschnittes, der sowohl von einer großen intellektuellen Anspannung als auch von einer ernsthaften, asketischen Lebensführung geprägt war. 388 kehrte er in seine nordafrikanische Heimat zurück und zog sich zunächst in ein Kloster in Thagaste zurück. 391 wurde er zum Priester geweiht, von 396 an amtierte er als Bischof von Hippo Regius. Er widmete sich dieser Aufgabe mit großem persönlichem Engagement, schrieb daneben jedoch auch eine ganze Reihe bedeutender theologischer Werke. Augustinus starb am 28. August 430, während Hippo Regius bereits durch die Vandalen belagert wurde.

Aurelius Augustinus

Die theologischen Werke des Augustinus sind in erster Linie durch seine leidenschaftliche Auseinandersetzung mit dem *Manichäismus* einerseits und dem *Pelagianismus* andererseits bestimmt, einer Auseinandersetzung, in der sich auch klar seine Auffassung vom Wesen des Menschen widerspiegelt.

Manichäismus

Der Manichäismus wird auf den Perser Mani zurückgeführt, der von 216 bis 276/77 lebte und sich selbst als der letzte große Prophet verstand. Sein Denken ist durch einen strikten Dualismus gekennzeichnet, also durch einen fundamentalen Gegensatz zwischen der geistigen Sphäre, die mit dem Guten identifiziert wird, und der leiblichen Sphäre, die auch den Bereich der Gefühle und Leidenschaften einbezieht und als das Böse schlechthin strikt verworfen wird. Indem der Mensch, der aufgrund seiner Leiblichkeit zunächst dem Bösen verhaftet ist, diese Zusammenhänge durchschaut, kann er sich aus diesem Dualismus befreien und auf diese Weise selbst erlösen. Die Erlösung erfolgt demnach nicht durch äußere Taten, sondern durch die *Gnosis*, das heißt durch die *Erkenntnis* der wahren Bestimmung des Menschen.

Pelagianismus

Der Pelagianismus wird auf den aus Britannien oder Irland stammenden Laienmönch Pelagius (gestorben nicht vor 418 n. Chr.) zurückgeführt, der seine Lehre in klarem Widerspruch gegen den Manichäismus entwickelte. Er leugnet die Existenz der Erbsünde und bestreitet deshalb auch die Notwendigkeit der Kindertaufe. Seiner Auffassung nach kann der Mensch mit seinem freien Willen bewusst zwischen Gut und Böse wählen und sich deshalb durch eine sittlich vorbildliche Lebensführung die Erlösung selbst verdienen. Sie ist gewissermaßen der Lohn für seine guten Taten. Im Vergleich mit dem Manichäismus oder auch mit Augustinus vertritt Pelagius damit ein ausgesprochen optimistisches Menschenbild.

Für den jungen Augustinus war die Liebe zur Philosophie die erste Voraussetzung zur Erlangung der Glückseligkeit. Damit blieb jedoch das Problem der Existenz des Bösen in der Welt ungeklärt, und es war der Manichäismus mit seinem ausgeprägten Dualismus, in dem Augustinus zunächst eine Lösung für dieses Problem zu finden meinte. Auch diese Antwort konnte ihn jedoch nicht auf Dauer befriedigen, da ihm der Mensch hier in Bezug auf die Verwirklichung des Guten zur bloßen Passivität verurteilt zu sein schien. Es war also letztlich gerade sein Ringen um ein tieferes Verständnis für das Wesen des Menschen, das die wechselvolle Entwicklung seines frühen Denkens bestimmte. Die Zuwendung zum christlichen Platonismus mit seiner Relativierung des Bösen als bloße Privation, das heißt als bloße Abwesenheit des Guten, konnte ihn nur vorübergehend beruhigen und bildete letztlich den Auftakt zu seiner Bekehrung zum christlichen Glauben im Sommer des Jahres 386. Gilt die geistige Sphäre im Neuplatonismus als das Sein schlechthin, da sie aller Veränderung trotzt, so wird auch der Mensch im Frühwerk des Augustinus in erster Linie als ein **überweltliches Geistwesen** angesehen, das erst jenseits der leiblichen Existenz zu seiner eigentlichen Bestimmung findet.

Erst nach seiner Bekehrung zum Christentum gelangte Augustinus dazu, sich mit dieser dualistischen Position kritisch auseinander zu setzen. Dabei spielte die Schöpfungslehre eine entscheidende Rolle. Wenn Gott als das höchste Sein verstanden wird, dann hat die ganze Schöpfung – und nicht nur die geistige Dimension – am göttlichen Sein Anteil. Die geschaffene Welt ist also ursprünglich gut. Dies musste dann jedoch auch auf die Bestimmung des Menschen Anwendung finden, wie sie sich aus der göttlichen Schöpfungsordnung ergibt. Wenn Augustinus sich auch nie ganz vom manichäischen Denken zu lösen vermochte, was besonders in seiner negativen Einschätzung der menschlichen Sexualität und dem davon abgeleiteten Verständnis von „Erbsünde" als einer im Zeugungsakt begründeten, quasi angeborenen Verderbnis des Menschen zum Ausdruck kommt, so hat er doch stets an der Überzeugung von der **Größe der menschlichen Berufung** festgehalten. Die Sünde, das Böse schlechthin, ist seiner Auffassung zufolge allein im Missbrauch der menschlichen Willensfreiheit begründet, der als Folge der Erbsünde verstanden wird. Die Entscheidung der ersten Menschen, ganz bewusst gegen den Willen Gottes zu verstoßen, wurde so nach der Überzeugung des Augustinus zum Ausgangspunkt einer unheilvollen Verstrickung, die sich von da an über das ganze Menschengeschlecht erstreckt und die in der Psyche des einzelnen Menschen vor allem durch die „Macht der Gewohnheit" verhängnisvoll weiterwirkt.

Die Frage, wie es dem Menschen dennoch gelingen könnte, seine schöpfungsgemäße Bestimmung zu erfüllen, war demnach der entscheidende Ansatzpunkt für Augustinus' Bekehrung zum christlichen Glauben. Die Lektüre der Briefe des Apostels Paulus weckte in ihm die Überzeugung, dass der schwache und der Sünde verfallene Mensch aus eigener Kraft nicht zu Gott gelangen kann. Er lernte nun Christus als den Erlöser kennen, das Fleisch gewordene Wort Gottes, das den Menschen die **Barmherzigkeit Gottes als ein reines Gnadengeschenk** zuteil werden lässt. Die Gnade kann also vom Menschen nur erfleht und im Glauben angenommen, jedoch nicht erstritten oder durch eigene Verdienste erworben werden. Da selbst der Beginn des Glaubens als Gabe angesehen wird, setzt sie das Erwähltsein durch Gott voraus. Allein das Erlösungswerk Jesu Christi kann die in der Erbsünde begründete unheilvolle Entwicklung überwinden. So wird das Bewusstsein von der **Unfähigkeit des Menschen, das Heil aus eigener Kraft zu erringen,** von nun an zum beherrschenden Grundzug in der Theologie des Augustinus und damit auch in seiner Auffassung vom Menschen.

Sowohl die Annahme des Glaubens als auch die daraus resultierende Umkehr sowie die Ausdauer im Guten sind für Augustinus nun nicht mehr Ausdruck des freien Willens, sondern allein eine ungeschuldete Gabe Gottes. In der

Taufe werden dem Menschen seine Sünden zwar vollkommen vergeben, doch die Erneuerung des „alten Menschen" ist damit noch keineswegs abgeschlossen, da die durch den Zeugungsakt weitergegebene, in der Sinnlichkeit begründete Neigung zum Sündigen, wie Augustinus die Erbsünde versteht, nach wie vor in ihm wirksam ist. So ist die Menschenwürde zwar in der ursprünglichen Freiheit des Menschen begründet, das Heil jedoch allein in der Gnade Gottes, die er als „Inspiration der Liebe" interpretiert. Die Gnade ist die eigentliche Quelle der Freiheit, die jedoch erst am Ende der Zeiten zu ihrer Fülle gelangen wird. Sie kommt dem freien Willen gewissermaßen zu Hilfe: „Wir leben sicherer, wenn wir uns in allem Gott anvertrauen", so könnte man die Quintessenz seiner Lehre prägnant zusammenfassen.

Vor diesem Hintergrund ist auch sein entschiedener Kampf gegen den Pelagianismus zu verstehen, der die Jahrzehnte seines Wirkens als Bischof von Hippo Regius begleitet hat. Hat Augustinus gegenüber dem dualistischen Determinismus des Manichäismus, der das Weltgeschehen als Machtkampf zwischen dem Prinzip des Guten und dem Prinzip des Bösen deutete, noch die Fähigkeit des Menschen verteidigt, sich aktiv um das Gute zu bemühen, so betont er nun gegenüber Pelagius und seinen Anhängern das völlige Angewiesensein des Menschen auf die Gnade Gottes. Er sieht in ihrer Lehre einen hochmütigen Naturalismus, da sie die Existenz der Erbsünde bestreiten und damit auch die Notwendigkeit der Gnade in Frage stellen. Für Augustinus schließt das die Möglichkeit, ohne Sünde zu leben, und damit letztlich die Autonomie des Menschen vor Gott ein – eine schwer wiegende Infragestellung der zentralen Bedeutung der Erlösungstat Jesu Christi. Nur durch sie wird ja Augustinus zufolge die Verderbnis der Natur geheilt, sie allein bringt eine wahre **Erneuerung des Menschen** mit sich, indem sie die Gemeinschaft mit Gott wieder herstellt. So bewirkt die Erlösung nach Auffassung des Augustinus eine echte Verwandlung, die zwar letztlich durch die Gnade Gottes und durch die dabei „eingegossene Liebe" bewirkt wird, die den Menschen aber doch immerhin in die Lage versetzt, nun seinerseits das Gute zu vollbringen. Sein aus der Liebe hervorgegangenes Handeln wird dabei durchaus als Verdienst betrachtet, das einmal belohnt werden wird.

Vor dem Hintergrund dieser Auseinandersetzung mit Pelagius, die den Glauben des Augustinus in seinem innersten Kern berührt, stellt sich nun jedoch die Frage, aufgrund welcher Maßstäbe einzelne Menschen von Gott erwählt werden, während die große Mehrheit der „Masse des Verderbens" (lat. *massa damnationis*) zugerechnet wird. Augustinus beantwortet diese Frage mit seiner Lehre von der **doppelten Prädestination,** das heißt einer göttlichen Vorherbestimmung, die vom Menschen nicht weiter hinterfragt werden kann.

Gott ist seiner Meinung nach sowohl gütig als auch gerecht. Aufgrund seiner Güte kann er jeden Menschen ohne eigenes Verdienst erretten; aufgrund seiner Gerechtigkeit wird er jedoch gleichzeitig niemanden ohne sein Verschulden verurteilen. Alles Weitere ist für die Gläubigen ein Geheimnis, das sie mit gelassener Zuversicht annehmen sollten.

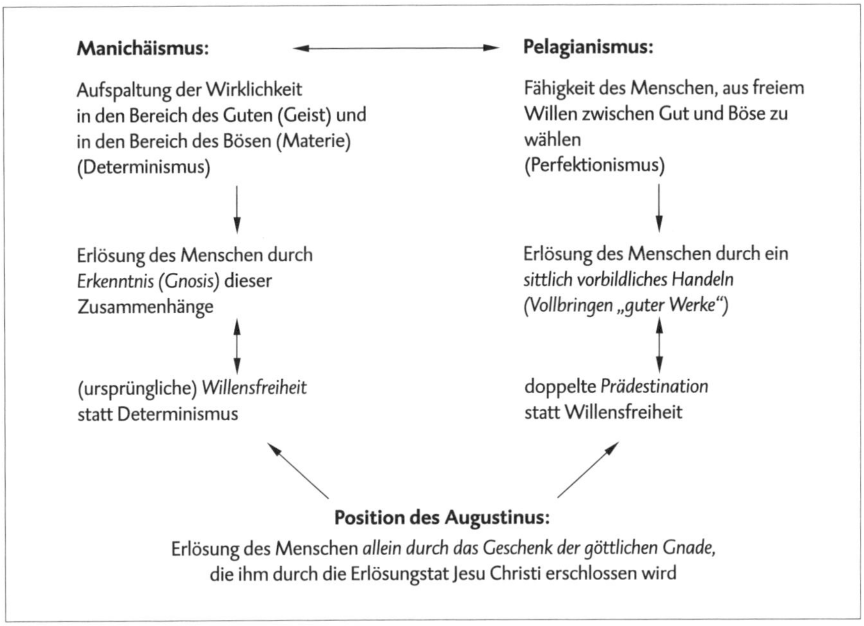

Thomas von Aquin

Thomas von Aquin wurde um 1225/26 in der Nähe von Neapel geboren und besuchte ab 1239 die dortige Universität, wo er auch in die Philosophie des Aristoteles eingeführt wurde. 1243/44 trat er gegen den ausdrücklichen Wunsch seiner Familie in den Dominikanerorden ein. Es folgten von 1245 bis 1248 das Studium und Noviziat in Paris, von 1248 bis 1252 eine Fortsetzung des Studiums in Köln bei dem berühmten Theologen Albert dem Großen (1200–1280). In Köln wurde Thomas auch zum Priester geweiht. Bald darauf nahm er seine Lehrtätigkeit als Magister der Theologie auf; er wirkte zunächst an der Universität Paris, von 1261 bis 1269 an verschiedenen Orten Italiens, danach noch einmal in Paris und schließlich ab 1272 an der Universität Neapel. In diesen Jahren entstand auch sein systematisches Hauptwerk, die „Summa theologiae". Am 7. März 1274 starb er auf dem Weg zum Konzil von Lyon.

Von der Philosophie des Aristoteles inspiriert, die im 13. Jahrhundert den christlich überformten Neuplatonismus als vorherrschendes Paradigma, also als vorherrschendes Denkmuster ablöste, suchte Thomas von Aquin in seinem Werk nach einer neuen **Synthese von Glauben und Wissen.** Glaube und Wissen stellen demnach zwei an sich unabhängige, aber aufeinander bezogene Erkenntnisformen dar, die auf jeweils verschiedene Wirklichkeitsbereiche ausgerichtet sind. Die Zielrichtung des Wissens ist die Erschließung der **empirischen Welt,** weshalb es auch stets in der Erfahrung, das heißt in der konkreten sinnlichen Wahrnehmung begründet sein muss. Der Glaube ist dagegen auf die **Transzendenz** ausgerichtet, die den Bereich der Empirie übersteigt, weshalb der Mensch im Glauben auf die Offenbarung, also die Selbsterschließung Gottes, angewiesen ist. Dennoch besteht zwischen diesen beiden Erkenntnisbereichen kein Widerspruch, da auch das Wissen bei der Erschließung der Wirklichkeit überall auf die Spuren des Schöpfers stößt, die der Schöpfung eingeschrieben sind und den erkennenden Menschen letztlich wieder auf Gott zurückverweisen (mit dem lateinischen Fachausdruck spricht man hier von der *analogia entis,* einer Entsprechung zwischen dem Schöpfer und seiner Schöpfung). So verlangt die Welterkenntnis selbst nach einer theologischen Weiterführung und Vertiefung, wie sie beispielhaft in den „fünf Wegen" des **kosmologischen,** das heißt in der Wirklichkeitserfahrung begründeten **Gottesbeweises** von Thomas von Aquin zu finden sind.

Thomas von Aquin

Der hier skizzierte Denkansatz schließt bereits eine anthropologische Grundaussage mit ein: Das auf Gott ausgerichtete Glückseligkeitsstreben des Menschen setzt – der Zuordnung von Glauben und Wissen analog – immer schon ein **Zusammenwirken** von **göttlicher Gnade** einerseits und dem (begrenzten) **menschlichen Erkenntnisvermögen** andererseits voraus. Dabei wird der Mensch in Anlehnung an Aristoteles als **Einheit von Leib und Seele** begriffen. Die Leiblichkeit und damit auch die Sinnlichkeit, die Gefühle und Leidenschaften gehören zur Natur des Menschen dazu; sie sind Teil seiner Vollkommenheit und – wie alles Geschaffene – von ihrem Ursprung her gut. So kommt es auf der Grundlage einer Rehabilitierung der empirischen Wirklichkeit zu einer echten Versöhnung des christlichen Glaubens mit dem Denken des Aristoteles.

Auch die Gottebenbildlichkeit des Menschen bezieht sich Thomas zufolge stets auf die mit dem Leib verbundene Seele. Nur in dieser Einheit ist für Thomas von Aquin die Personalität des Menschen überhaupt denkbar. Da die Seele die „substanzielle Form" des Leibes ist, wie Thomas in Anlehnung an Aristoteles lehrt, gewinnt der Mensch erst durch sie seine **Individualität** und **Einzigartigkeit.** Die menschliche Natur ist also in sich wertvoll, wenn sie auch durch die übernatürlichen **Gnadengaben**, die dem Menschen durch die Sakramente vermittelt werden, erst wahrhaft vollendet wird. Der Mensch wird hier als eine **differenzierte Einheit** gesehen, die letztlich in der Harmonie von Natur und Gnade verwurzelt ist.

Im Vergleich mit Augustinus hat Thomas von Aquin demnach eine positivere, optimistischere Sicht des Menschen. Die Fähigkeit des Menschen, an seiner Erlösung aktiv mitzuwirken, wird von ihm deutlich höher eingeschätzt als in der augustinischen Tradition.

Vollendet wird der Heilsplan Gottes mit den Menschen auch bei Thomas von Aquin durch das **Versöhnungswerk Jesu Christi,** das in der Kirche fortwirkt. Gott hat die Menschen, die an Christus glauben, durch seine Vorherbestimmung dazu ausersehen, von der Sünde frei zu werden und das ewige Leben zu erlangen. Die geschaffene Gnade *(gratia creata),* die dem Menschen eingegossen wird, bewirkt seine **Rechtfertigung** und befähigt ihn zu guten Werken. Diese Gaben bereiten den Menschen demnach auf seine Erlösung vor, indem sie die Situation vor dem Sündenfall wieder herstellen. Sie lenken die Willensrichtung des Menschen auf Gott und ermöglichen damit einen vollwertigen Glauben, der von der Liebe zu Gott motiviert ist und mit dem ewigen Leben belohnt wird. Auch bei Thomas geht demnach die Gnade dem freien Willen voraus, muss der Anfang des Glaubens von Gott selbst bewirkt werden. Die dem Menschen eingegossene rechtfertigende Gnade ergänzt die natürliche Ausstattung des Menschen, indem sie ihn in die Lage versetzt, verdienstvolle gute Werke zu vollbringen und schließlich das Endziel der vollkommenen Gottesschau zu erreichen. Wenn der Mensch auch erst durch die so genannten *übernatürlichen* Gnadenwirkungen auf eine höhere Ebene seines Daseins gehoben wird, so kann er sich doch bereits mithilfe dieser *natürlichen* Gnadengaben um die **Erkenntnis und Verwirklichung des Guten** bemühen. Diese können als eine innere Kraft verstanden werden, die zu den natürlichen Voraussetzungen der menschlichen Existenz hinzutritt und den Menschen die übernatürlichen Tugenden Glaube, Hoffnung und Liebe vermittelt. Erst im Zusammenwirken der Gnade mit den natürlichen Kräften des Menschen entstehen Werke des freien Willens. Obwohl diese also letztlich ebenfalls auf Gottes Gnadengaben zurückzuführen sind, wird die **ewige Seligkeit** als Belohnung für seine Verdienste angesehen.

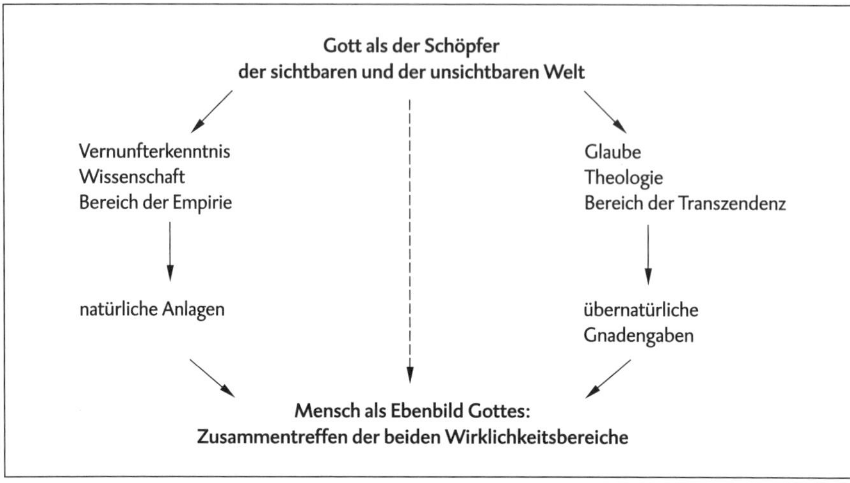

Martin Luther

Martin Luther wurde am 10. November 1483 in Eisleben geboren. 1501 begann er mit einem Jurastudium in Erfurt, trat dann jedoch 1505 gegen den ausdrücklichen Wunsch seines Vaters in das dortige Augustiner-Kloster ein und wandte sich daraufhin der Theologie zu. 1507 wurde er zum Priester geweiht.

Martin Luther

Von 1512 an wirkte er als Theologe an der Universität Wittenberg. Die Veröffentlichung von 95 Thesen gegen die damals übliche Ablasspraxis am 31. Oktober 1517 brachte ihn in Konflikt mit dem römischen Lehramt und wurde so zur Initialzündung der Reformation. Seinen theologischen Durchbruch erlebte Luther wohl 1518 beim Studium des Römerbriefes: Hier stieß er auf die Grundgedanken seiner Rechtfertigungslehre, die zum Fundament seines theologischen Ansatzes werden sollten. Da er sich weigerte, seine Lehren zu widerrufen, wurde er 1521 aus der Kirche ausgeschlossen und mit der Reichsacht belegt. Unter dem Schutz seines Landesherrn konnte er sein reformatorisches Wirken in Wittenberg weiter entfalten und seine Gedanken in einer Reihe bedeutender Schriften in ganz Deutschland verbreiten. 1525 heiratete er noch während des Bauernkrieges die ehemalige Nonne Katharina von Bora. Zu den Höhepunkten seines Wirkens gehört die Übersetzung der Heiligen Schrift, die maßgeblich zur Entwicklung einer einheitlichen deutschen Schriftsprache beitrug, die liturgische Erneuerung vor allem im Bereich der Kirchenmusik, die Sicherung des protestantischen Glaubensfundamentes durch seinen Katechismus sowie die Schaffung eines institutionellen Rahmens für die Ausbreitung der reformatorischen Lehre in Form des so genannten „landesherrlichen Kirchenregimentes". Seine letzten Lebensjahre waren allerdings auch von schwerer Krankheit und großen persönlichen Enttäuschungen geprägt, die zu einer zunehmenden Verbitterung führten. Am 18. Februar 1546 starb Martin Luther während einer Reise in seiner Geburtsstadt Eisleben.

Der reformatorische Ansatz von Martin Luther war durch eine für das ausgehende Mittelalter typische **Sündenangst** gekennzeichnet. Im Zentrum stand dabei die Frage nach dem Heil oder, um mit Luther zu sprechen, die Frage: Wie finde ich einen gnädigen Gott? Die Antwort auf diese Frage wurde zum Dreh- und Angelpunkt seines Glaubens; hier müssen demnach auch die Überlegungen zum Menschenbild Martin Luthers ansetzen.

Auch Luther sieht im Menschen zunächst **das der Sünde verfallene und durch die ewige Verdammnis bedrohte Wesen.** Wie Augustinus deutet er die Sünde als eine falsche innere Willensrichtung, die einst durch den Sündenfall, also die bewusste Abkehr von Gott, verursacht wurde. In diesen Fehltritt, der noch auf eine freie Willensentscheidung der ersten Menschen zurückzuführen ist, ist das ganze Menschengeschlecht mit einbezogen, da die dadurch bedingte **völlige Verderbnis** von Generation zu Generation weitergegeben wird. So trat an die Stelle der ursprünglichen Gerechtigkeit und Vollkommenheit der Menschen der Zustand der „Ursünde" *(peccatum originis)*, eine beständige Neigung *(concupiscentia)*, das Böse zu tun. Die so verstandene Sündhaftigkeit gehört seitdem zur Wesensnatur des Menschen; sie äußerst sich in einer **maßlosen Selbstsucht** und liefert die Menschen dem **göttlichen Strafgericht** aus.

Da die Menschen demzufolge von ihrem leiblichen Ursprung her der Macht des Bösen verfallen sind, setzt ihre Erlösung aus dieser unheilvollen Verstrickung eine **völlige Neuschöpfung** voraus. Alles, was die Menschen von sich aus tun, ist jedoch mit dem Makel der Erbsünde behaftet, weshalb Luther auch alle Versuche, sich die Gnade Gottes durch so genannte gute Werke zu verdienen, nach seiner reformatorischen Wende strikt verwirft. So wird die Erlösung der Menschen letztlich allein **durch das Heilswerk Jesu Christi** bewirkt, an dem sie durch Wort und Sakrament Anteil erhalten. Sie wird ihnen also geschenkt, sobald sie sich der göttlichen Barmherzigkeit anvertrauen, die im Wirken Jesu Christi konkrete Gestalt gewonnen hat. Da den Menschen die Gerechtigkeit Jesu Christi ganz ohne eigenes Verdienst angerechnet wird, spricht man in diesem Zusammenhang auch von einer **fremden Gerechtigkeit** *(aliena iustitia)*. Allerdings bleibt auch bei Luther der wahre Glaube nicht ohne Werke. Es ist aber eben der Glaube – und keine eigenständige sittliche Kraft des Menschen –, die Luther zufolge das Gute im Menschen wirkt. Der Glaube verwirklicht sich in den Taten der Nächstenliebe nach dem Vorbild Jesu Christi. Demnach sind die **guten Werke** nicht die Wurzel, sondern die **Frucht der Erlösung.**

Das Abendmahl der Protestanten und die Höllenfahrt der Katholiken

Dennoch wird der Auffassung Martin Luthers zufolge mit der Taufe nur die *Schuld* der Erbsünde getilgt, nicht jedoch diese selbst. Auch bei den in der Taufe Wiedergeborenen ist also die Sünde nach wie vor die beherrschende Macht. Deshalb bezeichnet Luther den Menschen auch in einer prägnanten Formel als **Gerechter und Sünder zugleich** *(simul iustus et peccator)*. Jeder Gläubige ist im Sinne des Apostels Paulus sowohl ein „alter" als auch ein „neuer" Mensch. Dieser Zustand der Verderbnis endet erst mit dem irdischen Tod. Bis dahin kann jedoch die Sünde immer mehr abnehmen und die Gerechtigkeit zunehmen, sodass mit der Taufe des Christen ein **lebenslängliches Ringen um die Vollkommenheit**, die einst durch den Sündenfall verloren ging, seinen Anfang nimmt.

Blickt man von hier aus noch einmal auf die Kernaussagen Martin Luthers über den Menschen zurück, so fällt auf, dass Sünde und Gerechtigkeit bei ihm stets Bestimmungen sind, die jeweils den ganzen Menschen *(totus homo)* betreffen. Die Unterscheidung von Leib und Seele mit ihrem dualistischen Hintergrund spielt in der Rechtfertigungslehre Luthers im Gegensatz zur Theologie des Mittelalters keine Rolle mehr. Vielmehr wird das Wesen des Menschen bei dieser „Totus-homo-Betrachtung" stets in seinem Verhältnis zu Gott gesehen und voll und ganz von der Gottesbeziehung her definiert. So betrifft die Erbsünde ebenso den ganzen Menschen mit all seinen Kräften wie auch die Erlösung den ganzen Menschen ergreift.

Da die Erlösung bei Martin Luther einzig und allein vom göttlichen Gnadenwillen abhängt, kann es für ihn in dieser Beziehung auch **keine Willensfreiheit** geben. Lediglich in den „äußeren Dingen", also in Bezug auf die konkrete Lebensgestaltung, spricht Luther den Menschen einen freien Willen zu, der auf vernünftigen Überlegungen beruht. Auch darin unterscheidet sich Luther von der Theologie der Scholastik, also zum Beispiel vom Menschenbild des Thomas von Aquin; bei diesem wird der Mensch durch die eingegossene Gnade innerlich wahrhaft erneuert, sodass hier Gnade und freier Wille bei der Erlösung des Menschen zusammenwirken können, wenn auch letztlich die Liebe Gottes das Heil des Menschen ermöglicht. Wenn der Mensch jedoch nach Meinung Luthers an sich unfrei und damit völlig unfähig ist, etwas zu seiner Erlösung beizutragen, so stellt sich auch bei ihm – wie schon bei Augustinus – die Frage, warum Gott bestimmte Menschen ohne deren Verdienst rechtfertigt, während andere die ewige Verdammnis als gerechte Strafe für ihre Sünden erleiden müssen. Auch Martin Luther kann diese Frage jedoch nicht beantworten, sondern vertraut darauf, dass die Antwort am Ende der Zeiten offenbart werden wird.

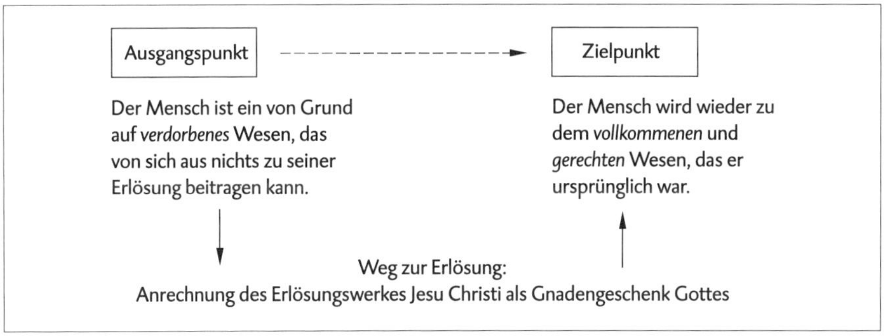

Die Frage nach dem Menschen in der Theologie der Aufklärung

Der theologiegeschichtliche Überblick hat gezeigt, dass die Existenz des Menschen bis in die Neuzeit hinein stets von Gott her gedeutet wurde. Dies galt zunächst für die Schöpfungstheologie mit ihrer Lehre von der Geschöpflichkeit und Gottebenbildlichkeit des Menschen; dies galt aber ebenso für die Vorstellung von der Erlösung des Menschen aus seiner sündhaften Verstrickung, die – wenn auch mit unterschiedlichen Nuancierungen – letztlich immer und ausschließlich auf das Eingreifen Gottes zurückgeführt wurde. In dieser Hinsicht leitet die Theologie der Aufklärung eine ganz neue Entwicklung ein, da sie die im Zeitalter des Humanismus neu entdeckte Autonomie des Menschen zunehmend in ihr Lehrsystem integriert und auf dieser Grundlage eine ganz neue Konzeption sowohl vom Sündenfall als auch von der Erlösung des Menschen entwickelt.

Bereits am Ende des 17. Jahrhunderts gab es vor dem Hintergrund der Konfessionskriege ernsthafte Bestrebungen, das menschliche Zusammenleben aus eigener Kraft zu regeln, die auch in ersten Versuchen einer vom christlichen Dogma unabhängigen Religionsphilosophie zum Ausdruck kommen. Diese „natürliche Religion" vertraute auf die Leistungsfähigkeit sowohl des menschlichen Erkenntnisvermögens als auch der sittlichen Vernunft und sah sich darin durch neuere wissenschaftliche Erkenntnisse entscheidend bestärkt. So wurde gerade die moderne Wissenschaft zum Ausgangspunkt einer ganz neuen Gottesvorstellung, da sie die gesetzmäßige Ordnung des Weltgeschehens unmittelbar als Schöpfungsplan Gottes interpretierte. Der **Deismus** sah folglich in Gott einen geschickten Mechaniker, der die Welt bei ihrer Erschaffung so konstruierte, dass sie von da an ohne sein Eingreifen funktionsfähig war.

Deismus

Unter Deismus versteht man die im 17. und 18. Jahrhundert entwickelte Gottesvorstellung der Aufklärung, die zwar nicht die Existenz Gottes leugnet, jedoch einen unmittelbaren, fortdauernden Wirkungszusammenhang zwischen Gott und seiner Schöpfung bestreitet.
Nach dem Vorbild eines Konstrukteurs oder Uhrmachers hat Gott die Welt demnach so geschaffen, dass sie von da an wie ein perfektes Uhrwerk auch ohne sein Eingreifen funktioniert. So wird Gott gerade in den gesetzmäßigen Abläufen der Naturordnung erkennbar, wie sie von der modernen Wissenschaft in zunehmendem Maße aufgedeckt werden.

Diese Gottesvorstellung spiegelt sich auch in der Anthropologie dieser Zeit wider. Das **wachsende Selbstbewusstsein** des Menschen, der den Geheimnissen der Schöpfung auf der Spur ist und die Welt in Kunst und Wissenschaft quasi noch einmal neu „erschafft", steht in direktem Widerspruch zur traditionellen Lehre, die im Menschen in erster Linie den Sünder sah, der von sich aus nichts Gutes vollbringen kann und deshalb völlig auf die Gnade Gottes angewiesen ist. So ist die Anthropologie der Aufklärung vor allem durch einen ausgeprägten **Optimismus** in Bezug auf den Menschen geprägt. Die ursprüngliche Verderbnis des Menschen durch den Sündenfall wird strikt geleugnet, sodass man sogar von einem „Sturmangriff auf die Erbsündenlehre" gesprochen hat. Mit Nachdruck stellen sich die Theologen der Aufklärung im Streit zwischen Augustinus und Pelagius auf die Seite des Pelagius. Augustinus wird zum meist gehassten Theologen der Zeit, da man in seiner Auffassung vom Menschen einen direkten Widerspruch zur Idee der Menschenwürde sieht; seine Lehre wird sogar als Schändung der Schöpfung Gottes gedeutet, da diese ja von ihrem göttlichen Ursprung her vollkommen sein müsse. In Verbindung damit wird der Sündenfall im Laufe des 18. Jahrhunderts zunehmend positiv interpretiert und auf diese Weise völlig umgedeutet. Man sieht in ihm nicht mehr länger den Anfang eines das ganze Menschengeschlecht umfassenden Verhängnisses, sondern vielmehr den eigentlichen **Beginn der Menschwerdung des Menschen,** da hier der erste Versuch des Menschen dargestellt wird, die Welt aus eigener Kraft zu erkunden. Der Sündenfall wird also zum Paradebeispiel für die positiven Kräfte des Menschen, die es ihm ermöglichen, sich aus der göttlichen Vormundschaft zu befreien und auf eigenen Füßen zu stehen.

In dieser Interpretation der Geschichte vom Sündenfall spiegelt sich bereits die **tiefe Überzeugung von der Macht der Vernunft** wider, die für das Zeitalter der Aufklärung so kennzeichnend ist. Dabei ging man zunächst – ähnlich wie Thomas von Aquin – noch davon aus, dass es zu keinem Widerspruch zwischen Offenbarung und Vernunft kommen könne, da beide sich letztlich auf dieselbe göttliche Weltordnung beziehen. Allmählich wurden jedoch die Vernunftwahrheiten selbst innerhalb der Theologie zum alleinigen kritischen Maßstab, der auch an den religiösen Glauben anzulegen war. Dies führte schließlich dazu, dass im Laufe des 18. Jahrhunderts alle Lehraussagen, die in Widerspruch zu den Erkenntnissen der Vernunft standen, verworfen wurden. Und dabei spielten die schon angesprochenen Aussagen über den Menschen und sein Vermögen, die Wirklichkeit zu erforschen und von sich aus das Gute zu tun, eine entscheidende Rolle. So wird die Größe des Menschen nun nicht mehr länger darin gesehen, dass Gott ihn aus Barmherzigkeit vor allen anderen Lebewesen auszeichnet, sondern in seinem **überragenden Erkenntnisvermögen** sowie in der **Fähigkeit, sittlich vorbildlich und tugendhaft zu leben.** Es wird erwartet, dass die Menschen, sobald sie sich über ihre eigenen Anlagen klar geworden sind und Mut zum Gebrauch der in ihnen ruhenden Fähigkeiten gewonnen haben, in absehbarer Zukunft aus eigener Kraft ein Reich des Friedens und der Gerechtigkeit auf Erden errichten werden. Das Erlösungswerk Jesu Christi wird damit überflüssig. An seine Stelle tritt die Vorstellung von einer allmählichen **„Erziehung des Menschengeschlechts“**, die den Menschen Schritt für Schritt ihre besondere Würde bewusst macht und sie auf diese Weise in die Lage versetzt, ihre Gottebenbildlichkeit im Bereich der Geschichte erst wahrhaft zu entfalten.

Wird bei diesen Vorstellungen zunächst noch an der Möglichkeit einer Versöhnung von Vernunft und Religion festgehalten, so kommt es schließlich am Ende des 18. Jahrhunderts im Zeitalter des Deutschen Idealismus zu einer ausgeprägten Vorherrschaft der Vernunft. Dieser einseitige Rationalismus weist jede Form einer übernatürlichen Offenbarung als unnötig zurück und verabsolutiert statt dessen die Vernunftwahrheiten der „natürlichen Religion“, wie das vor allem in der Religionsphilosophie von Immanuel Kant zu beobachten ist. Damit wird der Glaube an die Offenbarung endgültig durch den Glauben an die Macht der Vernunft ersetzt, wodurch das Christentum zu Beginn des 19. Jahrhunderts in eine ernste Krise geriet.

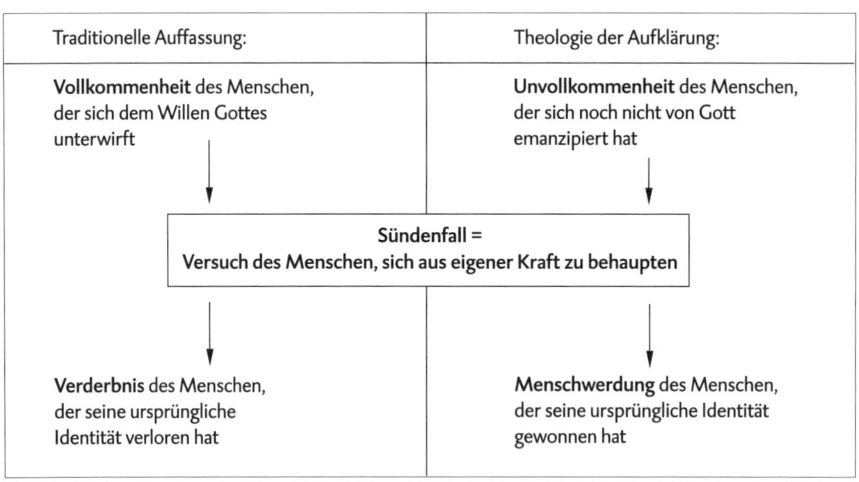

Aktuelle Diskussionsansätze

Es wurde bereits angesprochen, dass das Christentum durch die Theologie der Aufklärung in eine ernste Krise geriet, die im 19. Jahrhundert durch stark restaurative Tendenzen beantwortet wurde. So zog man sich in der so genannten Erweckung auf eine stark verinnerlichte, rein gefühlsmäßige Form des Glaubens zurück. Damit vermochte man jedoch kaum mehr auf die gesellschaftspolitischen, wissenschaftlichen und wirtschaftlichen Veränderungen zu reagieren, die den geschichtlichen Fortschritt des 19. Jahrhunderts kennzeichnen. Die Kluft zwischen dem christlichen Glauben einerseits und dem Lebensalltag der Menschen andererseits wuchs im Laufe des 19. Jahrhunderts zunehmend und wurde durch die gewaltigen Herausforderungen des 20. Jahrhunderts noch einmal erheblich vergrößert. Vor diesem Hintergrund ergeben sich nun auch ganz neue theologische Ansätze und Fragestellungen in Bezug auf die Frage nach dem Menschen, von denen an dieser Stelle drei exemplarisch herausgegriffen werden sollen.

Wollte sich der christliche Glaube angesichts der weltpolitischen Umbrüche und Veränderungen des 20. Jahrhunderts behaupten, so stand er vor der Aufgabe, auch angesichts dieser gewaltigen Herausforderungen seine **weltgestaltende Kraft** unter Beweis zu stellen. In diesem Zusammenhang kam es in der Theologie des 20. Jahrhunderts zu einer **Wende zur Anthropologie,** die vor allem mit dem Namen des Theologen Karl Rahner verbunden ist. Dieser wurde am 5. März 1904 in Freiburg i. Br. geboren und trat mit 18 Jahren in den Jesuitenorden ein. Er studierte Philosophie und Theologie und wurde zunächst Privatdozent an der Universität Innsbruck. Während des 2. Weltkrieges widmete er sich in erster Linie der Seelsorge. Nach dem Krieg konnte er seine theologische Lehrtätigkeit wieder aufnehmen und entfaltete dabei eine große Wirksamkeit, nicht zuletzt in Verbindung mit dem Zweiten Vatikanischen Konzil, das er als Konzilstheologe maßgeblich mit beeinflusst hat. Karl Rahner starb am 30. März 1984 in Innsbruck.

Karl Rahner wollte aufzeigen, inwiefern die Offenbarung immer schon den ganzen Menschen betrifft und ihm deshalb auch zu einem tieferen Verständnis seiner selbst verhelfen kann. Deshalb fragte er zunächst nach den im Menschen liegenden Bedingungen für die Möglichkeit, im Bereich der Geschichte auf Gott zu hören und dessen Offenbarung überhaupt wahrzunehmen. Entscheidend war für ihn in diesem Zusammenhang, dass der Mensch auf der Suche nach dem Sinn seiner Existenz immer schon über sich hinausfragt und damit als

„Hörer des Wortes“ auf eine mögliche göttliche Offenbarung hin geöffnet ist. Umgekehrt ist es gerade diese Offenbarung, die das Geheimnis des Menschen, sein ursprüngliches **Verwiesensein auf Gott,** erschließt und damit die Existenz des Menschen im Lichte des Glaubens deutet.

Von diesem Ansatz aus war es Rahner nun auch möglich, die Fragen und Herausforderungen der Gegenwart zu beleuchten und dabei alle Dimensionen der menschlichen Existenz in seine theologischen Reflexionen mit einzubeziehen. Für ihn gab es keine Trennung mehr zwischen der Weltgeschichte einerseits und der Heilsgeschichte andererseits, da er Weltgeschichte und Heilsgeschichte als die *eine* Geschichte Gottes mit den Menschen definierte. So verstand er den christlichen Glauben letztlich als die „bewusste Inbesitznahme des Geheimnisses des Menschen“. Gerade dadurch ist er jedoch auch ein **elementarer Dienst am Menschen,** sodass die theologische Anthropologie von Karl Rahner stets auch auf die konkrete christliche Praxis ausgerichtet war.

Ein Beispiel für die praktische Wirksamkeit dieses theologischen Ansatzes mit seiner Deutung der menschlichen Existenz ist die so genannte **Theologie der Befreiung,** die sich unter dem Einfluss Rahners in der zweiten Hälfte des 20. Jahrhunderts vor allem in den Ländern Lateinamerikas entwickelte. Für die Theologie der Befreiung ist die Verknüpfung der theologischen Reflexion mit der konkreten Praxis – auch und nicht zuletzt in ihrer politischen Dimension – geradezu konstitutiv. Theologie wird hier als **Dienst am Leben** definiert, genauer als Dienst an all den Menschen, denen nach dem Vorbild Jesu Christi zu einem menschenwürdigen Dasein verholfen werden soll. Auf beispielhafte Weise ist also die Theologie der Befreiung darum bemüht, die **Würde des Menschen,** die im christlichen Ringen um eine Antwort auf die Frage nach dem Menschen stets eine zentrale Rolle spielte, auch und gerade unter den veränderten Bedingungen der Moderne zu bewahren. Dabei greift sie sowohl auf die prophetische Tradition der hebräischen Bibel als auch auf die befreiende Botschaft des Evangeliums zurück. Da die Würde des Menschen in seiner Berufung durch Gott begründet ist und da diese Berufung ganzheitlich zu verstehen ist, strebt auch die Theologie der Befreiung eine **Befreiung des ganzen Menschen** an und bezieht dabei Körper und Geist, Leib und Seele, die psychische und die materielle Dimension der menschlichen Existenz mit ein. Deshalb kann sie auch vor all den sozialen, wirtschaftlichen und politischen Strukturen nicht Halt machen, die ungerechte Lebensverhältnisse zur Folge haben und die Menschen dadurch ihrer menschlichen Würde berauben. Sie macht Ernst damit, dass die Gottesliebe in der Liebe zum Mitmenschen verwirklicht wird und dass Gott uns gerade in den Menschen begegnet, die auf unsere Hilfe am meisten angewiesen sind. Man spricht in diesem Zusammenhang auch von der **Option für die Armen,** was bedeutet, dass der Einsatz für die Armen als unbedingt vorrangig angesehen wird.

Die Methode, die dabei zum Einsatz kommt, entspricht dem Dreischritt von **Sehen – Urteilen – Handeln.** An erster Stelle steht also die **Wahrnehmung** der Nöte, die in einer konkreten Situation der Verwirklichung der Menschenwürde und der damit verbundenen Menschenrechte entgegen stehen. Diese Lebenssituationen werden **im Licht des Evangeliums gedeutet,** wobei neben der anthropologischen auch die politische Dimension des Evangeliums zum Tragen kommt. Daraus ergeben sich schließlich konkrete **Handlungsimpulse,** die auf eine Änderung der ungerechten Lebensverhältnisse ausgerichtet sind. Gerade in diesem umfassenden Ansatz zeigt sich, dass die Botschaft vom Reich Gottes stets den ganzen Menschen umfasst. Das Sich-einlassen auf diese Botschaft verändert nicht nur die Beziehung des Menschen zu sich selbst, sondern auch die Beziehung zu den Mitmenschen. Es entspricht dem Selbstverständnis der Theologie der Befreiung, dass ihr Kampf für Gerechtigkeit und ihr Eintreten für die Rechte der Unterdrückten als ein eigenständiger Beitrag zur Vollendung des Gottesreiches verstanden werden kann und der christlichen Botschaft gerade in der Gegenwart Authentizität und Glaubwürdigkeit verleiht.

Bonnot: Der Schrei

Zu den Armen, die in vielen Ländern der Erde ihr Menschsein noch nicht voll verwirklichen können, gehören auch die Frauen. Deshalb ist es nur konsequent, dass auch die **feministische Theologie** als ein Weg angesehen wird, das christliche Verständnis vom Menschen in konkrete Handlungsimpulse umzusetzen. Die feministische Theologie knüpft an der Überzeugung an, dass der biblischen Schöpfungsordnung gemäß Mann und Frau von ihrem Ursprung her gleichwertig und damit auch gleichberechtigt sind, und sie fordert diese gleichen Rechte für alle Frauen konkret ein. Ihr Ziel ist also die **Subjektwerdung aller Frauen,** das heißt die Möglichkeit für alle Frauen, über ihr Leben selbst zu bestimmen. Dies setzt eine Kultur voraus, die sich nicht mehr einseitig männlich, sondern **ganzheitlich-menschlich** definiert und in der weder Geschlecht noch Rasse über den Wert eines Menschen in der Gesellschaft entscheiden. Hier klingt noch einmal ein **umfassendes Verständnis von Erlösung** an, das nach dem Vorbild Jesu Christi auch die körperlich-leibhafte Dimension ausdrücklich mit einbezieht. Dieser Rehabilitierung der Sinnlichkeit, die in der theologischen Tradition seit Augustinus so oft mit Misstrauen und Ablehnung bedacht wurde, entspricht schließlich auch eine neue **Offenheit gegenüber allen natürlichen Prozessen.** Wenn der Mensch sich als Teil der Natur begreift, wie es ja auch schon in der biblischen Schöpfungsgeschichte der Fall ist, dann wird es ihm leichter fallen, seine eigene Leiblichkeit zu akzeptieren und ein neues Wertsystem aufzubauen, das den in der philosophischen Tradition der Antike beheimateten Dualismus von Natur und Geist, Leib und Seele, Frau und Mann hinter sich lässt. Die feministische Theologie macht also Ernst damit, dass wir alle dazu aufgerufen sind, das Göttliche in der Welt greifbar werden zu lassen. Sie sieht die Menschen nicht in erster Linie als Sünder an, sondern sie betont deren **Verantwortlichkeit** und **schöpferische Kreativität.** Wo immer Menschen von Unrecht und Unterdrückung befreit und aus entfremdeten Lebensverhältnissen erlöst werden, setzt sich die Menschwerdung Gottes in die Geschichte hinein fort. Zu dieser Entwicklung möchte auch die feministische Theologie ihren Beitrag leisten.

Ausgangspunkt:	Der Mensch als verantwortlicher Schöpfungspartner Gottes
Forderung:	Subjektwerdung (d. h. Möglichkeit zur Selbstbestimmung) für *alle* Menschen
Konsequenz:	Option für die „Armen“, d. h. für alle Menschen, denen diese Möglichkeit derzeit noch vorenthalten wird
Beispiele:	Theologie der Befreiung, feministische Theologie

Zusammenfassung:
Die Frage nach dem Menschen im Spiegel theologiegeschichtlicher Entwicklungen

Die theologiegeschichtliche Entwicklung bezüglich der Antwort auf die Frage nach dem Menschen ist durch die in der biblischen Sichtweise begründete Spannung zwischen der **Berufung des Menschen zur Gottebenbildlichkeit** einerseits und der **Tatsache seiner Sündhaftigkeit** andererseits geprägt. So ergibt sich immer wieder das Problem, ob und in welcher Weise der Mensch etwas zu seiner Erlösung beitragen kann.

Ist es in der augustinischen Tradition – die von Martin Luther aufgegriffen wird – ausschließlich die Gnade Gottes, die die Erlösung des Menschen bewirkt, so wird dem Menschen in der mittelalterlichen Theologie unter dem Einfluss der aristotelischen Philosophie eine gewisse Mitwirkung an der Erlösung kraft der eingegossenen Gnade zugestanden.

In der Theologie der Aufklärung wird dieser Aspekt dann einseitig in den Vordergrund gerückt, um die **Autonomie des Menschen** auch in Bezug auf seine Erlösung zu wahren und seine Würde als einzigartiges Wesen der Vernunft klar herauszustellen.

In der Theologie des 20. Jahrhunderts wird versucht, die im biblisch-christlichen Menschenbild begründete Überzeugung von der **einzigartigen Würde des Menschen** in verstärktem Maße auch geschichtlich erfahrbar zu machen, indem die sozialen und politischen Konsequenzen dieses anthropologischen Ansatzes im Sinne einer **Subjektwerdung** aller Menschen konkret eingefordert werden.

Konsequenzen für das sittliche Handeln – Lebensgestaltung aus dem Glauben

Immer wieder stößt man bei der Betrachtung des Menschen auf die humanwissenschaftlich, philosophisch oder theologisch begründete Überzeugung, dass sich der Mensch vor allen anderen Lebewesen durch seine **Handlungsfreiheit** auszeichnet, wenn auch deren Grenzen im Einzelnen durchaus unterschiedlich gesetzt werden. Demnach ist der Mensch imstande, sein Leben innerhalb eines vorgegebenen Rahmens relativ frei und bewusst zu gestalten. Nur ein Verhalten, das einem freien Willensentschluss entspringt, kann jedoch sittlich bewertet werden. Somit ist die angesprochene Handlungsfreiheit auch die entscheidende Voraussetzung dafür, dass das Verhalten eines Menschen als **sittlich gut** oder als **sittlich verwerflich** eingestuft werden kann. Grundlage dieses Urteils sind moralische Kategorien, die einem bestimmten, in einer Gesellschaft allgemein akzeptierten Wertsystem entsprechen. Damit stellt sich am Ende dieses Überblicks über wichtige anthropologische Entwürfe aus Geschichte und Gegenwart gemäß dem alten moraltheologischen Grundsatz „Das Handeln folgt aus dem Sein" (lat. *„agere sequitur esse"*) die Frage nach den Konsequenzen für das sittliche Handeln, die sich aus einer solchen Sichtweise des Menschen ergeben, was nach christlichem Verständnis die Frage nach der Lebensgestaltung aus dem Glauben einschließt.

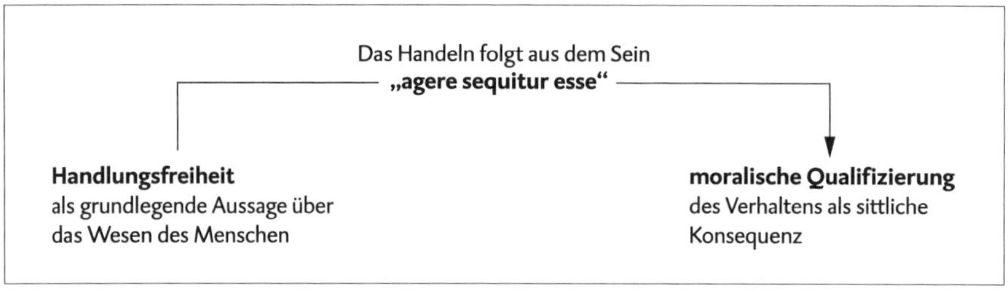

1 Freiheit – Verantwortung – Gewissen

Die Begriffe Freiheit, Verantwortung und Gewissen sind drei **grundlegende ethische Kategorien** in Bezug auf das sittliche Verhalten eines Menschen, die sehr eng miteinander verknüpft sind.

1.1 Freiheit

Die Fähigkeit des Menschen, in weit höherem Maße als die Tiere über sich und sein Verhalten selbst zu bestimmen, zählt in der philosophischen Anthropologie des 20. Jahrhunderts zu den wesentlichen Grundbefindlichkeiten des Menschen – eine Auffassung, die auch durch die Erkenntnisse der modernen Humanwissenschaften gestützt wird.

Trotz dieser insgesamt recht positiven Aussagen der philosophischen Anthropologie in Bezug auf die menschliche Willens- bzw. Handlungsfreiheit wird diese von verschiedenen Seiten immer wieder infrage gestellt. So wurde im 19. Jahrhundert unter dem Einfluss positivistischer und materialistischer Denkströmungen ein ausgeprägter **Determinismus** vertreten, demzufolge das Verhalten des Menschen weitgehend durch kausal-mechanische Zusammenhänge vorherbestimmt ist.[29] Diese Position wird in neuester Zeit durch die Erkenntnisse der modernen Genforschung und insbesondere auch der Gehirnforschung unterstützt, die ebenfalls den großen Einfluss körperlicher Funktionsmechanismen auf das Leben und Verhalten des Menschen hervorheben und in Zukunft sicherlich eine sehr ernst zu nehmende Herausforderung für alle ethischen Fragestellungen darstellen, deren volle Tragweite derzeit noch gar nicht eingeschätzt werden kann.

Darüber hinaus stellt auch der **Strukturalismus** des 20. Jahrhunderts die Willensfreiheit des Menschen infrage. Die Vertreter des Strukturalismus leugnen die Existenz des Menschen als eines frei handelnden Subjekts der Geschichte, da sie ihn in ein ganzes Netz von übergeordneten Strukturen oder Beziehungsgefügen eingebettet sehen, die im Einzelnen sprachwissenschaftlich, psychologisch oder auch kulturgeschichtlich gedeutet werden können. Damit verliert das menschliche Subjekt die Mittelpunktstellung, die ihm in der anthropologischen Tradition über weite Strecken zugewiesen wurde; es ist – in der Terminologie der Strukturalisten – „dezentriert“. An die Stelle des Menschen als autonom handelndes Subjekt treten die Strukturen, die sein Sprechen,

29 Einzelheiten dazu finden sich in den Ausführungen über das Menschenbild des Positivismus im Kapitel „Antwortversuche auf die Frage nach dem Menschen“, S. 74–79.

Denken oder Handeln bestimmen. Aufgrund dieser Abhängigkeiten ist es dem Strukturalismus zufolge auch sinnlos, in Bezug auf den Menschen von einem eigenständigen Ich zu sprechen. Deshalb deutet der französische Philosoph MICHEL FOUCAULT (1926–1984) den Humanismus der Neuzeit als eine vorübergehende, mittlerweile überwundene Epoche und propagiert in seinen Werken die **„Verabschiedung des Menschen"**.

Strukturalismus: abgeleitet von lat. *struo*, d. h. „ich baue"

Versteht man unter einer Struktur ein organisches Gebilde, in dem jedem Element eine genau definierte Funktion in Bezug auf das Ganze zukommt, so handelt es sich beim Strukturalismus – speziell in seiner anthropologischen Spielart – um eine Theorie, derzufolge das menschliche Individuum nicht als autonomes Subjekt zu verstehen ist, sondern als ein von übergeordneten Strukturen, die sein Sprechen, Denken oder Verhalten bestimmen, abhängiges Element.

Neben den Naturwissenschaften oder dem Strukturalismus stellt auch die Soziologie, die Gesellschaftswissenschaft, die Handlungsfreiheit des Menschen infrage, indem sie betont, in wie hohem Maß das menschliche Verhalten durch **gesellschaftliche Einflüsse** geprägt wird. Der Schriftsteller BERTOLT BRECHT (1898–1956) brachte diese Auffassung bereits in seiner „Dreigroschenoper" auf den Punkt, wenn es hier heißt: „Wir wären gut – anstatt so roh/Doch die Verhältnisse, sie sind nicht so". Die konkreten Lebensverhältnisse, die vielfältigen Rituale und Gepflogenheiten, die in den gesellschaftlichen Traditionen verankert sind und die trotz der pluralistischen Tendenzen im Zeitalter der so genannten Postmoderne nach wie vor eine große Rolle spielen, aber auch rechtliche Bestimmungen und die mit diesen verbundenen Wertorientierungen haben sicherlich einen großen Einfluss auf das Verhalten des Einzelnen. Auf der anderen Seite zeigen die großen Veränderungen, die es in dieser Hinsicht in den letzten Jahrzehnten gegeben hat, dass auch scheinbar fest gefügte Traditionen hinterfragt und aufgebrochen werden können. Der Handlungsspielraum des Einzelnen wird durch die rechtlichen und gesellschaftlichen Vorgaben und Rahmenbedingungen also keineswegs aufgehoben, wenn es unter Umständen auch nicht einfach ist, den Weg des Konformismus, also der Übereinstimmung mit bestehenden Auffassungen und Traditionen, zu verlassen, um stattdessen neue Wege zu beschreiten.

Der Mensch ist in seinem Verhalten zwar durch gesellschaftliche Normen beeinflusst, bleibt für seine Taten jedoch persönlich verantwortlich.

Aus diesen Überlegungen wird deutlich, dass das Handeln des Menschen von vielen Faktoren beeinflusst wird, die noch durch weitere Aspekte – zum Beispiel äußere Zwänge sowie physische oder psychische Beeinträchtigungen – zu ergänzen sind. Trotz all dieser möglichen Einschränkungen seiner Handlungsfreiheit wird der Mensch nicht nur in der Rechtsprechung als ein Wesen eingeschätzt, das über sich selbst bestimmen und deshalb auch für seine Taten zur Rechenschaft gezogen werden kann. In konkreten Entscheidungssituationen hat er sich nach wie vor als **handelndes Subjekt** zu bewähren.

Neben dieser so genannten **negativen Freiheit,** der Freiheit von inneren und äußeren Zwängen, spielt jedoch auch die **positive Freiheit** in Bezug auf das sittliche Handeln des Menschen eine große Rolle. Die bloße Wahlfreiheit gewinnt ihren tiefsten Sinn erst darin, dass sie den Menschen in die Lage versetzt, die dadurch gewonnenen Freiräume positiv zu gestalten und sich kraft seiner Entscheidungsfreiheit selbst zu verwirklichen. So verstanden ist Freiheit keinesfalls mit **Beliebigkeit** oder mit dem bloßen Fehlen von Bindungen im

Sinne einer *absoluten* Freiheit zu verwechseln, sondern sie schließt ein Sich-Festlegen zum Beispiel auf einen bestimmten Lebensweg ausdrücklich mit ein, sofern dieser Festlegung ein **freier Entschluss** zugrunde liegt.

Hier knüpft auch das **christliche Verständnis** von Freiheit an, demzufolge diese sich dem ausdrücklichen Schöpferwillen Gottes verdankt. Gott hat den Menschen als sein Ebenbild geschaffen und ihn damit als verantwortlichen Schöpfungspartner eingesetzt, der es in der Hand hat, die Welt eigenständig, aber verantwortlich weiter zu entwickeln. Aus christlicher Sicht ist die Freiheit des Menschen also **geschenkte Freiheit,** ist die in der Philosophie der Neuzeit viel beschworene Autonomie des Menschen eine **theonome,** da in der göttlichen Schöpfungsordnung begründete **Autonomie.** Wie ernst Gott selbst diese Freiheit nimmt, das zeigt sich darin, dass sie sogar die Freiheit zur Sünde mit einschließt, also die Möglichkeit, sich ganz bewusst und aus freiem Willen von Gott abzuwenden und gegen die Schöpfungsordnung zu verstoßen. Der Mensch ist damit „der erste Freigelassene der Schöpfung" (Johann Gottfried Herder).

Die von Gott geschenkte Freiheit muss nun jedoch auch positiv gelebt werden, sie ist **Gabe und Aufgabe** zugleich. Das heißt, dass es dem Menschen als Ebenbild Gottes aufgetragen ist, sich nicht neuen, selbst geschaffenen Zwängen zu unterwerfen, sondern seinen besonderen Anlagen und Fähigkeiten gerecht zu werden, indem er seine Freiräume wirklich ausschöpft und sich im Sinne der Schöpfungsordnung selbst verwirklicht. Dies meint auch Paulus, wenn er in seinem Brief an die Galater, dem in Bezug auf sein Freiheitsverständnis eine Schlüsselrolle zukommt, schreibt:

> Gal 5,13 Ihr seid zur Freiheit berufen, Brüder. Nur nehmt die Freiheit nicht zum Vorwand für das Fleisch, sondern dient einander in Liebe!
> 14 Denn das ganze Gesetz ist in dem einen Wort zusammengefasst: Du sollst deinen Nächsten lieben wie dich selbst!

Das Zweite Vatikanische Konzil bringt diese Zusammenhänge in seiner Pastoralkonstitution über die Kirche in der Welt von heute („Gaudium et spes") folgendermaßen zum Ausdruck:

> Aber nur frei kann der Mensch sich zum Guten hinwenden. Und diese Freiheit schätzen unsere Zeitgenossen hoch und erstreben sie leidenschaftlich. Mit Recht. Oft jedoch vertreten sie sie in verkehrter Weise als Berechtigung, alles zu tun, wenn es nur gefällt, auch das Böse. Die wahre Freiheit aber ist ein erhabenes Kennzeichen des Bildes Gottes im Menschen: Gott wollte nämlich den Menschen „in der Hand seines Entschlusses lassen" (vgl. Sir 15,14), sodass er seinen Schöpfer aus eigenem Entscheid suche und frei zur vollen und seligen Voll-

endung in Einheit mit Gott gelange. Die Würde des Menschen verlangt daher, dass er in bewusster und freier Wahl handle, das heißt personal, von innen her bewegt und geführt und nicht unter blindem innerem Drang oder unter bloßem äußeren Zwang. Eine solche Würde erwirbt der Mensch, wenn er sich aus aller Knechtschaft der Leidenschaften befreit und sein Ziel in freier Wahl des Guten verfolgt sowie sich die geeigneten Hilfsmittel wirksam und in angestrengtem Bemühen verschafft. Die Freiheit des Menschen, die durch die Sünde verwundet ist, kann nur mithilfe der Gnade Gottes die Hinordnung auf Gott zur vollen Wirksamkeit bringen. Jeder aber muss vor dem Richterstuhl Gottes Rechenschaft geben von seinem eigenen Leben, so wie er selber Gutes oder Bösen getan hat (vgl. 2 Kor 5,10).

Pastoralkonstitution über die Kirche in der Welt von heute (Gaudium et spes), Artikel 17: „Die hohe Bedeutung der Freiheit".

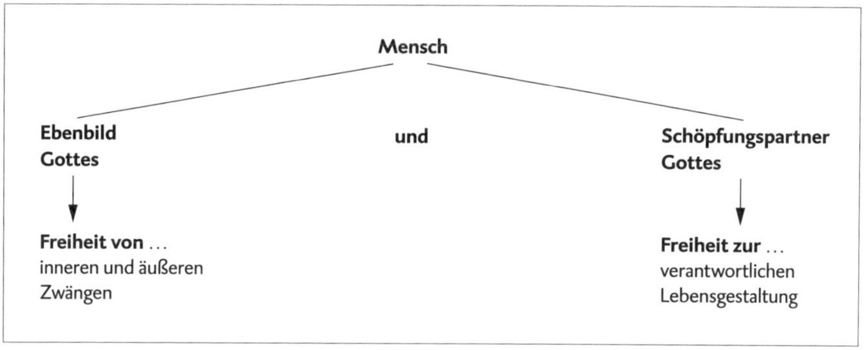

1.2 Verantwortung

Wie in dem Auszug aus der Pastoralkonstitution über die Kirche in der Welt von heute bereits zum Ausdruck kommt, ergibt sich die Frage nach der Verantwortung ganz unmittelbar aus dem christlichen Freiheitsverständnis. Der Mensch schuldet Gott **Rechenschaft** darüber, wie er mit seiner Freiheit umgegangen ist.

Als Subjekte unseres Handelns setzen wir uns bestimmte Ziele, abhängig von konkreten Alternativen, zwischen denen wir wählen können oder auch entscheiden müssen. Die Willensfreiheit ist auf das ausgerichtet, was wir als gut oder wertvoll erkannt haben. Mit unserer Wahl übernehmen wir zugleich die Verpflichtung, für die Folgen unseres Tuns einzustehen. Dadurch erst wird der *actus hominis,* also das Tun des Menschen, zu einem **actus humanus,** also zu einem wahrhaft menschlichen Tun, das auch der besonderen Würde des Menschen als eines rational, selbstbewusst und zielgerichtet handelnden Wesens gerecht wird.

Schon die Erzählungen der biblischen Urgeschichte zeigen, dass Gott den Menschen über sein Tun zur Rede stellt, dass er diesbezüglich nach **Antwort** verlangt (vgl. Gen 3,9; Gen 4,6.9 f.). Verantwortung meint also im biblisch-christlichen Sinne, dass der Mensch stets bereit und in der Lage sein muss zu erklären, warum er sich in einer konkreten Situation auf eine ganz bestimmte Weise verhalten hat; der **Sinn seines Tuns** muss – auch und gerade mit Blick auf die Folgen – nachvollziehbar sein. Im Kontext der christlichen Ethik ist das menschliche Handeln stets daran zu messen, inwieweit es die in der Schöpfungsordnung verankerten **Werte schützt** und **dem Leben dient.**

Auf besonders plastische Weise wird uns das, worum es hier geht, in den Darstellungen des so genannten Jüngsten Gerichtes oder Weltgerichtes vor Augen geführt:

Mt 25,31 Wenn der Menschensohn in seiner Herrlichkeit kommt und alle Engel mit ihm, dann wird er sich auf den Thron seiner Herrlichkeit setzen.
32 Und alle Völker werden vor ihm zusammengerufen werden, und er wird sie voneinander scheiden, wie der Hirt die Schafe von den Böcken scheidet.
33 Er wird die Schafe zu seiner Rechten versammeln, die Böcke aber zur Linken.
34 Dann wird der König denen auf der rechten Seite sagen: Kommt her, die ihr von meinem Vater gesegnet seid, nehmt das Reich in Besitz, das seit der Erschaffung der Welt für euch bestimmt ist.
35 Denn ich war hungrig, und ihr habt mir zu essen gegeben; ich war durstig, und ihr habt mir zu trinken gegeben; ich war fremd und obdachlos, und ihr habt mich aufgenommen;
36 ich war nackt, und ihr habt mir Kleidung gegeben; ich war krank, und ihr habt mich besucht; ich war im Gefängnis, und ihr seid zu mir gekommen.
37 Dann werden ihm die Gerechten antworten: Herr, wann haben wir dich hungrig gesehen und dir zu essen gegeben, oder durstig und dir zu trinken gegeben?
38 Und wann haben wir dich fremd und obdachlos gesehen und aufgenommen, oder nackt und dir Kleidung gegeben?
39 Und wann haben wir dich krank oder im Gefängnis gesehen und sind zu dir gekommen?
40 Darauf wird der König ihnen antworten: Amen, ich sage euch: Was ihr für einen meiner geringsten Brüder getan habt, das habt ihr mir getan.
41 Dann wird er sich auch an die auf der linken Seite wenden und zu ihnen sagen: Weg von mir, ihr Verfluchten, in das ewige Feuer, das für den Teufel und seine Engel bestimmt ist!
42 Denn ich war hungrig, und ihr habt mir nichts zu essen gegeben; ich war durstig, und ihr habt mir nichts zu trinken gegeben;
43 ich war fremd und obdachlos, und ihr habt mich nicht aufgenommen; ich war nackt, und ihr habt mir keine Kleidung gegeben; ich war krank und im Gefängnis, und ihr habt mich nicht besucht.

44 Dann werden auch sie antworten: Herr, wann haben wir dich hungrig oder durstig oder obdachlos oder nackt oder krank oder im Gefängnis gesehen und haben dir nicht geholfen?
45 Darauf wird er ihnen antworten: Amen, ich sage euch: Was ihr für einen dieser Geringsten nicht getan habt, das habt ihr auch mir nicht getan.
46 Und sie werden weggehen und die ewige Strafe erhalten, die Gerechten aber das ewige Leben.

Jüngstes Gericht

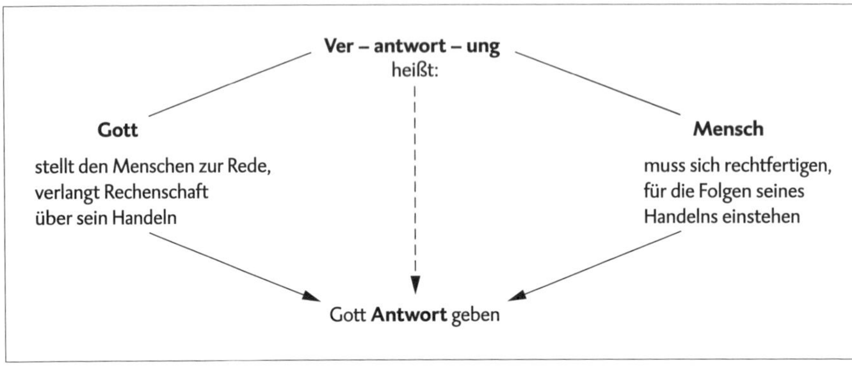

1.3 Gewissen

Das Gewissen ist die Instanz, die die **sittliche Würde** des Menschen als Person letztlich begründet. Damit handelt es sich beim Gewissen um ein ursprüngliches Phänomen, das bereits bei Sokrates als innere Stimme beschrieben wird, die ein Urteil über die moralische Qualität eines vergangenen oder auch zukünftigen Handelns fällt und der damit eine wichtige Funktion in Bezug auf die **Wertvorstellungen** eines Menschen zukommt. Vor einer Entscheidung wird diese innere Stimme als **mahnendes oder warnendes Gewissen** erfahrbar, nach einer Entscheidung als **gutes oder schlechtes (bzw. anklagendes) Gewissen.**

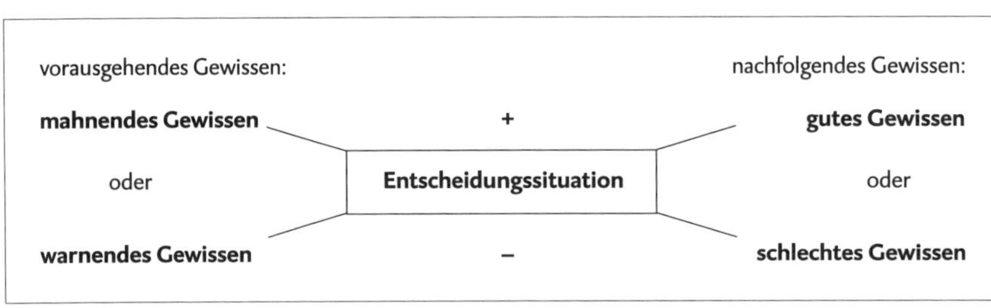

Das Gewissen ist also die Instanz, die unser Verhalten im Voraus oder im Nachhinein moralisch qualifiziert. Dies setzt die Fähigkeit des Menschen voraus, kraft seines Selbstbewusstseins über sich und sein Verhalten kritisch zu reflektieren. Diese anthropologische Voraussetzung spiegelt sich auch in der Wortbildung wider: Analog zum lateinischen Begriff *con-scientia* bzw. zum griechischen Begriff *syn-eidesis* meint „Ge-wissen" so viel wie das gemeinsame Wissen oder auch die „Mitwisserschaft“[30]. Der Mensch ist also sein eigener „Mitwisser“; er weiß um sich und seine Taten und kann diese deshalb auch in seinem **„inneren Gerichtshof“** – mit diesen Worten umschreibt der Philosoph Immanuel Kant das Gewissen – als sittlich gut oder als sittlich böse beurteilen. Damit kommt dieser Anlage in Bezug auf die Handlungsfreiheit des Menschen eine zentrale Bedeutung zu.

Neben dieser besonderen menschlichen Veranlagung setzt die konkrete Gewissensentscheidung auch bestimmte Kategorien und Wertvorstellungen voraus, an denen sie sich orientieren kann. Hier zeigt sich noch einmal, dass die Willens- oder Handlungsfreiheit nicht mit Willkür oder Bindungslosigkeit gleichgesetzt werden kann. Das sittliche Bewusstsein des Menschen, das in der Gewissensentscheidung zum Ausdruck kommt, muss im Laufe der Erziehung entfaltet und mit Inhalten gefüllt werden. Das voll entwickelte **personale Verantwortungsgewissen** setzt also eine intensive Gewissensbildung voraus, um den Einzelnen zu einer reflektierten, eigenverantwortlichen Entscheidung – im Extremfall auch im Widerspruch zu den geltenden gesellschaftlichen Normen – zu befähigen.

Aus christlicher Sicht ist das Gewissen die **Stimme Gottes im Menschen** bzw. der Anruf Gottes, der jeden Einzelnen an seine besondere sittliche Würde und die damit einhergehende Verantwortung erinnert. Diese christliche Deutung darf jedoch keinesfalls als Aufhebung der menschlichen Freiheit (miss-)verstanden werden; vielmehr handelt es sich um eine bleibende Mahnung, der Entscheidungsfreiheit des Menschen in der konkreten Lebenspraxis jederzeit gerecht zu werden. Auch aus christlicher Sicht schließt dies die ausdrückliche Verpflichtung zu einer intensiven, verantwortungsbewussten **Gewissensbildung** mit ein, die sich an den ethischen Richtlinien orientiert, die auf der Grundlage der Offenbarung, also der Heiligen Schrift und ihrer Auslegungstradition, gewonnen und durch das kirchliche Lehramt verbindlich ausgelegt werden. Für deren angemessene und möglichst effektive Umsetzung in einer konkreten Entscheidungssituation trägt jeder Einzelne die volle Verantwortung.

30 Die deutsche Vorsilbe ge- bedeutet ursprünglich genau wie die entsprechenden lateinischen bzw. griechischen Vorsilben „mit, zusammen“ (vgl. die analoge Wortbildung in Gebirge oder Geschwister).

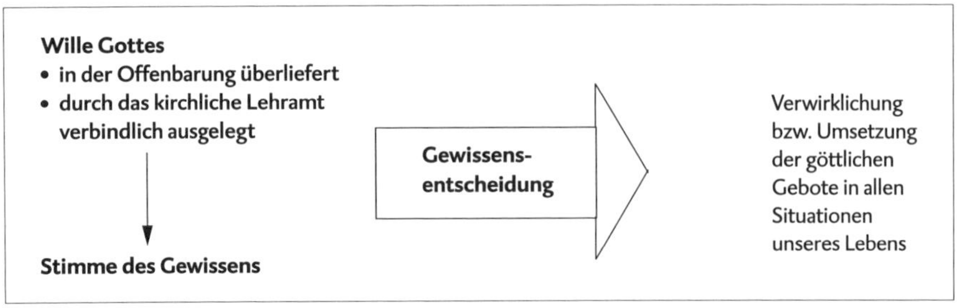

Als Stimme Gottes im Menschen kommt dem Gewissen aus der Sicht der christlichen Moraltheologie ein so **hoher Stellenwert** zu, dass eine nach reiflicher Überlegung – also „nach bestem Wissen und Gewissen" – getroffene Entscheidung auch dann noch als gerechtfertigt, das heißt als sittlich gut gilt, wenn sich im Nachhinein herausstellen sollte, dass man sich geirrt hat und dass die Entscheidung objektiv gesehen falsch war. Auch Paulus betont, dass der Mensch nur dann wirklich gut handelt, wenn er aufgrund seines Glaubens zur **persönlichen Überzeugung** gelangt ist, das Richtige zu tun. So schreibt er zum Beispiel in seinem Brief an die Römer:

Röm 14,23 Wer aber Zweifel hat, wenn er etwas isst, der ist gerichtet, weil er nicht aus der Überzeugung des Glaubens handelt. Alles, was nicht aus Glauben geschieht, ist Sünde.

Die moraltheologischen Reflexionen über das Gewissen werden in der Pastoralkonstitution über die Kirche in der Welt von heute prägnant zusammengefasst.

Im Innern seines Gewissens entdeckt der Mensch ein Gesetz, das er sich nicht selbst gibt, sondern dem er gehorchen muss und dessen Stimme ihn immer zur Liebe und zum Tun des Guten und zur Unterlassung des Bösen anruft und, wo nötig, in den Ohren des Herzens tönt: Tu dies, meide jenes. Denn der Mensch hat ein Gesetz, das von Gott seinem Herzen eingeschrieben ist, dem zu gehorchen eben seine Würde ist und gemäß dem er gerichtet werden wird (vgl. Röm 2,14–16). Das Gewissen ist die verborgenste Mitte und das Heiligtum im Menschen, wo er allein ist mit Gott, dessen Stimme in diesem seinem Innersten zu hören ist. Im Gewissen erkennt man in wunderbarer Weise jenes Gesetz, das in der Liebe zu Gott und dem Nächsten seine Erfüllung hat (vgl. Mt 22,37–40; Gal 5,14). Durch die Treue zum Gewissen sind die Christen mit den übrigen Menschen verbunden im Suchen nach der Wahrheit und zur wahrheitsgemäßen Lösung all der vielen moralischen Probleme, die im Leben der Einzelnen wie im gesellschaftlichen Zusammenleben entstehen. Je mehr also das rechte Gewissen sich durchsetzt, desto mehr lassen die Personen und Gruppen von der blinden Willkür ab und suchen sich nach den objektiven Normen der Sittlichkeit zu richten. Nicht selten jedoch geschieht es, dass das Gewissen aus unüberwindlicher Unkenntnis irrt, ohne dass es dadurch seine Würde verliert. Das kann man aber nicht sagen, wenn der Mensch sich zu wenig darum bemüht, nach dem Wahren und Guten zu suchen, und das Gewissen durch Gewöhnung an die Sünde allmählich fast blind wird.

Pastoralkonstitution über die Kirche in der Welt von heute (Gaudium et spes), Artikel 16: „Die Würde des sittlichen Gewissens".

Am Phänomen des Gewissens zeigt sich demnach noch einmal auf besonders eindrucksvolle Weise, dass der Mensch aus biblisch-christlicher Sicht dazu aufgerufen ist, über sein Leben selbst zu bestimmen und sich dabei stets so zu verhalten, wie es seiner innersten Überzeugung entspricht. In der Gewissensentscheidung wird die Lebensgestaltung aus dem Glauben konkret. Deshalb kann auch die **personale Verantwortungsethik** als Grundmodell der christlichen Ethik angesehen werden.

Zusammenfassung: Freiheit – Verantwortung – Gewissen

Trotz mancher Einwände nicht zuletzt aus der modernen Wissenschaft hält das christliche Menschenbild daran fest, dass der Mensch dazu berufen ist, **frei und verantwortlich** zu handeln. Der **negativen Freiheit,** also der Freiheit von inneren und äußeren Zwängen, stellt das christliche Menschenbild jedoch die **positive Freiheit** an die Seite, also die Aufgabe, mit der von Gott geschenkten Freiheit im Sinne der Schöpfungsordnung verantwortungsvoll umzugehen.

Das **Gewissen** ist die Instanz, die den Menschen dazu befähigt, bewusst zu handeln und über sein Verhalten zu reflektieren; als „Stimme Gottes" dient das reife, ausgebildete Gewissen als Kompass für das sittliche Ethos eines Menschen.

2 Schuld und Vergebung

Die Freiheit des Menschen schließt nach christlichem Verständnis die **Freiheit zur Sünde** mit ein.[31] Gerade weil Gott den Menschen nicht als perfekt funktionierende Marionette geschaffen hat, sondern ihn vor die Wahl stellt, wie er sein Leben gestalten will, ob er den Weg des Guten oder den Weg des Bösen einschlagen möchte, sieht sich der Mensch immer wieder mit dem Problem der Schuld konfrontiert und auf Vergebung angewiesen.

2.1 Schuld und Sünde

Die gegenwärtige Sicht des Phänomens der Schuld ist durchaus ambivalent. Auf der einen Seite gibt es immer wieder Versuche, die Menschen von der Verantwortung für ihre Taten freizusprechen, indem man zum Beispiel ihre Willens- oder Handlungsfreiheit in Frage stellt. Auf der anderen Seite wurde gerade im Laufe des 20. Jahrhunderts wie nie zuvor in der Geschichte der Menschheit offenbar, was Menschen einander antun können, wozu Aggressivität, grenzenlose Brutalität und Rücksichtslosigkeit führen können: Erinnert sei nur an die Schrecken der beiden Weltkriege, an den Massenmord an Juden und anderen Minderheiten unter den Nationalsozialisten oder auch an die Folgen der Umweltverschmutzung, die inzwischen immer bedrohlichere Formen annehmen. In solchen Eindrücken ist es auch begründet, dass die Konfrontation mit Schuld heute zu den elementaren **Grenzerfahrungen** der menschlichen Existenz gerechnet wird. Es ist in erster Linie die Freiheit des Menschen, die hier an ihre Grenzen stößt, und damit scheint auch das Experiment des autonomen Handelns endgültig zum Scheitern verurteilt zu sein. Die Fähigkeit zum Missbrauch der Freiheit gehört zu den Wesensmerkmalen des Menschen, sie stellt jedoch zugleich ein gewaltiges **Gefährdungspotenzial** dar, da der Mensch gerade dadurch seine Bestimmung verfehlt und letztlich sich selbst zerstört.

Noch komplexer wird das Bild, wenn man die theologischen Reflexionen über die menschliche Schuld mit einbezieht. Menschliche Schuld wird in ihrem Wesenskern als Abkehr von Gott gedeutet, als Auflehnung gegen Gott und seine Schöpfungsordnung, die in dem Willen des Menschen begründet ist, selbst an die Stelle Gottes zu treten. Durch diese „Absonderung" von Gott wird Schuld theologisch gesehen zur Sünde. Jede einzelne Sünde schließt also stets die **Entscheidung gegen Gott** mit ein und ist insofern Ausdruck des Unglaubens. Die schon angesprochenen geschichtlichen Erfahrungen haben uns

31 Vgl. dazu auch die Ausführungen zum jüdisch-christlichen Menschenbild auf S. 89–104.

jedoch gezeigt, dass die Auflehnung gegen Gott immer auch die Haltung des Menschen sich selbst und seinen Mitmenschen gegenüber betrifft, da mit dem Maßstab der Gottebenbildlichkeit auch leicht das Bewusstsein von der einzigartigen Würde eines jeden Einzelnen verloren geht.

Die biblische Urgeschichte stellt uns diese Zusammenhänge in der Erzählung von der Ermordung Abels durch seinen Bruder Kain exemplarisch vor Augen.

Gen 4,1 Adam erkannte Eva, seine Frau; sie wurde schwanger und gebar Kain. Da sagte sie: Ich habe einen Mann vom Herrn erworben.

2 Sie gebar ein zweites Mal, nämlich Abel, seinen Bruder. Abel wurde Schafhirt und Kain Ackerbauer.

3 Nach einiger Zeit brachte Kain dem Herrn ein Opfer von den Früchten des Feldes dar;

4 auch Abel brachte eines dar von den Erstlingen seiner Herde und von ihrem Fett. Der Herr schaute auf Abel und sein Opfer,

5 aber auf Kain und sein Opfer schaute er nicht. Da überlief es Kain ganz heiß und sein Blick senkte sich.

6 Der Herr sprach zu Kain: Warum überläuft es dich heiß und warum senkt sich dein Blick?

7 Nicht wahr, wenn du recht tust, darfst du aufblicken; wenn du nicht recht tust, lauert an der Tür die Sünde als Dämon. Auf dich hat er es abgesehen, doch du werde Herr über ihn!

8 Hierauf sagte Kain zu seinem Bruder Abel: Gehen wir aufs Feld! Als sie auf dem Feld waren, griff Kain seinen Bruder Abel an und erschlug ihn.

9 Da sprach der Herr zu Kain: Wo ist dein Bruder Abel? Er entgegnete: Ich weiß es nicht. Bin ich der Hüter meines Bruders?

10 Der Herr sprach: Was hast du getan? Das Blut deines Bruders schreit zu mir vom Ackerboden.

11 So bist du verflucht, verbannt vom Ackerboden, der seinen Mund aufgesperrt hat, um aus deiner Hand das Blut deines Bruders aufzunehmen.

12 Wenn du den Ackerboden bestellst, wird er dir keinen Ertrag mehr bringen. Rastlos und ruhelos wirst du auf der Erde sein.

13 Kain antwortete dem Herrn: Zu groß ist meine Schuld, als dass ich sie tragen könnte.

14 Du hast mich heute vom Ackerland verjagt, und ich muss mich vor deinem Angesicht verbergen; rastlos und ruhelos werde ich auf der Erde sein, und wer mich findet, wird mich erschlagen.

15 Der Herr aber sprach zu ihm: Darum soll jeder, der Kain erschlägt, siebenfacher Rache verfallen. Darauf machte der Herr dem Kain ein Zeichen, damit ihn keiner erschlage, der ihn finde.

16 Dann ging Kain vom Herrn weg und ließ sich im Land Nod nieder, östlich von Eden.

Jede Sünde setzt voraus, dass ein Mensch **bewusst und aus freiem Willen** gegen eine göttliche Weisung verstößt. Auch die Erzählung vom ersten Brudermord lässt erkennen, dass die schuldhafte Tat Kains zwar ursprünglich in Zorn und Eifersucht verwurzelt ist, dass hier jedoch keinesfalls ein Automatismus vorliegt, der ihn gewissermaßen zum „Triebtäter" machen würde. Vielmehr folgt zunächst noch ein kurzer Dialog, in dem Gott die Rolle des vorausgehenden Gewissens übernimmt und Kain die Chance gibt, den geplanten Mord an seinem Bruder noch einmal zu überdenken. Zu diesem Zeitpunkt hat er es also noch in der Hand, die Eskalation der Gewalt zu beenden. Da Kain bewusst darauf verzichtet, diese Chance zu nutzen, muss er schließlich auch die Verantwortung für sein Handeln übernehmen. Besonders eindrucksvoll ist das Ende der Erzählung, in dem sichtbar wird, dass auch der Mensch, der schwere Schuld auf sich geladen hat, noch von der Fürsorge Gottes umfangen bleibt.

Brudermord (In Gottes Hand), Holzstich von Karl Rössing, 1948

Solange die Menschen die Bereitschaft vermissen lassen, sich wieder in die göttliche Schöpfungsordnung einzufügen, bleiben sie in Schuld und Unheil verstrickt. Dies spiegelt sich auch deutlich in der Geschichte des Volkes Israel wider, die in der hebräischen Bibel als eine Geschichte fortgesetzter **Untreue** bzw. als ein permanenter Bruch des Bundes zwischen Gott und Mensch gedeutet wird. Der Ungehorsam gegenüber den göttlichen Weisungen, die auf beispielhafte Weise im Dekalog festgehalten sind, führt zu einer nachhaltigen **Störung im Zusammenleben** der Menschen. Das unrechte Tun, besonders der schrankenlose Egoismus, das ausgeprägte Gewinnstreben und die damit verbundene soziale Ungerechtigkeit, verletzen sowohl die persönliche Integrität des Einzelnen als auch die elementaren Grundlagen einer jeden Gesellschaft. Auf die Schuld der Menschen ist es also zurückzuführen, dass die im Schöpfungswillen Gottes begründete Heilsgeschichte über weite Strecken als eine **Geschichte des Unheils** erscheint. In den Psalmen findet die Klage über diese unheilvolle

Entwicklung beredten Ausdruck; so zum Beispiel in Psalm 38, wo es gleich zu Anfang heißt:

Ps 38,2 Herr, strafe mich nicht in deinem Zorn und züchtige mich nicht in deinem Grimm!
3 Denn deine Pfeile haben mich getroffen, deine Hand lastet schwer auf mir.
4 Nichts blieb gesund an meinem Leib, weil du mir grollst, weil ich gesündigt, blieb an meinen Gliedern nichts heil.
5 Denn meine Sünden schlagen mir über dem Kopf zusammen, sie erdrücken mich wie eine schwere Last.

Auch die Propheten deuten die politischen Katastrophen in der Geschichte des Volkes Israel als Gericht, mit dem Gott die Untreue des Volkes vergilt, fordern mit ihrem **Aufruf zur Umkehr** jedoch auch immer wieder die persönliche Verantwortung eines jeden Einzelnen ein. Der traditionelle Kollektivismus der Bundestheologie, der das Volk als Schicksalsgemeinschaft sieht, wird in der prophetischen Tradition allmählich durch eine Auffassung in Frage gestellt, die den Menschen als persönlich haftendes Individuum in den Vordergrund der Betrachtung rückt und auf dieser Grundlage ein neues, **vertieftes Verständnis von Schuld** entwickelt. Da im Leben des Einzelnen Schuld und Strafe jedoch oft nicht in Einklang zu bringen sind, wird der so genannte Tun-Ergehen-Zusammenhang, der menschliches Leid grundsätzlich als eine Form der Strafe, also als unmittelbare Folge von Schuld interpretiert, innerhalb der hebräischen Bibel zunehmend kritisch hinterfragt. Besonders eindrucksvoll spiegeln sich diese theologischen Auseinandersetzungen im Buch Hiob wider.

Ivan Steiger: Last der Taten

Die hier skizzierte Entwicklung setzt sich im Neuen Testament fort. Auch die neutestamentlichen Schriften sehen in jeder schuldhaften Tat einen Verstoß gegen die göttliche Schöpfungsordnung, der eine **verfehlte Grundhaltung** offenbart, da der Mensch sich und seine persönlichen Interessen hier zum alleinigen Maßstab seines Handelns macht. Jesu Umgang mit Sündern zeigt, dass er die individuelle Verantwortung in diesem Zusammenhang durchaus ernst nimmt und den Menschen ihr Unrecht klar vor Augen führt, ohne sie dabei jedoch in ihrer personalen Würde zu verletzen. Indem er die Menschen so annimmt, wie sie sind, ermutigt er sie zur Umkehr und ermöglicht ihnen so einen radikalen Neuanfang. Besonders eindrucksvoll zeigt sich dies in der Begegnung mit der Ehebrecherin im Johannes-Evangelium.

Joh 8,1 Jesus aber ging zum Ölberg.
2 Am frühen Morgen begab er sich wieder in den Tempel. Alles Volk kam zu ihm. Er setzte sich und lehrte es.
3 Da brachten die Schriftgelehrten und die Pharisäer eine Frau, die beim Ehebruch ertappt worden war. Sie stellten sie in die Mitte
4 und sagten zu ihm: Meister, diese Frau wurde beim Ehebruch auf frischer Tat ertappt.
5 Mose hat uns im Gesetz vorgeschrieben, solche Frauen zu steinigen. Nun, was sagst du?
6 Mit dieser Frage wollten sie ihn auf die Probe stellen, um einen Grund zu haben, ihn zu verklagen. Jesus aber bückte sich und schrieb mit dem Finger auf die Erde.
7 Als sie hartnäckig weiter fragten, richtete er sich auf und sagte zu ihnen: Wer von euch ohne Sünde ist, werfe als erster einen Stein auf sie.
8 Und er bückte sich wieder und schrieb auf die Erde.
9 Als sie seine Antwort gehört hatten, ging einer nach dem anderen fort, zuerst die Ältesten. Jesus blieb allein zurück mit der Frau, die noch in der Mitte stand.
10 Er richtete sich auf und sagte zu ihr: Frau, wo sind sie geblieben? Hat dich keiner verurteilt?
11 Sie antwortete: Keiner, Herr. Da sagte Jesus zu ihr: Auch ich verurteile dich nicht. Geh und sündige von jetzt an nicht mehr!

So ist es kein Zufall, dass das Wirken Jesu Christi in vielen Bildern und Gleichnissen als Suche nach dem Verlorenen umschrieben wird: „Denn der Menschensohn ist gekommen, um zu suchen und zu retten, was verloren ist." (Lk 19,10; vgl. auch Mt 9,9–13). Hier spiegelt sich auch im neutestamentlichen Kontext die große Barmherzigkeit und die **absolute Vergebungsbereitschaft Gottes** wider, der trotz ihrer schweren Verfehlungen an den Menschen festhält.

Auch Paulus setzt sich auf sehr intensive Weise mit dem Problem menschlicher Schuld auseinander. Für ihn geht mit der Sünde des ersten Menschen ein Riss durch die Schöpfung, der alle Menschen zwangsläufig zu Sündern macht und erst durch die Menschwerdung Gottes in seinem Sohn Jesus Christus überwunden werden kann (vgl. dazu Röm 5,12–21). In seinem Brief an die Römer kennzeichnet er die Situation des Menschen durch einen scheinbar ausweglosen **inneren Konflikt;** obwohl er den Willen hat, das Rechte zu tun, unterliegt er in der konkreten Lebenspraxis immer wieder der Versuchung des Bösen. Dieses permanente Scheitern weckt im Menschen eine tiefe **Sehnsucht nach Erlösung,** die für Paulus in der Begegnung mit dem Auferstandenen Wirklichkeit wird.

Röm 7,14 Wir wissen, dass das Gesetz selbst vom Geist bestimmt ist; ich aber bin Fleisch, das heißt: verkauft an die Sünde.
15 Denn ich begreife mein Handeln nicht: Ich tue nicht das, was ich will, sondern das, was ich hasse.
17 Dann aber bin nicht mehr ich es, der so handelt, sondern die in mir wohnende Sünde.
19 Denn ich tue nicht das Gute, das ich will, sondern das Böse, das ich nicht will.
20 Wenn ich aber das tue, was ich nicht will, dann bin nicht mehr ich es, der so handelt, sondern die in mir wohnende Sünde.
21 Ich stoße also auf das Gesetz, dass in mir das Böse vorhanden ist, obwohl ich das Gute tun will.
24 Ich unglücklicher Mensch! Wer wird mich aus diesem dem Tod verfallenen Leib erretten?
25 Dank sei Gott durch Jesus Christus, unseren Herrn! Es ergibt sich also, dass ich mit meiner Vernunft dem Gesetz Gottes diene, mit dem Fleisch aber dem Gesetz der Sünde.

Ursprung der Schuld aus theologischer Sicht: Abkehr von Gott und seiner Schöpfungsordnung (= Sünde)	
Voraussetzungen: • bewusster Verstoß • gegen die göttlichen Weisungen • aus freiem Willen	Folgen: • Verlust der persönlichen Integrität • Störungen im Zusammenleben • Gottferne, Trennung von Gott

2.2 Vergebung – Versöhnung mit Gott und den Menschen

Schon am Ende der Geschichte von Kain und Abel klingt an, dass der Mensch in der Schulderfahrung an seine **Grenzen** stößt, dass er diese Situation nicht aus eigener Kraft bewältigen kann. Obwohl die sittliche Würde des Menschen im biblisch-christlichen Menschenbild unbedingt respektiert wird, gerade auch was seine „Schuldfähigkeit" anbelangt, so wird doch auch klar gesehen, dass der Mensch den hohen Anforderungen, die damit verbunden sind, nicht immer gerecht zu werden vermag. Der Mensch wird hier also auf durchaus realistische Weise sowohl in seiner Größe als auch in seiner Begrenztheit wahrgenommen.

Vor diesem Hintergrund bleibt der Mensch bei der Bewältigung von Schuld auf die **Hilfe Gottes** angewiesen, dem er sich – wie in Psalm 130 – gerade auch da anvertrauen kann, wo er selbst nicht mehr weiter weiß.

Ps 130,1 Aus der Tiefe rufe ich, Herr, zu dir:
2 Herr, höre meine Stimme! Wende dein Ohr mir zu, achte auf mein lautes Flehen!

3 Würdest du, Herr, unsere Sünden beachten, Herr, wer könnte bestehen?
4 Doch bei dir ist Vergebung, damit man in Ehrfurcht dir dient.
5 Ich hoffe auf den Herrn, es hofft meine Seele, ich warte voll Vertrauen auf sein Wort.
6 Meine Seele wartet auf den Herrn mehr als die Wächter auf den Morgen. Mehr als die Wächter auf den Morgen
7 soll Israel harren auf den Herrn. Denn beim Herrn ist die Huld, bei ihm ist Erlösung in Fülle.
8 Ja, er wird Israel erlösen von all seinen Sünden.

Da Schuld im biblischen Kontext als Sünde, das heißt als bewusste Abkehr von Gott und seiner Schöpfungsordnung verstanden wird, setzt die Bewältigung von Schuld die göttliche Vergebung voraus. So spielt die **Versöhnung mit Gott** am Fest Jom Kippur auch in der jüdischen Liturgie eine zentrale Rolle. Der Versöhnung mit Gott muss jedoch die **Versöhnung mit den Mitmenschen** vorausgehen, denen man im Laufe des Jahres Unrecht getan hat. In der hier geforderten Bereitschaft, sich auf diese Weise den Mitmenschen zu öffnen, mit der Bitte um Vergebung auf die anderen zuzugehen, wird der prophetische Aufruf zur Umkehr konkret. Der Wille zur Versöhnung, der auf beiden Seiten gegeben sein muss, das Bemühen, das getane Unrecht wieder gutzumachen, setzt eine Haltung voraus, bei der die Egozentrik des „Sündenfalls" im Grunde bereits überwunden ist. Diese Zusammenhänge werden auch in vielen biblischen Geschichten anschaulich dargestellt, zum Beispiel in der Geschichte von Jakob und Esau oder auch von Josef und seinen Brüdern; in beiden Fällen spielt die Versöhnung zwischen Brüdern eine zentrale Rolle, die jeweils durch eine innere Umkehr vorbereitet wird.

Auch Jesu Umgang mit den Sündern ist darauf ausgerichtet, die Menschen aus der unheilvollen Verstrickung ihrer Ich-Sucht zu befreien, indem er ganz bewusst die Gemeinschaft mit ihnen pflegt.

Mt 9,9 Als Jesus weiterging, sah er einen Mann namens Matthäus am Zoll sitzen und sagte zu ihm: Folge mir nach! Da stand Matthäus auf und folgte ihm.
10 Und als Jesus in seinem Haus beim Essen war, kamen viele Zöllner und Sünder und aßen zusammen mit ihm und seinen Jüngern.
11 Als die Pharisäer das sahen, sagten sie zu seinen Jüngern: Wie kann euer Meister zusammen mit Zöllnern und Sündern essen?
12 Er hörte es und sagte: Nicht die Gesunden brauchen den Arzt, sondern die Kranken.
13 Darum lernt, was es heißt: Barmherzigkeit will ich, nicht Opfer. Denn ich bin gekommen, um die Sünder zu rufen, nicht die Gerechten.

In vielen Heilungsgeschichten wird darüber hinaus sichtbar, dass durch eine echte **Umkehr** alte Wunden und Verletzungen geheilt werden können, wodurch ein **grundlegender Neuanfang** im Leben möglich wird. Auch hier wird jedoch vorausgesetzt, dass die Menschen sich Jesus vorbehaltlos anvertrauen und auf diese Weise ihre Bereitschaft zur Umkehr unter Beweis stellen, wie dies auf sehr tatkräftige Weise in der Geschichte von der Heilung eines Gelähmten geschieht.

Mt 5,17 Eines Tages, als Jesus wieder lehrte, saßen unter den Zuhörern auch Pharisäer und Gesetzeslehrer; sie waren aus allen Dörfern Galiläas und Judäas und aus Jerusalem gekommen. Und die Kraft des Herrn drängte ihn dazu, zu heilen.
18 Da brachten einige Männer einen Gelähmten auf einer Tragbahre. Sie wollten ihn ins Haus bringen und vor Jesus hinlegen.
19 Weil es ihnen aber wegen der vielen Leute nicht möglich war, ihn hineinzubringen, stiegen sie aufs Dach, deckten die Ziegel ab und ließen ihn auf seiner Tragbahre in die Mitte des Raumes hinunter, genau vor Jesus hin.
20 Als er ihren Glauben sah, sagte er zu dem Mann: Deine Sünden sind dir vergeben.
21 Da dachten die Schriftgelehrten und die Pharisäer: Wer ist das, dass er eine solche Gotteslästerung wagt? Wer außer Gott kann Sünden vergeben?
22 Jesus aber merkte, was sie dachten, und sagte zu ihnen: Was habt ihr für Gedanken im Herzen?
23 Was ist leichter, zu sagen: Deine Sünden sind dir vergeben!, oder zu sagen: Steh auf und geh umher?
24 Ihr sollt aber erkennen, dass der Menschensohn die Vollmacht hat, hier auf der Erde Sünden zu vergeben. Und er sagte zu dem Gelähmten: Ich sage dir: Steh auf, nimm deine Tragbahre, und geh nach Hause!
25 Im gleichen Augenblick stand der Mann vor aller Augen auf. Er nahm die Tragbahre, auf der er gelegen hatte, und ging heim, Gott lobend und preisend.
26 Da gerieten alle außer sich; sie priesen Gott und sagten voller Furcht: Heute haben wir etwas Unglaubliches gesehen.

In dieser Geschichte wird auf exemplarische Weise deutlich, dass die in der inneren Umkehr vorbereitete Versöhnung mit Gott das gesamte Leben eines Menschen verändert; durch die Sündenvergebung wird das Leben des Menschen wieder heil, wobei **Heilung** in diesem Zusammenhang stets als ein **ganzheitlicher Vorgang** aufzufassen ist. In der Geschichte von der Heilung des Gelähmten kommt jedoch auch die besondere **göttliche Vollmacht Jesu Christi** zum Ausdruck, die sich in der Vollmacht zur Sündenvergebung konkretisiert.

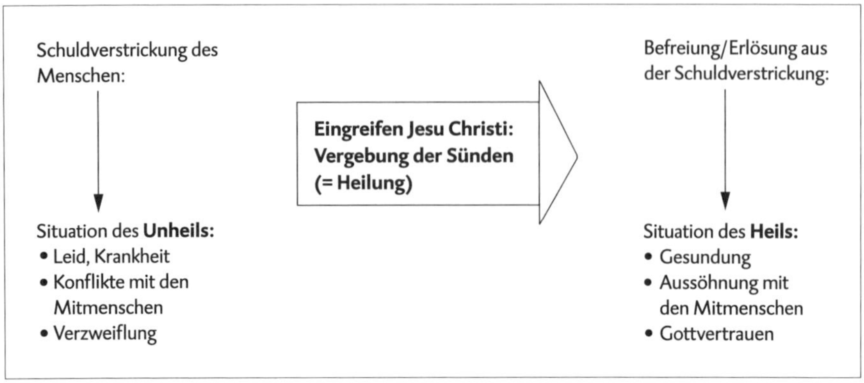

Im heilenden und versöhnenden Wirken Jesu Christi nimmt Gott selbst Anteil an den existenziellen Nöten der Menschen; er lässt sie auch dann nicht im Stich, wenn sie versagt und Schuld auf sich geladen haben. Die Erlösung der Menschen durch die **Solidarisierung Gottes mit dem menschlichen Leid,** die in der hebräischen Bibel bereits in dem eindrucksvollen Bild vom leidenden Gottesknecht zu finden ist (vgl. dazu Jes 52,13–53,12), wird nach christlichem Verständnis im **Kreuzestod Jesu Christi** vollendet. Indem Jesus wie ein Schwerverbrecher am Kreuz hingerichtet wird – was in der theologischen Reflexion auch als ein stellvertretendes Sühneopfer für die Sünden der Menschen gedeutet wird –, geht er seinen Weg konsequent bis zum Ende. Seine bis zum Tod durchgehaltene Solidarität mit den Menschen wird zum bleibenden Zeugnis für die **Überwindung des Bösen.** Durch seine Auferstehung erhält das Wirken Jesu Christi seine letzte Bestätigung, wird seine göttliche Vollmacht zur Gewissheit. Für gläubige Christen ist damit endgültig offenbar geworden, dass Gottes Liebe zu den Menschen stärker ist als die destruktiven Kräfte, die das Leben der Menschen bedrohen und zerstören.

Durch die Menschwerdung Gottes in Jesus Christus wird den Menschen der Zugang zum Reich Gottes eröffnet. Diese Chance zu einem radikalen Neuanfang sollte sich auch auf die Lebensgestaltung der Gläubigen positiv auswirken. Eine Bitte des Vaterunsers lautet: „Vergib uns unsere Schuld, wie auch wir vergeben unseren Schuldigern" (vgl. dazu auch das Gleichnis vom unbarmherzigen Gläubiger, Mt 18,23–35). Die den Menschen angebotene Versöhnung mit Gott ist also zugleich ein Appell an sie, nun auch ihrerseits **Vergebungsbereitschaft** zu zeigen. Auf diese Weise kann sich aus der positiven Bewältigung von Schuld eine ganz neue Qualität des menschlichen Zusammenlebens entwickeln, da in diesem Fall nicht nur die ursprüngliche **Einheit mit Gott** wieder zurückgewonnen wird, sondern auch die **Einheit der Menschen untereinander.**

Zusammenfassung: Schuld und Vergebung

Die Freiheit des Menschen schließt nach christlichem Verständnis sowohl die **Verantwortung vor Gott** als auch die **Möglichkeit der Schuld** mit ein.
Als **Auflehnung des Menschen gegen Gott und seine Schöpfungsordnung** ist die menschliche Schuld bzw. Sündhaftigkeit als eine verfehlte Grundhaltung zu verstehen, für deren Folgen der Mensch Gott und den Mitmenschen Rechenschaft schuldet. Ist er zur **Umkehr** bereit, darf er sich jedoch der Bereitschaft Gottes zur **Vergebung** gewiss sein. Die Versöhnung mit Gott sollte in der **Aussöhnung** mit den Mitmenschen weiterwirken.

3 Glück und Sinn

3.1 Die Suche nach dem Lebensglück

Die Suche nach dem Lebensglück – wie immer dieses im Einzelfall definiert werden mag – ist eine wesentliche Antriebskraft für die menschliche Existenz. Hinter allen Glücksmomenten – zum Beispiel ein harmonisches Familienleben, ein schönes Heim, ein gelungener Urlaub, gesundheitliches Wohlbefinden oder auch beruflicher Erfolg – bricht jedoch immer wieder die **Frage nach dem Sinn des Ganzen** auf, die Frage danach, was all diese Glücksmomente miteinander verbindet und was ihnen letztlich Halt und Sicherheit verleiht. Dies gilt erst recht in der Konfrontation mit der **Vergänglichkeit** all dieser Erscheinungen, die auf bewegende Weise im Buch Kohelet zur Sprache gebracht wird.

Koh 1,2 Windhauch, Windhauch, sagte Kohelet, Windhauch, Windhauch, das ist alles Windhauch.
3 Welchen Vorteil hat der Mensch von all seinem Besitz, für den er sich anstrengt unter der Sonne?
4 Eine Generation geht, eine andere kommt. Die Erde steht in Ewigkeit.
5 Die Sonne, die aufging und wieder unterging, atemlos jagt sie zurück an den Ort, wo sie wieder aufgeht.
6 Er weht nach Süden, dreht nach Norden, dreht, dreht, weht, der Wind. Weil er sich immerzu dreht, kehrt er zurück, der Wind.
7 Alle Flüsse fließen ins Meer, das Meer wird nicht voll. Zu dem Ort, wo die Flüsse entspringen, kehren sie zurück, um wieder zu entspringen.
8 Alle Dinge sind rastlos tätig, kein Mensch kann alles ausdrücken, nie wird ein Auge satt, wenn es beobachtet, nie wird ein Ohr vom Hören voll.
9 Was geschehen ist, wird wieder geschehen, was man getan hat, wird man wieder tun: Es gibt nichts Neues unter der Sonne.
10 Zwar gibt es bisweilen ein Ding, von dem es heißt: Sieh dir das an, das ist etwas Neues – aber auch das gab es schon in den Zeiten, die vor uns gewesen sind.
11 Nur gibt es keine Erinnerung an die Früheren, und auch an die Späteren, die erst kommen werden, auch an sie wird es keine Erinnerung geben bei denen, die noch später kommen werden.

Auf beispielhafte Weise stellt der alttestamentliche Prediger hier die Frage nach der Bedingung der Möglichkeit menschlichen Glücks. Im Anschluss an den hier zitierten Auftakt setzt er sich kritisch mit den traditionellen – und doch auch heute noch aktuellen – Vorstellungen von Glück auseinander. Angesprochen werden das Leben an sich, die erfolgreiche Arbeit, das Erlangen gesellschaftlicher Spitzenpositionen und der Reichtum (vgl. Koh 4,1–6,9). All diese Werte sind jedoch Kohelet zufolge nicht geeignet, den Menschen auf Dauer glücklich zu machen. Was seiner Auffassung nach allein bleibt, ist die Freude an der erfüllten Gegenwart, in der sich Gottes Handeln in seiner Vollkommenheit erschließt:

Koh 2,24 Nicht im Menschen selbst gründet das Glück, dass er essen und trinken und durch seinen Besitz das Glück selbst kennen lernen kann. Ich habe vielmehr beobachtet, dass dies von Gottes Verfügung abhängt.

Gerade vor dem Hintergrund des beständigen Wechsels und der Vergänglichkeit allen Seins gewinnt jeder Augenblick für sich unendlichen Wert.

Koh 9,7 Also: Iss freudig dein Brot, und trink vergnügt deinen Wein; denn das, was du tust, hat Gott längst so festgelegt, wie es ihm gefiel.
8 Trag jederzeit frische Kleider, und nie fehle duftendes Öl auf deinem Haupt.
9 Mit einer Frau, die du liebst, genieß das Leben alle Tage deines Lebens voll Windhauch, die er dir unter der Sonne geschenkt hat, alle deine Tage voll Windhauch. Denn das ist dein Anteil am Leben und an dem Besitz, für den du dich unter der Sonne anstrengst.
10 Alles, was deine Hand, solange du Kraft hast, zu tun vorfindet, das tu!

Das Buch Kohelet lehrt uns also, dass Gott sich den Menschen in der **Freude des Herzens** offenbart. In dieser Freude besteht auch das wahre Glück, das demnach nicht durch menschliche Tätigkeit als fester Besitz erworben werden kann, sondern als **Geschenk Gottes** anzunehmen ist. Es ist nicht – um mit Erich Fromm zu sprechen[32] – im *Modus des Habens* zu finden, sondern allein im *Modus des Seins,* im **Erleben des Augenblicks,** der gewissermaßen eine Brücke zwischen Zeit und Ewigkeit schlägt. Der Mensch ist dazu aufgerufen, sich ganz auf diese Erfahrung einzulassen und jeden Augenblick des Lebens bewusst zu genießen. Dies entspricht auch der alten Forderung des *„Carpe diem"* (wörtlich „Pflücke den Tag!"), also der Aufforderung, so zu leben, dass jeder Tag seine Frucht bringt. Das Erleben und Genießen des Augenblicks wird auf diese Weise als Kontrapunkt dem Bewusstsein von der Vergänglichkeit und Sterblichkeit des Menschen gegenübergestellt. Die Freude soll zur Grundhaltung werden, die das ganze Leben durchdringt. Dies schließt auch ausdrücklich den **Auftrag zu tatkräftigem Handeln** mit ein, einem Handeln allerdings, das sich nicht äußeren Zwecken unterordnet, sondern das seinen tieferen Sinn aus der Offenbarung und damit letztlich aus der jüdischen Schöpfungstheologie gewinnt.

In seiner Philosophie des Glücks setzt Kohelet sich ganz gezielt mit dem **Eudämonismus** der griechischen Philosophie auseinander. Diese ethische Kon-

32 Nähere Ausführungen dazu finden sich im Einleitungskapitel.

zeption, die zum Beispiel bei Sokrates und Epikur zu finden ist, sieht es als das höchste Streben des Menschen an, vollkommen glücklich zu sein. Dieses seelische Wohlbefinden kann der Mensch jedoch nur erlangen, wenn es ihm gelingt, in seinem Leben all seine Kräfte und Anlagen voll zu entfalten. Sein gesamtes Handeln wird dieser obersten Zielsetzung untergeordnet.

Da auch der Eudämonismus auf diese Weise den Erfolg bzw. den konkreten Nutzen eines Tuns – nämlich das persönliche Wohlbefinden – zum sittlichen Maßstab erhebt, steht er dem **Utilitarismus** nahe. Vom **Hedonismus,** einer konkurrierenden Konzeption der griechischen Philosophie, unterscheidet ihn jedoch, dass es bei ihm weniger um die Lust als augenblickliche, singuläre Erfahrung geht, sondern um das Lebensglück insgesamt, das im Interesse langfristigen Wohlbefindens unter Umständen auch den konkreten Verzicht voraussetzt.

Eudämonismus: abgeleitet von griech. *eudaimonía:* „Glück, Glückseligkeit"

Der Eudämonismus ist eine ethische Konzeption, die das seelische Wohlbefinden bzw. die vollkommene Glückseligkeit zum obersten Ziel des menschlichen Handelns erhebt.

Utilitarismus: abgeleitet von lat. *utilis:* „nützlich"

Im Utilitarismus wird das, was dem Menschen nützt, mit dem sittlich Wertvollen gleichgesetzt. Der Erfolg wird damit zum obersten Maßstab für das sittliche Handeln. Beim egoistischen Utilitarismus bezieht sich dies wie im Eudämonismus auf das Glück des Einzelnen, beim sozialen Utilitarismus, der in der Philosophie der Neuzeit entwickelt wurde, auf „das größtmögliche Glück der größtmöglichen Zahl" (Jeremy Bentham).

Hedonismus: abgeleitet von griech. *hedoné:* „Lust"

Der Hedonismus lehrt, dass die Lust das höchste Gut und damit auch das einzig erstrebenswerte Ziel für das sittliche Handeln ist. Indem er das menschliche Streben nach Lebensglück auf singuläre, punktuelle Erfahrungen von Lust verkürzt, stellt er eine Variante des Eudämonismus dar.

Mit Kohelets Philosophie des Glücks auf der einen Seite und den ethischen Konzeptionen der griechischen Philosophie auf der anderen Seite haben wir **zwei gegensätzliche Entwürfe** vor uns, wie man das Glück des Lebens finden kann. Beide Entwürfe – die auch eine Antwort auf die Frage nach dem Sinn des Lebens mit einschließen – sind in der ethischen Diskussion bis heute bestimmend.

Kohelet	Eudämonismus
• Lebensglück als Geschenk Gottes • Lebensglück als freudiger Genuss des Augenblicks • Lebensglück als Motor tatkräftigen Handelns	• Lebensglück als Ergebnis zielgerichteten menschlichen Handelns • Lebensglück als Summe eines gelungenen Lebens • Lebensglück als Ausdruck seelischen Wohlbefindens

3.2 Die Frage nach dem Sinn des Lebens

Bei der Betrachtung des Buches Kohelet hat sich bereits gezeigt, wie eng das Streben nach dem Glück mit der Frage nach dem Sinn des Daseins verknüpft ist. Die **Grenzerfahrungen** unseres Lebens, die in der unausweichlichen Konfrontation mit Leid, Schuld und Tod begründet sind, gefährden nicht nur das persönliche Lebensglück, sondern sie zwingen den Menschen darüber hinaus zur Auseinandersetzung mit der Frage nach dem *Warum* und *Wozu,* also der Frage nach dem **sinnstiftenden Zusammenhang,** der auch in diesen Zeiten der Lebenskrise noch Halt und Orientierung zu geben vermag.

Wie die Begriffsgeschichte des Wortes belegt, ist mit dieser Suche nach Orientierung die Sinnfrage bereits ganz unmittelbar auf der Tagesordnung.

> **Sinn**
>
> Das deutsche Wort „Sinn" ist mit dem lateinischen Wort *sentire* durch eine gemeinsame indogermanische Wurzel verbunden, die ursprünglich so viel wie „einer Richtung nachgehen" bedeutet, davon abgeleitet auch „fühlen, merken oder wahrnehmen". Im Germanischen entwickelte sich daraus die Bedeutung „Reise, Weg, Richtung", die heute noch im Wort „Uhrzeigersinn" erhalten ist.
> In diesem Zusammenhang steht das Wort schließlich auch für das Ziel bzw. – im Sinne des Weges, den die Gedanken nehmen – für die Absicht, mit der etwas geschieht.

Die Frage nach dem Sinn des Lebens meint also letztlich die **übergeordnete Zielsetzung,** die zum Maßstab bzw. zur Orientierung dafür zu werden vermag, unter welchen Bedingungen das Leben insgesamt als gelungen oder gescheitert anzusehen ist.

Im Zeitalter der **„transzendentalen Obdachlosigkeit"** – so charakterisiert der ungarische Philosoph und Literaturkritiker Georg Lukács (1885–1971) die

Gegenwart – ist dieser Maßstab jedoch nicht mehr ohne weiteres gegeben. Da in der Neuzeit für viele Menschen sowohl die religiösen Bindungen als auch die in der kulturellen Tradition sicher verankerten Wertvorstellungen verloren gingen, sehen diese sich nun vor die Notwendigkeit gestellt, ihrem Leben entweder selbst einen Sinn zu verleihen oder sich der in der **Sinnlosigkeit** allen Geschehens begründeten Absurdität des Seins zu stellen.

Dieser Aufgabe, einen **Ausweg aus der Sinnkrise** zu finden, hat sich im 20. Jahrhundert auch der französische Schriftsteller und Philosoph ALBERT CAMUS gestellt. Camus wurde 1913 in Mondovi (Algerien) als Sohn einer einfachen Landarbeiterfamilie geboren. Dank eines Stipendiums konnte er ein Gymnasium in Algier besuchen. Der angestrebte Beruf eines Gymnasiallehrers blieb ihm jedoch wegen einer schweren Tuberkulose-Erkrankung verwehrt. Er studierte Philosophie und entwickelte sich in der Auseinandersetzung mit dem Nationalsozialismus zum engagierten Journalisten, der sich vor allem der kompromisslosen Kritik totalitärer Systeme verschrieben hatte. Daneben schuf er ein vielseitiges literarisches Werk, für das ihm 1957 der Nobelpreis zuerkannt wurde. Camus kam 1960 bei einem Autounfall ums Leben.

Camus, ein überzeugter Atheist, macht die **Absurdität des Seins** zum zentralen Thema seines Werkes. Seiner Auffassung nach verweigert die Welt dem Menschen die Antwort auf die Frage nach dem Sinn. Da es keine vernünftige Erklärung für das gibt, was geschieht, bleibt der Mensch zunächst verzweifelt und ratlos zurück. Vor diesem Hintergrund entwickelt Camus seine **„Moral des Absurden".** Da die Geschichte an sich keinen Sinn hat, liegt es allein beim Menschen, ihr einen Sinn zu verleihen, und zwar indem er sich auf seine ganz persönliche Lebensaufgabe konzentriert und die Ungerechtigkeit in jeder Form mit aller Macht bekämpft. In dem 1942 erstmals veröffentlichten Essay „Der Mythos von Sisyphos. Ein Versuch über das Absurde" zeichnet Camus die hier skizzierte Entwicklung auf beispielhafte Weise nach. Der Schlussabschnitt lautet:

Wenn der Abstieg so manchen Tag in den Schmerz führt, er kann doch auch in der Freude enden. Damit wird nicht zu viel behauptet. Ich sehe wieder *Sisyphos* vor mir, wie er zu seinem Stein zurückkehrt und der Schmerz von neuem beginnt. Wenn die Bilder der Erde zu sehr im Gedächtnis haften, wenn das Glück zu dringend mahnt, dann steht im Herzen des Menschen die Trauer auf: das ist der Sieg des Steins, ist der Stein selber. Die gewaltige Not wird schier unerträglich. [...] Aber die niederschmetternden Wahrheiten verlieren an Gewicht, sobald sie erkannt werden. [...]

Man entdeckt das Absurde nicht, ohne in die Versuchung zu geraten, irgendein Handbuch des Glücks zu schreiben. [...] Glück und Absurdität entstammen ein und derselben Erde. Sie sind untrennbar miteinander verbunden. Irrtum wäre es, wollte man behaupten, dass das Glück zwangsläufig der Entdeckung des Absurden entspringe. Wohl kommt es vor, dass das Gefühl des Absurden dem Glück entspringt. „Ich finde, dass alles gut ist", sagt *Ödipus,* und dieses Wort ist heilig. [...] Es vertreibt aus dieser Welt einen Gott, der mit dem Unbehagen und mit der Vorliebe für nutzlose Schmerzen in sie eingedrungen war. Es macht aus dem Schicksal eine menschliche Angelegenheit, die unter Menschen geregelt werden muss.

Darin besteht die ganze verschwiegene Freude des *Sisyphos.* Sein Schicksal gehört ihm. Sein Fels ist seine Sache. [...] Der absurde Mensch sagt Ja, und seine Mühsal hat kein Ende mehr. Wenn es ein persönliches Geschick gibt, dann gibt es kein übergeordnetes Schicksal oder zumindest nur eines, das er unheilvoll und verächtlich findet. Darüber hinaus weiß er sich als Herr seiner Zeit. Gerade in diesem Augenblick, in dem der Mensch sich wieder seinem Leben zuwendet (ein *Sisyphos,* der zu seinem Stein zurückkehrt), bei dieser leichten Drehung betrachtet er die Reihe unzusammenhängender Taten, die sein Schicksal werden, seine ureigene Schöpfung, die in seiner Erinnerung geeint ist und durch den Tod alsbald besiegelt wird. Überzeugt von dem rein menschlichen Ursprung alles Menschlichen, ist er also immer unterwegs – ein Blinder, der sehen möchte und weiß, dass die Nacht kein Ende hat. Der Stein rollt wieder.

Ich verlasse *Sisyphos* am Fuße des Berges! Seine Last findet man immer wieder. Nur lehrt *Sisyphos* uns die größere Treue, die die Götter leugnet und die Steine wälzt. Auch er findet, dass alles gut ist. Dieses Universum, das nun keinen Herrn mehr kennt, kommt ihm weder unfruchtbar noch wertlos vor. Jedes Gran dieses Steins, jeder Splitter dieses durchnächtigten Berges bedeutet allein für ihn eine ganze Welt. Der Kampf gegen Gipfel vermag ein Menschenherz auszufüllen. Wir müssen uns *Sisyphos* als einen glücklichen Menschen vorstellen.

Albert Camus: Der Mythos von Sisyphos. Ein Versuch über das Absurde, Hamburg 1989, S. 100 f.

Camus ist also davon überzeugt, dass der Mensch es in der Hand hat, das ihm auferlegte Schicksal durch Verachtung zu überwinden. Indem er die ihm vom Schicksal auferlegte Aufgabe auf sich nimmt und zu seiner ganz persönlichen Verantwortung steht, verleiht er seinem Leben eben den Sinn, den die Welt ihm verweigert.

Im späteren Essay „Der Mensch in der Revolte" führt Camus diese Gedanken noch weiter, indem er in einer kritischen Auseinandersetzung mit dem Marxismus und seiner Revolutionsideologie betont, dass der Mensch seine Würde vor dem Hintergrund der Absurdität des Seins nur dann bewahren kann, wenn er seine Moral nicht der Überzeugung von einem künftigen Glück der Menschheit zum Opfer bringt. Mit seinen Vorstellungen einer kompromisslosen Nächstenliebe, die gegen Leid und Ungerechtigkeit in jeder Form revoltiert, ringt Camus um die Verwirklichung eines neuen, **atheistischen Humanismus.**

Geht Albert Camus in seiner Philosophie des Absurden davon aus, dass die Welt an sich ohne Sinnzusammenhang ist, so hält der Psychiater und Psychotherapeut VIKTOR EMIL FRANKL dagegen stets an der **Sinnhaftigkeit** des menschlichen Daseins fest; seiner Auffassung zufolge behält das Leben des Menschen diesen Sinn **in jeder Situation** und unter allen denkbaren Umständen.

Frankl wurde 1905 in Wien geboren und war zunächst Facharzt für Neurologie und Psychiatrie. Zu den einschneidenden Erfahrungen seines Lebens gehörte das Überleben im Konzentrationslager Auschwitz, wo seine Überzeugung von der unbedingten Sinnhaftigkeit menschlichen Daseins ihre entscheidende Bewährungsprobe bestand. In Auschwitz gelangte er zur Überzeugung: „Was hier not tut, ist eine Wendung in der ganzen Fragestellung nach dem Sinn des Lebens: Wir müssen lernen und die verzweifelnden Menschen lehren, dass es eigentlich nie und nimmer darauf ankommt, was wir vom Leben noch zu erwarten haben, vielmehr lediglich darauf: was das Leben von uns erwartet."[33] Mit diesen Vorstellungen wurde Frankl zum Begründer der so genannten Logotherapie, die schon bald weltweit große Beachtung fand. Frankl starb 1997 in seiner Heimatstadt Wien.

Ausgangspunkt für das Denken von Frankl ist die **Existenzanalyse.** In der Schrift „Ein Psychologe erlebt das Konzentrationslager" kommt er zu dem Schluss: „Was also ist der Mensch? Er ist das Wesen, das immer entscheidet, was es ist. Er ist das Wesen, das die Gaskammern erfunden hat; aber zugleich ist er auch das Wesen, das in die Gaskammern gegangen ist aufrecht und ein Gebet auf den Lippen."[34] Für Frankl ist der Mensch also das Wesen, das sich ganz bewusst zu seinem Leben verhält, dem es auferlegt ist, frei und verantwortlich darüber zu entscheiden, wie er sein Leben führt. Frankl führt dies darauf zurück, dass dem Menschen neben der physischen und der psychischen noch eine weitere, spezifisch menschliche Dimension zukommt, die er – abgeleitet von dem griechischen Wort für Geist – die **noetische Dimension** nennt. Kraft dieser noetischen Dimension macht der Mensch konkrete Sinnsetzungen und Wertbezüge zu einem integrierenden Bestandteil seines Daseins. Weicht der Mensch der Frage nach dem Sinn seines Lebens aus, indem er sich vorgegebenen Verhaltensmustern anpasst (Konformismus) oder äußeren Zwängen unterwirft (Totalitarismus), dann leidet er unter einer inneren Leere oder einem **existenziellen Vakuum,** das zu schweren seelischen Störungen, den so genannten *noogenen* (also in der *geistigen Dimension* des Menschen begründeten) Neurosen, führen kann. Man könnte in diesem Zusammenhang auch von einer Exis-

33 Viktor E. Frankl: Ein Psychologe erlebt das Konzentrationslager, in: ders.: Der Mensch vor der Frage nach dem Sinn, Piper Verlag: München 1985 (Neuausgabe), S. 173.
34 Viktor E. Frankl: Ein Psychologe erlebt das Konzentrationslager, a. a. O., S. 178.

tenzschuld sprechen, da der Mensch in diesem Fall seiner Einzigartigkeit und der damit verbundenen Verantwortung nicht gerecht wird. Diese seelischen Erkrankungen können nur durch eine **„Erziehung zur Verantwortlichkeit"** geheilt werden, also dadurch, dass der Einzelne dazu ermutigt wird, in eigener Verantwortung eine Entscheidung über *seinen* Lebenssinn zu treffen und seine ganze Existenz auf diesen Sinn hin neu zu orientieren. Für diese Behandlung prägte Frankl den Begriff **Logotherapie** (abgeleitet von griech. *lógos:* „Geist, Vernunft"), also „Therapie durch Sinn".

Es entspricht Frankls Konzeption von einer Erziehung zur Verantwortlichkeit, dass er es strikt ablehnt, seinen Patienten ein konkretes Sinnangebot vorzulegen und ihnen auf diese Weise ihre persönliche Entscheidung abzunehmen. Stattdessen fasst er in einer neutral formulierten Wertlehre die drei grundsätzlichen Möglichkeiten persönlicher Sinnfindung zusammen, die auch in den kulturellen Überlieferungen eine entscheidende Rolle spielen:

- die **Erlebniswerte** (das Naturerleben, die Begegnung mit Kunstwerken, die Liebe zu einem Menschen);
- die **schöpferischen Werte** (berufliche Tätigkeit, Hingabe an eine Sache);
- die **Einstellungswerte** (die Haltung, die ein Mensch einem unabänderlichen Schicksal gegenüber einnimmt, mit der er sich in ausweglosen Situation behauptet).

Ein sinnerfülltes Leben kommt demnach nur dann zustande, wenn ein Mensch sich einem anderen Menschen oder einer Sache hingibt, wenn er ein Werk schafft oder wenn er sich seinem Schicksal stellt. Nur indem er den „Willen zum Sinn" bejaht, der zu seiner besonderen Existenzweise ganz wesentlich dazugehört, wird er seiner Aufgabe, „Treuhänder des Lebens" zu sein, wirklich gerecht.

Tatsächlich sind wir heute nicht mehr wie zur Zeit von Freud mit einer sexuellen, sondern mit einer existenziellen Frustration konfrontiert. Und der typische Patient von heute leidet nicht mehr so sehr wie zur Zeit von Adler an einem Minderwertigkeitsgefühl, sondern an einem abgründigen Sinnlosigkeitsgefühl, das mit einem Leeregefühl vergesellschaftet ist – weshalb ich von einem existenziellen Vakuum spreche. [...]

Wenn ich gefragt werde, wie ich mir die Heraufkunft dieses existenziellen Vakuums erkläre, dann pflege ich die folgende Kurzformel anzubieten: Im Gegensatz zum Tier sagen dem Menschen keine Instinkte, was er muss, und im Gegensatz zum Menschen von gestern sagen dem Menschen von heute keine Traditionen mehr, was er soll. Nun, weder wissend, was er muss, noch wissend, was er soll, scheint er nicht mehr recht zu wissen, was er will. So will er denn nur das, was die anderen tun – Konformismus! Oder aber er tut nur das, was die anderen wollen – *von ihm* wollen – Totalitarismus.

Nur dass wir aber über diesen beiden Folgeerscheinungen eine dritte nicht übersehen und vergessen dürfen, und zwar meine ich einen spezifischen Neurotizismus, nämlich das Auftreten der von mir als solche bezeichneten *„noogenen Neurose"*. Im Gegensatz zur Neurose im engeren Wortsinn [...] geht diese noogene Neurose nicht auf Komplexe und Konflikte im herkömmlichen Sinne zurück, sondern auf Gewissenskonflikte, auf Wertkollisionen und, last but not least, auf eine existenzielle Frustration [...].

Wir begegnen da einem Phänomen am Menschen, das ich für fundamental anthropologisch halte: die Selbst-Transzendenz menschlicher Existenz! Was ich damit umschreiben will, ist die Tatsache, dass Menschsein allemal über sich selbst hinausweist auf etwas, das nicht wieder es selbst ist – auf etwas oder auf jemanden: auf einen Sinn, den zu erfüllen es gilt, oder auf anderes menschliches Sein, dem wir da liebend begegnen. Im Dienst an einer Sache oder in der Liebe zu einer Person erfüllt der Mensch sich selbst. Je mehr er aufgeht in seiner Aufgabe, je mehr er hingegeben ist an seinen Partner, umso mehr ist er Mensch, umso mehr wird er selbst. [...]

Wir leben in einem Zeitalter eines um sich greifenden Sinnlosigkeitsgefühls. In diesem unserem Zeitalter muss es sich die Erziehung angelegen sein lassen, nicht nur Wissen zu vermitteln, sondern auch das Gewissen zu verfeinern, sodass der Mensch hellhörig genug ist, um die jeder einzelnen Situation innewohnende Forderung herauszuhören. In einem Zeitalter, in dem die Zehn Gebote für so viele ihre Geltung zu verlieren scheinen, muss der Mensch instand gesetzt werden, die 10 000 Gebote zu vernehmen, die in den 10 000 Situationen verschlüsselt sind, mit denen ihn sein Leben konfrontiert. Dann wird ihm nicht nur eben dieses sein Leben wieder sinnvoll (und sinnvoll heißt voller Aufgaben) erscheinen, sondern er selbst wird dann auch immunisiert sein gegenüber Konformismus und Totalitarismus – diesen beiden Folgeerscheinungen des existenziellen Vakuums; denn ein waches Gewissen allein macht ihn „widerstands"-fähig, sodass er sich eben *nicht* dem Konformismus fügt und dem Totalitarismus beugt.

So oder so: mehr denn je ist Erziehung – Erziehung zur Verantwortung. [...]

Kein Psychiater, kein Psychotherapeut – auch kein Logotherapeut – kann einem Kranken sagen, was der Sinn ist, sehr wohl aber, dass das Leben einen Sinn hat, ja – mehr als dies: dass es diesen Sinn auch behält, unter allen Bedingungen und Umständen, und zwar dank der Möglichkeit, noch im Leiden einen Sinn zu finden.

Viktor E. Frankl: Der Mensch vor der Frage nach dem Sinn, in: ebd., München 1985, S. 141–158.

In einem anderen Vortrag stellt Frankl darüber hinaus auch einen Zusammenhang zwischen der Suche nach dem Glück und der Frage nach dem Sinn her. Ein Mensch, der die **Bedeutung des Willens zum Sinn** verkennt und stattdessen unmittelbar auf Glückserfahrungen oder auch im Sinne des Hedonismus auf bloße sinnliche Lust ausgerichtet ist, verwechselt Frankl zufolge Ursache und

Wirkung und verfehlt damit das Wesen seiner Existenz. Das wahre Lebensglück kann er nur gewinnen, indem er eben diesem Wesen gerecht wird; es ist das *Resultat* eines verantwortlich geführten, sinnerfüllten Lebens.

[...] wovon der Mensch zutiefst und zuletzt durchdrungen ist, ist weder der Wille zur Macht, noch ein Wille zur Lust, sondern ein Wille zum Sinn. Und aufgrund eben dieses seines Willens zum Sinn ist der Mensch darauf aus, Sinn zu finden und zu erfüllen, aber auch anderem menschlichen Sein in Form eines Du zu begegnen, es zu lieben. Beides, Erfüllung und Begegnung, gibt dem Menschen einen *Grund* zum Glück und zur Lust. Beim Neurotiker aber wird dieses primäre Streben gleichsam abgebogen in ein *direktes* Streben nach Glück, in den Willen zur Lust. Anstatt dass die Lust das bleibt, was sie sein muss, wenn sie überhaupt zustande kommen soll, nämlich eine Wirkung (die Nebenwirkung erfüllten Sinns und begegnenden Seins), wird sie nunmehr zum Ziel einer forcierten Intention, einer Hyperintention. Die Lust wird zum alleinigen Inhalt und Gegenstand der Aufmerksamkeit. In dem Maße aber, in dem sich der neurotische Mensch um die Lust kümmert, verliert er den *Grund* zur Lust aus den Augen – und die Wirkung „Lust" kann nicht mehr zustande kommen.

Viktor E. Frankl: Der Mensch auf der Suche nach Sinn, in: ders.: Der Mensch vor der Frage nach dem Sinn, München 1985, S. 101.

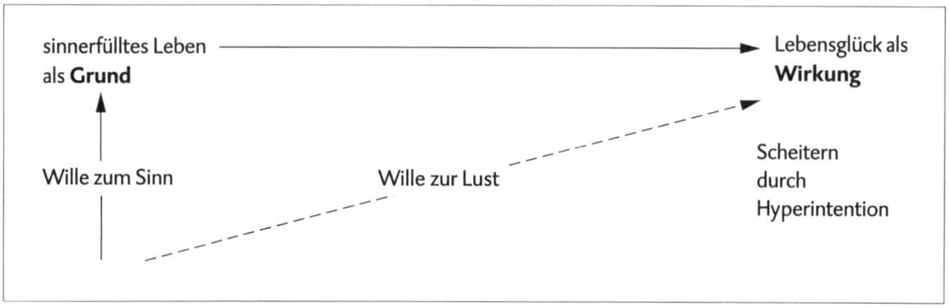

Wenn Frankl selbst sich auch aus den genannten Gründen geweigert hat, für ein bestimmtes Wertsystem Partei zu ergreifen, so berühren sich seine Vorstellungen über den Sinn des Lebens doch ganz unmittelbar mit der **christlichen Sinnantwort.** Auch der christliche Glaube sieht im Menschen ein Wesen der Transzendenz, ein Wesen also, das über sich selbst hinausweist „auf etwas, das nicht wieder es selbst ist". Dieser Transzendenzbezug wird im Christentum jedoch inhaltlich konkret. Er ist in der **besonderen Beziehung zwischen Gott und Mensch** begründet, der Gottebenbildlichkeit, die als ein wesentlicher Aspekt der Schöpfungsordnung verstanden wird. Als verantwortlicher **Schöpfungspartner Gottes** ist der Mensch dazu aufgerufen, die geschaffene Wirklichkeit positiv anzunehmen und seinen persönlichen Fähigkeiten entsprechend weiterzuentwickeln. Damit ist das Leben des Menschen **von Beginn an**

Sempé: André-Paul Poulot. Ende des ersten Teils

ein sinnerfülltes Leben, und es behält diesen Sinn auch dann, wenn konkrete Projekte und Lebensentwürfe an der Wirklichkeit scheitern. Da dieser schöpfungstheologische Ansatz alle denkbaren Situationen menschlicher Existenz mit einschließt, kann man in Bezug auf die christliche Sinnantwort von einem **universalen Sinn** sprechen. *Punktuelle* und *partikulare,* also nur auf *einzelne Momente* oder auf bestimmte, *umgrenzte Bereiche* des menschlichen Daseins ausgerichtete Zielsetzungen haben nur dann bleibenden Wert, wenn sie sich diesem universalen Sinn zuordnen lassen. Alle Tätigkeiten sind sinnvoll, wenn sie in dem Bewusstsein verrichtet werden, dass dem Menschen innerhalb der Schöpfungsordnung eine ganz besondere Würde und Verantwortung zukommt; auch Momente eines vermeintlichen Leerlaufs können überbrückt werden, wenn man sie in den übergreifenden Sinnzusammenhang des Schöpfungsauftrages hineingestellt sieht.

Universaler Sinn
(der alle Bereiche der Wirklichkeit umfassende Sinn)

Punktueller oder partikularer Sinn
(der auf einzelne Situationen oder Wirklichkeitsbereiche begrenzte Sinn)

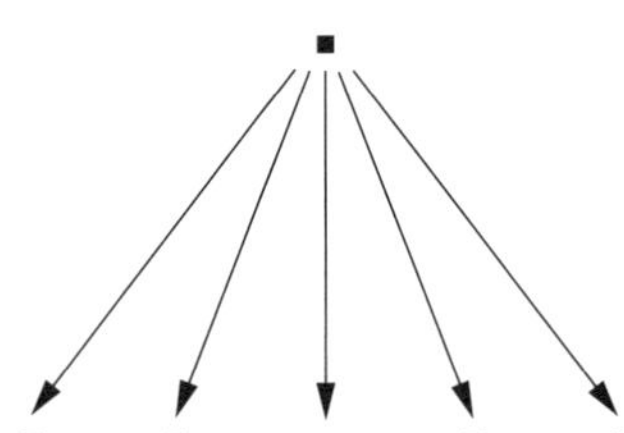

Mit seiner Zuwendung zu den Menschen stiftet Gott eine Beziehung, die deren gesamtes Leben umfasst und auch den Tod überdauert. Deshalb kommt auch der **Auferstehung Jesu Christi** in Bezug auf die christliche Sinnantwort eine zentrale Bedeutung zu, die von Paulus in seinem ersten Brief an die Korinther nachdrücklich herausgestellt wird:

1 Kor 15,12 Wenn aber verkündigt wird, dass Christus von den Toten auferweckt worden ist, wie können dann einige von euch sagen: Eine Auferstehung der Toten gibt es nicht?
13 Wenn es keine Auferstehung der Toten gibt, ist auch Christus nicht auferweckt worden.
14 Ist aber Christus nicht auferweckt worden, dann ist unsere Verkündigung leer und euer Glaube sinnlos.
15 Wir werden dann auch als falsche Zeugen Gottes entlarvt, weil wir im Widerspruch zu Gott das Zeugnis abgelegt haben: Er hat Christus auferweckt. Er hat ihn eben nicht auferweckt, wenn Tote nicht auferweckt werden.
16 Denn wenn Tote nicht auferweckt werden, ist auch Christus nicht auferweckt worden.
17 Wenn aber Christus nicht auferweckt worden ist, dann ist euer Glaube nutzlos, und ihr seid immer noch in euren Sünden;
18 und auch die in Christus Entschlafenen sind dann verloren.
19 Wenn wir unsere Hoffnung nur in diesem Leben auf Christus gesetzt haben, sind wir erbärmlicher daran als alle anderen Menschen.
20 Nun aber ist Christus von den Toten auferweckt worden als der Erste der Entschlafenen.
21 Da nämlich durch einen Menschen der Tod gekommen ist, kommt durch einen Menschen auch die Auferstehung der Toten.
22 Denn wie in Adam alle sterben, so werden in Christus alle lebendig gemacht werden.
58 Daher, geliebte Brüder, seid standhaft und unerschütterlich, nehmt immer eifriger am Werk des Herrn teil, und denkt daran, dass im Herrn eure Mühe nicht vergeblich ist.

Die **Auferstehungshoffnung,** von der hier die Rede ist, befreit die Menschen von der Notwendigkeit, sich im Sinne des Existenzialismus immer wieder aufs Neue beweisen und ihr Dasein durch eigene Leistungen rechtfertigen zu müssen, um dem Leben angesichts des Todes doch noch einen Sinn abzuringen. Sie können **sich in der unendlichen Liebe Gottes geborgen fühlen** und ihr Leben aus dieser Glaubensüberzeugung heraus gestalten. Die christliche Sinnantwort ist deshalb nicht nur universal, sondern auch **absolut.** *Funktionale* Zielsetzungen, die auf das Erreichen konkreter Ziele ausgerichtet sind, können sinnvolle Schritte der Lebensplanung sein; sie stellen jedoch keine Lösung in Bezug auf das Problem der menschlichen Sterblichkeit dar, da diese Zielsetzungen spätestens in der direkten Konfrontation mit dem Tod – etwa bei schwerer Krankheit oder einem Unfall – fragwürdig werden. Nur die vollendete Gemeinschaft mit Gott, aus christlicher Sicht das oberste Lebensziel schlechthin, kann in ihrer Absolutheit als **eine tragfähige Perspektive über die Grenze des Todes hinaus** angesehen werden.

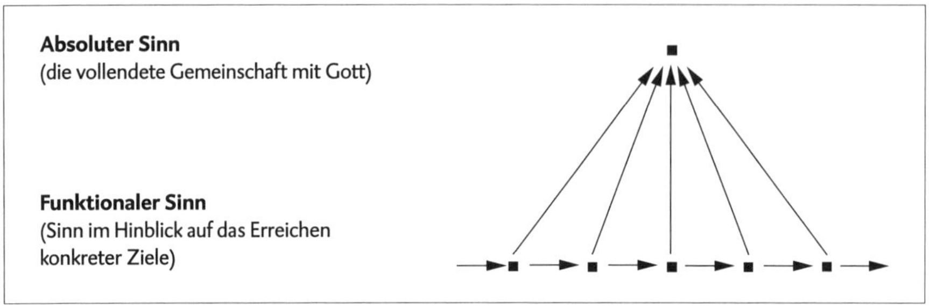

Aus diesem im christlichen Menschenbild verankerten Sinnzusammenhang ergeben sich wichtige **Verhaltensorientierungen.** Das Bewusstsein, als Gottes Ebenbild von vornherein in die Heilsgeschichte hineingenommen zu sein, kann dem Menschen ebenso wie die Auferstehungshoffnung die nötige Kraft und Zuversicht geben, um seine begrenzte Lebenszeit im Sinne des *Carpe diem* fruchten zu lassen und auch in Situationen des Scheiterns nicht zu verzweifeln. Auf diese Weise kann er den von Gott empfangenen **Lebenssinn auch an andere weitergeben** und selbst ein Stück weit dazu beitragen, den in der Schöpfungsordnung begründeten Sinnzusammenhang in der Welt aufscheinen zu lassen.

Zusammenfassung: Glück und Sinn

Ein wesentlicher Aspekt der christlichen Ethik ist das **Streben nach Glück,** das sehr eng mit der Frage nach dem Sinn des Lebens verbunden ist. Die Heilige Schrift deutet die Lebensfreude als Ort der Offenbarung, der Gott und Mensch, Ewigkeit und Augenblick miteinander verknüpft. Diese Perspektive stiftet einen **übergreifenden Sinnzusammenhang,** in dem sich der Mensch auch über die Grenze des Todes hinaus aufgenommen und geborgen fühlen kann.

Literaturempfehlungen

1 Allgemeine Philosophiegeschichte

Otfried Höffe hat einen klar gegliederten, lebendig geschriebenen und gut lesbaren Überblick über die Geschichte der Philosophie vorgelegt.

Otfried Höffe: Kleine Geschichte der Philosophie, C.H. Beck Verlag: München [2]2008.

Einen äußerst fundierten, gut lesbaren Überblick über die Geschichte der Philosophie von den Anfängen bis zur Gegenwart sowie über das Östliche Denken findet man in der Philosophiegeschichte von Christoph Helferich. Bei ihm kann man sich auch über viele anthropologische Fragestellungen und Entwürfe informieren, soweit sie die Philosophie-, zum Teil auch die Theologiegeschichte betreffen.

Christoph Helferich: Geschichte der Philosophie. Von den Anfängen bis zur Gegenwart und Östliches Denken, dtv: München [3]1999.

Eine fundierte und umfassende, aber zugleich sehr gut lesbare Einführung in die Geschichte der deutschen Philosophie liegt neuerdings in der folgenden Gesamtdarstellung von Vittorio Hösle vor.

Vittorio Hösle: Eine kurze Geschichte der deutschen Philosophie, C. H. Beck Verlag: München 2013.

2 Informationen zu den Weltreligionen

Für alle, die sich etwas eingehender über die großen Weltreligionen informieren wollen, bietet die Reihe „Die Weltreligionen" von Werner Trutwin eine sehr gute Arbeitsgrundlage. Seine Ausführungen zu den einzelnen Weltreligionen – die Reihe umfasst jeweils einen Band zum Christentum, zum Judentum, zum Islam, zum Hinduismus und zum Buddhismus – sind sehr differenziert und stets gut recherchiert. Sie spiegeln den aktuellen Stand der Forschung wider.

Werner Trutwin: Die Weltreligionen, Patmos Verlag: Düsseldorf 1998.

In der Monographie von Friedemann Bedürftig kann man sich auf gut lesbare und sehr anschauliche Weise über die Weltreligionen mit ihren entstehungsgeschichtlichen Hintergründen und Zusammenhängen informieren.

Friedemann Bedürftig: Die großen Weltreligionen, Komet Verlag: Köln 2008.

3 Allgemeine Einführungen in die Anthropologie

Einen sehr guten Eindruck von der Komplexität der Frage nach dem Menschen bietet der Sammelband „Wer ist das eigentlich – der Mensch?" mit vielen interessanten Aufsätzen unter anderem von Viktor Emil Frankl, von dem Biologen Joachim Illies oder auch dem Theologen Eugen Biser.

Eberhard Stammler (Hg.): Wer ist das eigentlich – der Mensch? Kösel Verlag: München 1982.

Besonders empfehlenswert ist das Buch von Georg Kraus „Blickpunkt Mensch", das auf ausführliche und doch kompakte Weise in das biblisch-christliche, das biologische und das naturwissenschaftlich-technische Menschenbild, in das Menschenbild des Liberalismus sowie in die Menschenbilder von Marx, Nietzsche, Freud und Sartre einführt.

Georg Kraus: Blickpunkt Mensch. Menschenbilder der Gegenwart aus christlicher Sicht, Pfeiffer Verlag: München 1983.

Gute Einblicke in die Vielschichtigkeit heutiger Perspektiven auf den Menschen in seiner Besonderheit bietet der folgende Sammelband, der auch die theologische Sichtweise sowie medizinethische Fragestellungen mit einbezieht.

Renate Brandscheidt, Johannes Brantl, Maria Overdick-Gulden, Werner Schüßler: Herausforderung „Mensch". Philosophische, theologische und medizinethische Aspekte, Ferdinand Schöningh Verlag: Paderborn 2012.

4 Einführungen in das biblisch-christliche Menschenbild

Einen knappen, gut lesbaren Überblick über die wichtigsten biblischen Aussagen über den Menschen findet man in einem Bändchen von Alfons Deissler.

Alfons Deissler: Wer bist du, Mensch? Die Antwort der Bibel, Herder Verlag: Freiburg/Basel/Wien 1985.

Gerald Kruhöffer geht in dem Band „Der Mensch – das Bild Gottes" noch über die biblischen Aussagen über den Menschen hinaus. Er bezieht auch systematisch-theologische Aspekte mit ein und ergänzt diese „Grundlagen" durch eine ganze Reihe von „Konkretionen", die vor allem die ethischen Konsequenzen des biblisch-christlichen Menschenbildes sichtbar machen. Jeder Abschnitt wird durch eine kurze Zusammenfassung des Wesentlichen abgeschlossen.

Gerald Kruhöffer: Der Mensch – das Bild Gottes, Vandenhoeck & Ruprecht Verlag: Göttingen 1999.

Sehr lesenswert, und auch für Laien gut verständlich, sind die beiden folgenden Bücher von Willibald Sandler.

Willibald Sandler: Der verbotene Baum im Paradies. Was es mit dem Sündenfall auf sich hat, topos taschenbücher: Kevelaer 2009.

Willibald Sandler: Die gesprengten Fesseln des Todes. Wie wir durch das Kreuz erlöst sind, topos taschenbücher: Kevelaer 2011.

5 Lebensgestaltung aus dem Glauben

Eine lesenswerte Einführung in „Perspektiven der Ethik" findet man bei Wilhelm Korff. Nach einigen grundlegenden Überlegungen zur Frage nach dem Glück als Frage nach einer humanen Ethik werden auf exemplarische Weise die Konsequenzen aus diesen Überlegungen für das menschliche Verhalten aufgezeigt. Hier werden zum Beispiel die Beziehung von Mann und Frau, der Fortschrittsglaube, die Bedingungen und Chancen für eine universelle Friedensordnung sowie ethische Richtlinien für den Sport und für die heutige Medizin abgehandelt.

Wilhelm Korff: Wie kann der Mensch glücken? Perspektiven der Ethik, Piper Verlag: München 1991.

Wer sich über die Arbeit von Viktor Emil Frankl näher informieren möchte, kann dies in dem folgenden Band tun, der eine gelungene Auswahl aus dem Gesamtwerk Frankls in sich vereint.

Viktor E. Frankl: Der Mensch vor der Frage nach dem Sinn. Eine Auswahl aus dem Gesamtwerk mit einem Vorwort von Konrad Lorenz, Piper Verlag: München 2008.

Eine sehr gute Einführung in die Logotherapie findet man auch in einem kleinen Taschenbuch von Joseph B. Fabry.

Joseph B. Fabry: Das Ringen um Sinn. Eine Einführung in die Logotherapie mit einem Vorwort von Viktor E. Frankl, Herder Verlag: Freiburg i. Br. 1984.

Die christliche Antwort auf die Sinnfrage fasst Georg Moser, ehemaliger Bischof von Rottenburg-Stuttgart, auf fast meditative Weise in Form von zehn Thesen zusammen. Dabei bezieht er viele konkrete Beispiele mit ein.

Georg Moser: Wie finde ich zum Sinn des Lebens?, Herder Verlag: Freiburg i. Br. 1995.

Bibelstellenverzeichnis

zitierte Bibelstellen:

Verweise auf Bibelstellen:

Namensverzeichnis

Stichwortverzeichnis

Ziffern in Fettdruck verweisen auf Worterklärungen auf der angegebenen Seite.

Bildnachweis

Umschlagbild: Cosmic Mind, © Mehau Kulyk/Science Photo Library, Agentur Focus
(4) Joseph Beuys: Mensch, © VG Bild-Kunst, Bonn 2000
(15) Kopf: © Mitchell Beazly Publishers Ltd. 1981
(17) Oskar Schlemmer; Mensch im Netz, © 1994 Oskar Schlemmer, Theater-Nachlass, 79410 Badenweiler
(22) Martin Buber, © Klaus Eschen
(25) Mittelalterliches Weltbild
(27) Robert Gernhardt: Conditio humana, aus: Hier spricht der Dichter, in: Vom Schönen, Guten, Baren, © 1997 by Haffmans Verlag AG, Zürich
(31) Shiva Nataraja, Bronze, Südindien, 19. Jhd., © Smart-foto. Shutterstock
(40) Das Rad des Lebens, © Alexander Verevkin / 123RF
(42) Galeere des Glaubens, islamische Kalligrafie
(44) Muhammad predigt seinen Jüngern, Topkapi Saray Museum, Istanbul
(49) Aristoteles, © Kunsthistorisches Museum, Wien
(50) Der Mensch, das Ebenbild Gottes, Quelle unbekannt
(53) René Descartes, © Archiv für Kunst und Geschichte
(55) Der Mensch – eine Maschine?, © Mitchell Beazly Publishers Ltd. 1981
(58) Baruch de Spinoza, © Bildarchiv Preußischer Kulturbesitz
(63) Titelbild „Der Leviathan" von Thomas Hobbes, 1651
(66) Jean-Jacques Rousseau, © Schiller Nationalmuseum/Deutsches Literaturarchiv Marbach a. N.
(69) Immanuel Kant, © Schiller Nationalmuseum
(75) Ludwig Büchner
(79) Karl Marx, © Schiller Nationalmuseum/Deutsches Literaturarchiv Marbach a. N.
(84) Jean-Paul Sartre, © picture alliance / akg
(97) Man Ray: History of Sciences, © Man Ray Trust, Paris/ VG Bild-Kunst, Bonn 2000
(100) „Wenn ich nur sein Gewand berühre, ...", Holzschnitt, © M. Sigmunda May OSF, Kloster Sießen
(105) Aurelius Augustinus, Chiesa d'Ognissanti, Florenz
(110) Thomas von Aquin, Gemälde von Carlo Crivelli, National Galery London
(112) Martin Luther, © Westfälisches Landesmuseum für Kunst und Kulturgeschichte, Münster/ R. Wakonigg
(114) Das Abendmahl der Protestanten und die Höllenfahrt der Katholiken, Lucas Cranach d. Ä.
(121) Bonnot: Der Schrei, © Claude Favard
(127) Norm, Quelle unbekannt
(131) Jüngstes Gericht (Christus als Weltenrichter), © Hendel Verlag, Leipzig
(138) Brudermord (In Gottes Hand), Karl Rössing 1948
(139) Last der Taten, © Ivan Steiger sieht die Bibel, Verlag Katholisches Bibelwerk und Deutsche Bibelgesellschaft, Stuttgart
(156) André-Paul Poulot. Ende des ersten Teils, aus: Sempé: So ein Zufall, © 1982 by Diogenes Verlag AG, Zürich

Textnachweis

(6 f.) Erich Kästner, Gesang zwischen den Stühlen, © Atrium Verlag, Zürich, und Thomas Kästner.
(9 f.) Erich Fromm: Haben oder Sein. Die seelischen Grundlagen einer neuen Gesellschaft, Erich Fromm-Gesamtausgabe in 12 Bänden, Band II, S. 325 f. und S. 333, © 1999 Deutsche Verlags-Anstalt GmbH, Stuttgart.
(12 f.) Max Scheler: Die Stellung des Menschen im Kosmos, Francke Verlag: Bern/München 1978, S. 37–41.
(15 f.) Helmuth Plessner: Die Stufen des Organischen und der Mensch, Walter de Gruyter Verlag: Berlin/New York 1975, S. 309 f.
(16–18) Arnold Gehlen: Der Mensch. Seine Natur und seine Stellung in der Welt, Akademische Verlagsgesellschaft Athenaion: Wiesbaden [12]1978.
(22 f.) Martin Buber: Ich und Du, Verlag Lambert Schneider: Heidelberg [10]1979, S. 10–18.
(26) Karl Jaspers: Philosophie. Bd. III: Metaphysik, Springer-Verlag: Berlin u. a. [4]1973, S. 4–6.
(31–32), Paul Thieme: Upanishaden. Reclam-Verlag, Stuttgart 1974, S. 52 f., © Philipp Reclam jun., Stuttgart.
(35) Mahavagga I 6, 17 ff., aus: Ilse-Lore Guneser: Reden des Buddha, aus dem Pali-Kanon übersetzt, Reclam: Stuttgart 1971, S. 36, 41 f.
(37–38) Die Fragen des Milindo, aus dem Pali zum ersten Mal vollständig ins Deutsche übersetzt von Bhikkhu Nyanatiloka, Altmann: Leipzig 1919, hier zitiert nach: Werner Trutwin: Die Weltreligionen. Buddhismus, Patmos Verlag: Düsseldorf 1998, S. 60.
(39) Zitiert nach: Werner Trutwin: Die Weltreligionen. Buddhismus, Patmos Verlag: Düsseldorf 1998, S. 61.
(53 f.) René Descartes: Discours de la méthode. Von der Methode des richtigen Vernunftgebrauchs und der wissenschaftlichen Forschung, französisch-deutsch, übersetzt und herausgegeben von Lüder Gäbe. Durchgesehen und mit neuem Register sowie einer Bibliographie von George Heffernan. Philosophische Bibliothek, Bd. 261, 2., verbesserte Auflage, © Felix Meiner Verlag, Hamburg 1997.
(55) René Descartes: Meditationen über die Grundlagen der Philosophie mit den sämtlichen Einwänden. Erstmals vollständig übersetzt und hrsg. von Artur Buchenau 1915. Philosophiesch Bibliothek, Bd. 27,© Felix Meiner Verlag, Hamburg 1994.
(59 f.) Baruch de Spinoza: Sämtliche Werke. Band 6: Briefwechsel. Überstzung und Anmerkungen von Carl Gebhartdt. Ergänzt, neu eingeleitet und mit einer Bibliographie versehen von Manfred Walther. Philosophische Bibliothek Band 96a, 3., verbesserte Auflage, © Felix Meiner Verlag, Hamburg 1988.
(60) Paul-Henri Thiry d' Holbach: System der Natur oder von den Gesetzen der physischen und der moralischen Welt, Suhrkamp: Frankf. a. M. 1978, S. 17 f.
(62, 64) Thomas Hobbes: Leviathan, zitiert nach: Herfried Münkler: Thomas Hobbes, Campus Verlag: Frankfurt/New York 1993.
(64) Thomas Hobbes: Vorrede zu „De Cive", zitiert nach Herfried Münkler: Thomas Hobbes, Campus Verlag: Frankfurt/New York 1963, S. 46 f.
(66–68) Jean-Jacques Rousseau: Abhandlung über den Ursprung und die Grundlagen der Ungleichheit unter den Menschen, in: ders.: Schriften, hrsg. von Henning Ritter, Bd. I, S. 203 f., © 1978 Carl Hanser Verlag: München/Wien.
(70–72) Immanuel Kant: Werke in zehn Bänden, hrsg. von Wilhelm Weischedel, Wissenschaftliche Buchgesellschaft: Darmstadt [4]1975, Bd. V, S. 447 f.
(75–77) Ludwig Büchner: Kraft und Stoff oder Grundzüge der natürlichen Weltordnung, Theodor Thomas Verlag: Leipzig [15]1883, S. 262–265.

(78) Georg Büchner: Brief an Wilhelmine Jaegle, zitiert nach: ders.: Dantons Tod. Erläuterungen und Dokumente, hrsg. von Josef Jansen, Reclam Verlag: Stuttgart 1984, S. 60 f.
(78 f.) Bertrand Russel: Warum ich kein Christ bin – Über Religion, Moral und Humanität, S. 57–59, © der dt. Übersetzung: Marion Steipe, © 1968 by Rowohlt Taschenbuch Verlag GmbH: Reinbek.
(80 f.) Karl Marx: Die deutsche Ideologie, zitiert nach: Hans J. Türk / Werner Trutwin: Anthropologie, Patmos Verlag: Düsseldorf 1978.
(83) Karl Marx: Nationalökonomie und Philosophie, zitiert nach: Hans J. Türk / Werner Trutwin: Anthropologie, Patmos Verlag: Düsseldorf 1978, S. 117.
(85 f.) Jean-Paul Sartre: Das Sein und das Nichts. dt. Traugott König u. a., © 1952/1991 by Rowohlt Verlag GmbH, Reinbek.
(150 f.) Albert Camus: Der Mythos von Sisyphos. Ein Versuch über das Absurde, 1989, S. 100 f., © der dt. Übersetzung: Vincent von Wroblewsky, © 1999 by Rowohlt Verlag GmbH: Reinbek.
(153 f.) Viktor E. Frankl: Der Mensch vor der Frage nach dem Sinn, in: ders.: Der Mensch vor der Frage nach dem Sinn, Piper Verlag: München 1985, S. 141–158.
(155) Viktor E. Frankl: Der Mensch auf der Suche nach Sinn, in: ders.: Der Mensch vor der Frage nach dem Sinn, Piper Verlag: München 1985, S. 101.

Wir danken allen Rechtinhabern für die Abdruckerlaubnis.